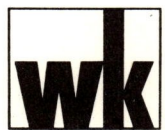

ARCHITEKTUR DER
1851 BIS 1970

VON WOLFGANG FRIEBE

5	**EINLEITUNG**	**PARIS 1878**	69
13	**LONDON 1851**	Die Ausstellung	69
14	Die Ausstellung	Das Gelände der Ausstellung	72
16	Der Kristallpalast	Das Ausstellungsgebäude auf dem Marsfeld	73
21	Reaktion der Öffentlichkeit		
22	Bedeutung und Auswirkungen	**DIE AUSSTELLUNGEN ZWISCHEN 1878 UND 1889**	85
23	Nachfolgebauten	Sydney 1879/80	85
33	**PARIS 1855**	Melbourne 1880/81	86
33	Die Ausstellung	Antwerpen 1885	87
34	Der Industriepalast	Melbourne 1888/89	87
35	Die Dachkonstruktion	**PARIS 1889**	88
36	Andere besondere Bauwerke der Ausstellung	Die Ausstellung	88
		Ausstellungsgelände und Gliederung	91
38	**LONDON 1862**	Die Maschinenhalle	91
38	Der Baukörper	Der Turm von 1000 Fuß – der Eiffelturm	95
		End- und Ausgangspunkt einer Entwicklung	100
40	**PARIS 1867**		
41	Die Ausstellung	**CHICAGO 1893**	109
45	Der Ausstellungspalast	Das Ausstellungsgelände	109
		Die Ausstellung und ihre Gebäude	111
49	**WIEN 1873**	Kritik und Folgen	113
49	Die Ausstellung		
51	Der Industriepalast mit der Rotunde	**ANTWERPEN 1894 UND BRÜSSEL 1897**	115
53	Reaktion auf den Industriepalast und seine Bedeutung	**PARIS 1900**	116
		Die Ausstellung	116
54	**PHILADELPHIA 1876**	Das Ausstellungsgelände	130
54	Die Ausstellung	Ausstellungsgebäude	130
56	Die Ausstellungsbauten	Exposition est morte	133

WELTAUSSTELLUNGEN

KOHLHAMMER

134	**DIE AUSSTELLUNGEN ZWISCHEN 1900 UND 1914**	Die Pavillons der Ausstellung	166
		Der norwegische Pavillon	166
134	St. Louis 1904	Der sowjetische Pavillon	166
135	Lüttich 1905	Der japanische Pavillon	167
135	Brüssel 1910	Der tschechoslowakische Pavillon	167
138	Gent 1913	Der niederländische Pavillon	168
		Der Philips-Pavillon von Le Corbusier	168
139	**BARCELONA 1929**		
139	Die Situation nach dem ersten Weltkrieg	**MONTREAL 1967**	169
140	Die Ausstellung	Inseln im St.-Lorenz-Strom	169
141	Ausstellungsgelände und Bauten	Die Expo	170
142	Der Barcelona-Pavillon	Der sowjetische Pavillon und seine Ausstellung	172
		Der tschechoslowakische Pavillon	193
144	**CHICAGO 1933**	Dynamisierung der Architektur durch Vermischung der Raumgrenzen	194
144	Die künstliche Insel im Michigan-See		
149	Die Ausstellung und ihre Gebäude	Pavillon der USA/Fuller-Kuppel	194
150	Die Wissenschaftshalle	Pavillon der BRD/Zeltdach von Frei Otto	196
150	Das Gebäude der allgemeinen Ausstellung	Habitat 67	198
150	Das Reise- und Verkehrsausstellungsgebäude	**OSAKA 1970**	199
151	Sky ride – Hochseilbahn	Das Ausstellungsgelände	199
152	**PARIS 1937**	»Fortschritt und Harmonie für die Menschheit«	200
152	»Kunst und Technik im Leben der Gegenwart«	Der sowjetische Pavillon	209
		Pneumatische Hallenkonstruktionen	210
152	Das Gelände und seine Bauten	Raumtragwerke und »science fiction«-Architektur	212
153	Der finnische Pavillon von Alvar Aalto		
155	Pablo Picasso: »Guernica«	Der Sumitomo-Pavillon von Sachia Otani	212
156	**NEW YORK 1939**	Kenzo Tanges Riesen-Raumtragwerk	213
156	Der finnische Pavillon von Alvar Aalto	Zeittafel	216
165	**BRÜSSEL 1958**	Literatur- und Quellenverzeichnis	219
165	Der Park der Ausstellung	Bildnachweis	222
166	Das »Atomium« – Symbol des Friedens	Personenregister	223

Wolfgang Friebe studierte Architektur und ist auf dem
Gebiet der Ausstellungsarchitektur und -gestaltung tätig.

Alle Rechte vorbehalten
© 1983 Edition Leipzig
Lizenzausgabe für den Verlag W. Kohlhammer GmbH 1983
Stuttgart   Berlin   Köln   Mainz
Verlagsort: Stuttgart
Gestaltung: Walter Schiller, Altenburg
Textzeichnungen: Manfred Kahlert, Leipzig
Umschlag: hace
Satz: Ostsee-Druck Rostock
Druck: Druckerei Volksstimme Magdeburg
Buchbinderei: Interdruck Leipzig
Printed in the German Democratic Republic
ISBN 3-17-007722-8

EINLEITUNG

Das Phänomen »Weltausstellung«, das sich in der Mitte des vergangenen Jahrhunderts herausgebildet hatte, war in erster Linie das Ergebnis eines Zeitalters der Industrialisierung. Wollen wir also diesen großen Ereignissen nachspüren, müssen wir sie von vielen Seiten zu erfassen suchen und uns kurz mit der Entwicklung der führenden Industrienationen der ersten Hälfte des 19. Jahrhunderts befassen. In Großbritannien, wo sich die industrielle Revolution schon frühzeitig vollzog (etwa 1760-1830), setzte eine stürmische Entwicklung der Produktivkräfte in allen Produktionszweigen ein, »zuerst und besonders spürbar im Bereich der Arbeits- und Werkzeugmaschinen in den von Zunftzwang freien Zweigen der Leicht- (Baumwoll-) und Metallindustrie sowie bei den Antriebskräften und im Verkehrswesen«. (18)

Die handwerkliche Manufaktur wurde zugunsten der mehr und billiger produzierenden maschinellen Großproduktion verdrängt. Friedrich Engels gab 1845 ein deutliches Bild von der entstehenden Situation: »Das ist in kurzen die Geschichte der englischen Industrie in den letzten sechzig Jahren, eine Geschichte, die ihres Gleichen nicht hat in den Annalen der Menschheit. Vor sechzig/achtzig Jahren ein Land wie alle anderen, mit kleinen Städten, wenig und einfacher Industrie und einer dünnen, aber verhältnismäßig großen Ackerbaubevölkerung; und jetzt ein Land wie kein anderes, mit einer Hauptstadt von dritthalb Millionen Einwohnern, mit kolossalen Fabrikstädten, mit einer Industrie, die die ganze Welt versorgt und die fast alles mit den kompliziertesten Maschinen macht, mit einer fleißigen, intelligenten, dichtgesäten Bevölkerung, von der zwei Drittel durch die Industrie in Anspruch genommen werden und die aus ganz anderen Klassen besteht, ja, die eine ganz andere Nation mit anderen Sitten und anderen Bedürfnissen bildet als damals. Die industrielle Revolution hat für England dieselbe Bedeutung wie die politische Revolution in Frankreich und die philosophische für Deutschland...« (6)

Erfindungen auf dem technisch-wissenschaftlichen Gebiet leisteten ihrerseits der industriellen Revolution Vorschub (Eisenverhüttung durch Koks, Gußeisen, Spinnmaschine, Dampfmaschine, mechanischer Webstuhl Buchdruckschnellpresse, Eisenschiff, Eisenbahn u. a. m.). Großbritannien wurde die führende Industrienation bis zur Mitte des 19. Jahrhunderts. Industrie und Kapital waren in ihrem Streben nach Profit auf den Ex- und Import von Waren angewiesen. Es kam zur Herausbildung des Freihandels, der den größten Teil der Einfuhrzölle beseitigte. Und eingeführt wurde in erster Linie aus den Kolonien. Sie waren ein billiger Rohstofflieferant und Abnehmer von Fertigprodukten. Die sich so universell entwickelnde kapitalistische Industrie und der Handel suchten nach einer umfassenden Präsentation ihrer Waren und Güter zum Zweck des Leistungsvergleichs sowie der Förderung des Absatzes. Sie wurde zunächst in nationalen Ausstellungen gefunden, später in der Idee der Weltausstellung, deren erste erwartungsgemäß in London abgehalten wurde.

In Frankreich ist eine lange Tradition nationaler Ausstellungen zu konstatieren. Die französische Revolution sicherte endgültig die kapitalistische Entwicklung der freien Konkurrenz und beseitigte die feudalen Fesseln, der Handel und Gewerbe unterlagen. Die »proclamation de la liberté du travail« von 1791 schaffte in Frankreich das Zunftwesen ab, ermöglichte den Bürgern die freie Berufswahl und die Gewerbefreiheit. Handwerk, Gewerbe, Industrie und Handel erhielten hiermit den entscheidenden Anstoß für eine kapitalistische Entwicklung. Anläßlich des zehnten Jahrestages der französischen Revolution fand 1798 die erste Ausstellung industriemäßig gefertigter Güter auf dem Champ de Mars, dem Marsfeld, statt. Die Ausstellungsgegenstände, die von Dingen des täglichen Bedarfs bis zu Luxusgegenständen reichten, wurden zur allgemeinen Orientierung, zum Bekanntwerden gezeigt. Daß das Angebotene Bedürfnisse weckte und somit der örtlichen nationalen Industrie sowie dem Handwerk förderlich war, steht wohl außer Frage.

Die wirtschaftliche Entwicklung Frankreichs in der ersten Hälfte des 19. Jahrhunderts nahm

EINLEITUNG

1 Die erste Pariser Industrieausstellung fand mit Hinblick auf den 10. Jahrestag der französischen Revolution 1798 auf dem Marsfeld statt. Vom Jahre 1867 an wurden hier die Weltausstellungen abgehalten.

einen gewaltigen Aufschwung. Vorrangig sind hier zu nennen die Eisen- und Stahlproduktion, Eisenbahnbau und Textilverarbeitung. Industrielle Revolution und kapitalistische Produktionsweise (drastische Unterbezahlung, 14- bis 16stündiger Arbeitstag, Frauen- und Kinderarbeit) führten auch in Frankreich zu einer allseitigen Entwicklung der Industrie und des Handels sowie einer expansiven Kolonialpolitik. Und doch war es Großbritannien, das, wie wir bereits sagten, als führendes Industrieland den Anstoß für ein Ereignis gab, das die neuen Bestrebungen auf den Gebieten von Technik, Wissenschaft, Bildung, Kunst, Sozialpolitik und internationalen Beziehungen wie in einem Knotenpunkt zusammenlaufen ließ: die Weltausstellung. Wenn wir im folgenden auf einige, aus der Vielzahl – z. T. auch unbedeutenden –, Weltausstellungen in der historischen Abfolge überblicksmäßig eingehen, dann, um zu zeigen, wie sich Motive und Auffassungen, kurz der Charakter, dieser Ereignisse änderten – wie sie gekennzeichnet waren von der allgemeinen ökonomischen, gesellschaftlichen und politischen Entwicklung in Europa und Amerika, wie an ihnen spiegelbildartig diese Verhältnisse abzulesen sind. Diesen Anspruch, als Kristallisationspunkt zu gelten, konnten die Weltausstellungen etwa bis zum Ende des 19. Jahrhunderts für sich behaupten.

Technische und industrielle Neuerungen, Erfindungen in großer Zahl waren in einer schier unübersehbaren Fülle auf den einzelnen Ausstellungen vertreten; die Kataloge wiesen seitenlang Maschinen und Geräte für alle nur erdenklichen Gebiete aus, die Produkte von Handwerk und Gewerbe waren unübersehbar und füllten ganze Bände. Wissenschaft, Bildung, Kunst und Sozialpolitik nahmen einen breiten Raum ein und wurden zu einem wichtigen Bestandteil der Veranstaltungen.

Aus diesen unterschiedlichen Bereichen gin-

Zwischen 1801 und 1827 dienten Räume des Louvre Ausstellungszwecken. Die Ausstellung von 1834 mit ihren vier Pavillons auf der Place de la Concorde wies bereits eine Fläche von 14 288 Quadratmetern aus und führte 2447 Aussteller zusammen. Zwischen 1839 und 1855 hielt man die Industrieausstellungen in Paris auf den Champs Élysées ab.

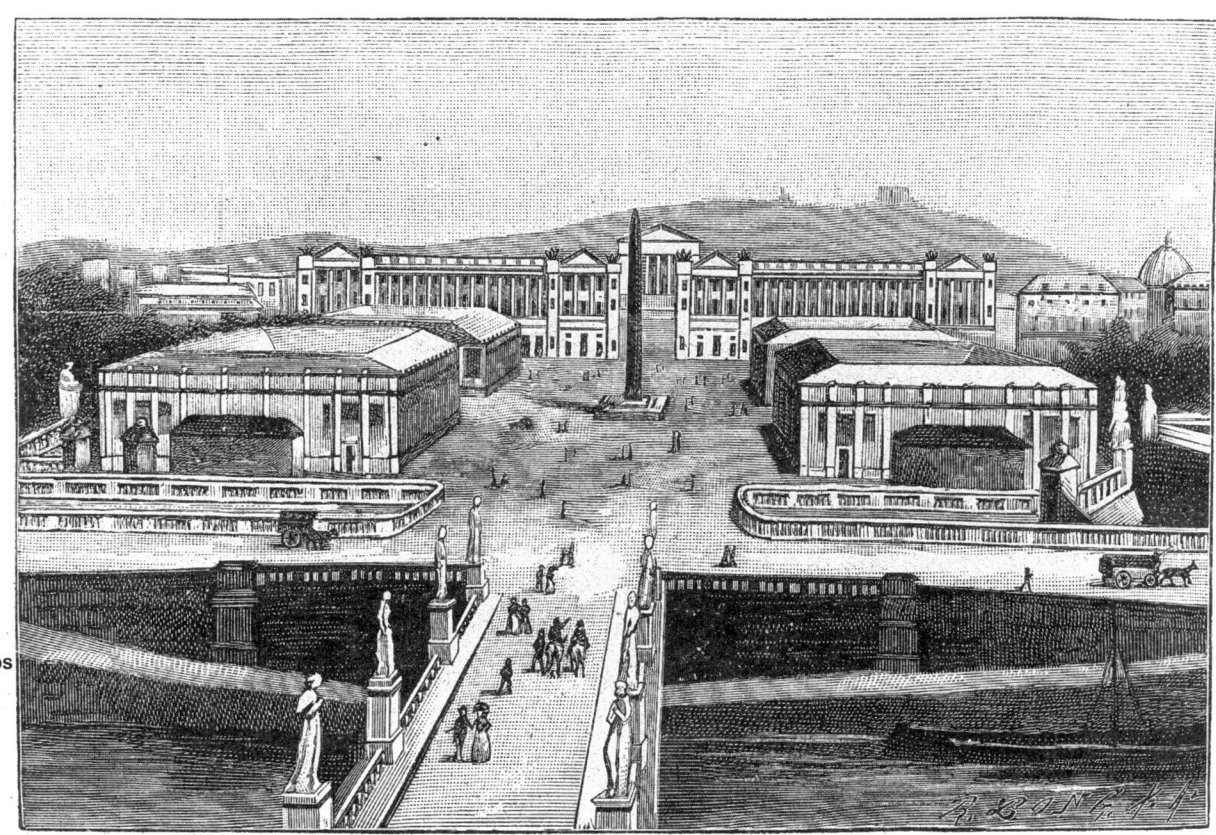

2 Die Pariser Industrieausstellung des Jahres 1849, vom 1. bis 31. Juli, umfaßte die Fläche von 27 040 Quadratmetern, wovon ein Drittel überdacht war. 5494 Aussteller aus Frankreich und seinen überseeischen Kolonien beteiligten sich an dem nationalen Leistungsvergleich.

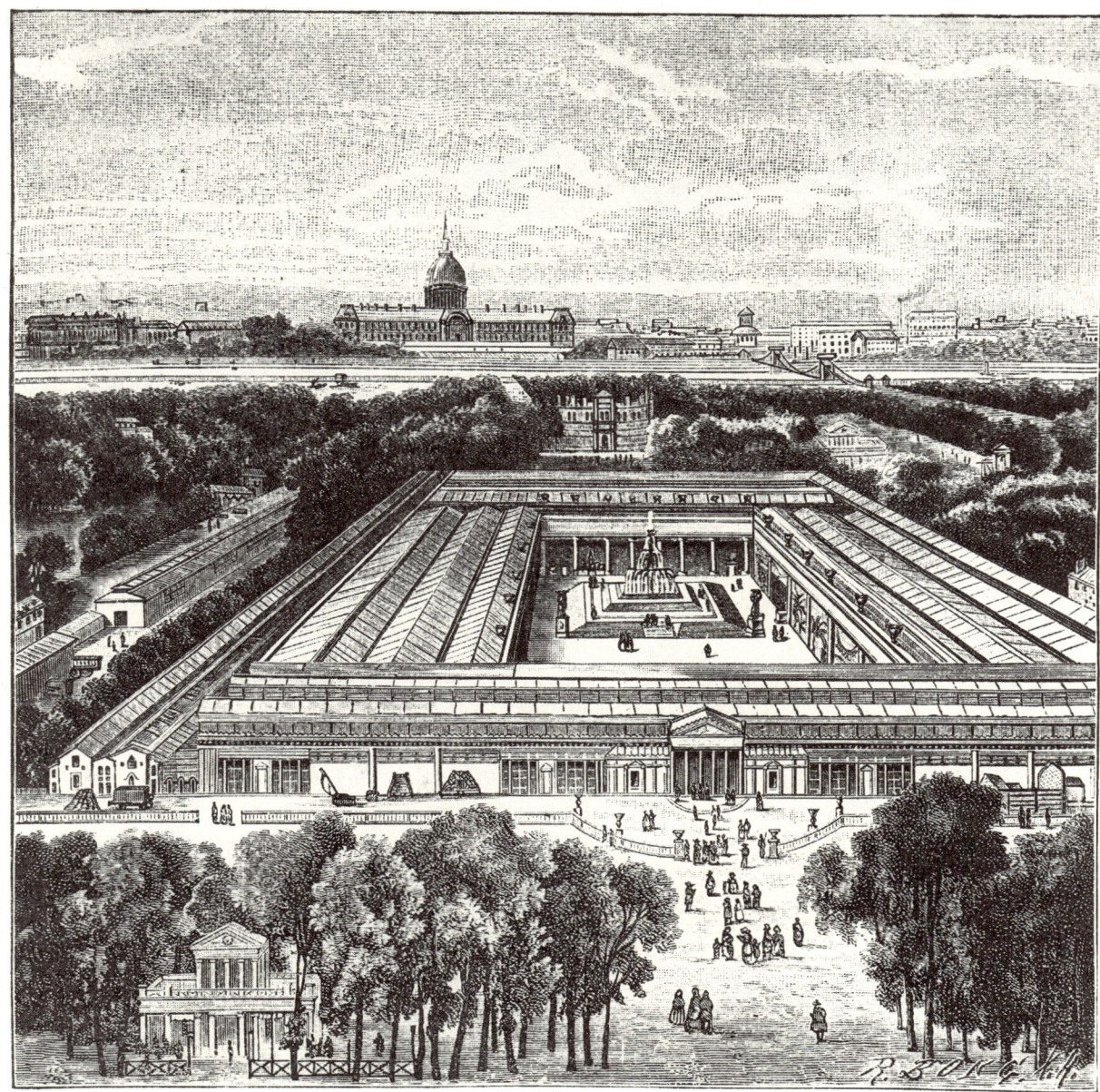

gen oftmals im Zuge der Weltausstellungen internationale Verbände und Vereinigungen hervor, oder sie nutzten diese als zentralen Anlaufpunkt. Die über 30 abgehaltenen Fachkongresse zur Pariser »Exposition« 1878 machen dies frühzeitig deutlich und ließen nicht nur die Diplomaten, sondern auch Wissenschaftler, Techniker und Industrielle internationale Politik betreiben.

Die Weltausstellungen verloren um 1900 und bis zum ersten Weltkrieg an Bedeutung auf Grund der sich abklärenden Weltwirtschaft. Die Erde war unter den Mächtigen aufgeteilt, die Rohstoffquellen und Absatzmärkte weitestgehend unter Kontrolle gebracht. Die inneren und äußeren Widersprüche verschärften sich in einer Art und Weise, daß man den Ausweg in der Neugliederung der Welt sah. Während dieser sich zuspitzenden Weltwirtschaftslage zogen sich die Industrie und der Handel aus den großen öffentlichen Schaustellungen zurück und organisierten ihren Kommerz auf den Mes-

EINLEITUNG

sen und Fachausstellungen. So »arteten« die Weltausstellungen als willkommene Unterhaltung für das Volk aus, wovon eine Reihe Illusionskabinette und -architekturen ein deutliches Zeugnis ablegten.

Die Weltausstellungsidee kam nach dem ersten Weltkrieg zunächst zum Erliegen. Der Gedanke, die Länder wieder im friedlichen Vergleich zusammenzuführen, war durch politische Umwälzungen (Große Sozialistische Oktoberrevolution u. a.), kriegerische Auseinandersetzungen (Interventionskriege, nationale Befreiungsbewegungen in vielen Kolonien) und die wirtschaftliche Notlage (Inflation, Arbeitslosigkeit) gelähmt, andererseits hatten Industrie und Handel, wie erwähnt, neue Möglichkeiten ihres Leistungsvergleiches und Absatzes gefunden. Den USA – einem wirtschaftlich enorm erstarkten Staat mit großem nationalen Selbstbewußtsein – blieb es vorbehalten, den Weltausstellungsgedanken neu zu beleben. So stand die Ausstellung in Chicago 1933/34 unter dem Thema »A Century of Progress«. Damit wurde erstmals der Versuch unternommen, durch veränderte Zielstellung dieser Veranstaltung neues Gewicht zu verleihen. »A Century of Progress« legt eindeutig die Betonung auf die wissenschaftlich-technische Entwicklung als einen alle menschlichen Lebensbereiche durchdringenden und maßgeblich verändernden Faktor. Dies zu verdeutlichen, wurde über eine populärwissenschaftliche Wissensvermittlung angestrebt, die im Zuge der sich immer stärker ausprägenden Spezialisierung die Chance gibt, die großen Zusammenhänge auf den unterschiedlichsten Gebieten im Überblick zu erkennen, zu verstehen. Von ihrem Anliegen her konnte sie daher als eine überdimensionale Lehr- und Leistungsschau angesehen werden.

Als eine weitere herausragende Ausstellung ist die von 1937 in Paris zu nennen. Zum einen beteiligte sich erstmalig ein sozialistisches Land, die Sowjetunion, zum anderen zeigte sich an der zunehmenden Ideologisierung die weltweite Zuspitzung eines drohenden Konflikts mit dem faschistischen Deutschland. Diese Exposition ist als »Jahrmarkt nationaler Eitelkeiten« in die Geschichte der Weltausstellungen eingegangen. Am Vorabend des zweiten Weltkrieges hatten die meisten Länder einen Hang zur »nationalen Stärke und Tüchtigkeit«.

Der zweite Weltkrieg mit seinen kaum übersehbaren Verwüstungen und Opfern an Menschen unterbrach für fast zwanzig Jahre die Folge von Weltausstellungen. Erst als eine allgemeine Stabilisierung der politischen und wirtschaftlichen Verhältnisse eingetreten war, beschäftigte man sich mit dem Gedanken, die Weltausstellungen wieder ins Leben zu rufen. Belgien, ein an Ausstellungserfahrung reiches Land, organisierte 1958 seine Expo.

Das Anliegen dieser Veranstaltung war es, an eine Tradition anzubinden, die vor der nationalen und chauvinistischen Überbetonung und deren Auswucherung lag, man wollte dort beginnen, wo eine kontinuierliche Entwicklung gewaltsam unterbrochen worden war. Rückbesinnung und Pflege der geistig-kulturellen Leistungen der Völker unter Einbeziehung unseres technisch-wissenschaftlichen Zeitalters innerhalb der unterschiedlichen Gesellschaftsordnungen wurden zum Träger dieser und auch der folgenden Weltausstellung in Montreal.

Die 1970 in Japan durchgeführte, vorläufig letzte Ausstellung großen Stils trug erneut Züge der Auflösung. Die inhaltliche Seite »Fortschritt und Harmonie für die Menschheit«, das Leitthema, wurde von kaum einem teilnehmenden Land respektiert. Exponate technischer und kultureller Art waren größtenteils verschwunden, an ihre Stelle traten Film-, Licht-, Ton- und Illusionskabinette. Die modernen Kommunikationsmittel, die aktuellste Informationen in Sekundenschnelle mehrfach in Bild, Ton, Farbe, gedruckt um die Erde signalisieren, sie lassen jede andere Art der Information zu einer »Tageszeitung von gestern« werden.

Die letzte Weltausstellung war eine der Spiele, der Unterhaltung, des Vergnügens, des kulturellen Leistungsvergleiches der einzelnen Nationen: Herbert von Karajan mit den Berliner Philharmonikern und die Beatles, das Bolschoi-

EINLEITUNG

Theater und afrikanische Folkloregruppen, die japanischen und europäischen Varietés und viele andere trugen zu einem reichhaltigen Programm über Monate bei. Das Ganze machte eher den Eindruck einer Olympiade der Unterhaltung, als den einer Ausstellung, an der sich die Welt beteiligt. Es hat den Anschein, daß wir aufwendiger Ausstellungen dieser Art nicht mehr bedürfen, daß die in die Milliarden gehenden Kosten kaum mehr zu verantworten sind und wohl auch kein Land mehr gewillt ist, eine derartige Veranstaltung zu tragen. Nach einem Jahrzehnt der Pause findet 1982 in Knoxville (USA) eine Weltausstellung unter Beteiligung einiger europäischer Länder statt, und für 1985 laufen Vorbereitungen, eine Weltausstellung in Tsukuba (Japan) zu realisieren. Beide sind thematisch eingeengt. Sollte sich hier vielleicht eine Tendenz der Neubelebung unter veränderten konzeptionellen Gesichtspunkten zeigen?

Doch nun zur Abgrenzung, oder besser Erläuterung, des Wortes »Weltausstellung« selbst. Welt-, internationale-, große Ausstellungen stehen als Begriffe nebeneinander und lassen die exakte Definition innerhalb der ersten 80 Jahre, in denen sie stattfanden, auf nur »Weltausstellung« nicht zu. Daher muß ihre genauere Einordnung zwischen 1851 und 1928 offen bleiben. Das Recht, die eine oder andere internationale Ausstellung dazuzurechnen oder wegzulassen, ist einem jeden gegeben, der sich mit dem Thema auseinandersetzt. Erst 1928 fanden sich 31 Nationen in Paris zusammen, die eine Konvention ausarbeiteten, die die Durchführung und zeitlichen Abstände von Weltausstellungen sowie anderen internationalen und großen Ausstellungen regelte. So ist es nicht verwunderlich, daß hierüber in der Vergangenheit unterschiedliche Bewertungskriterien (internationale Beteiligung, flächenmäßig groß angelegte Ausstellungen, Exponatequerschnitt und die Aufbereitung ihrer Schaustellung) eine Rolle spielten und man mit dem Begriff »Weltausstellung« gleichzeitig Werbung betrieb, um die »Exposition« großartiger und zugkräftiger werden zu lassen. Es gab Weltausstellungen, die einen festen Platz in ihrer Eigengeschichte aufweisen, so zum Beispiel Paris 1889, auf der offiziell die Schweiz als einziges europäisches Land teilnahm. Sie deshalb von der Weltausstellungsliste zu streichen, wäre nicht richtig, ihre Bedeutung war ohnegleichen. Wir wollen uns, ohne Anspruch, den Streit zu schlichten, auf die allgemein als Weltausstellung anerkannten Veranstaltungen beschränken.

Dieser Band ist, soweit der Autor es beurteilen kann, der erstmalige Versuch, das Gebiet der Weltausstellungsarchitektur in dem historisch abgeschlossenen Zeitraum zwischen 1851 und 1970 zu umreißen. Ja, selbst dieses »Umreißen« muß genauer erläutert werden, weil die unendliche Vielfalt und Gegensätzlichkeit auf ausstellungsarchitektonischem Gebiet einer Veranstaltung ein in sich abgeschlossenes Werk ergeben könnten. So liegt auf der Hand, daß man sich größtenteils jenen Bauten zugewendet hat, die in der bau- bzw. architekturgeschichtlichen Entwicklung eine gewisse Bedeutung erlangten oder gar als Impuls für eine zukünftige Bauentwicklung gegolten haben. Die Weltausstellungsbauten allein für die Entwicklung des historischen Begriffs »moderne Architektur« verantwortlich zu machen, wäre sicherlich falsch, sie aber zu ignorieren, auch wieder nicht richtig.

Die erste Weltausstellung, die 1851 in London abgehalten wurde, wirkte gleich einem Fanal. Ein großer Erfolg, eine Belebung der englischen Wirtschaft und Hebung des internationalen Ansehens Großbritanniens waren das Ergebnis dieser Ausstellung ohne Vorbild. Für diese Veranstaltung war auch ein Baukörper, eine Ausstellungshalle geschaffen worden, die noch heute als Zeugnis moderner Baugesinnung und als ein Wahrzeichen innerhalb der Architekturgeschichte gelten kann: der Kristallpalast.

Die Ausstellungsarchitektur, die sich ganz in den Dienst der neuen Bauaufgabe stellte, nimmt hierbei einen gesonderten Platz ein, weil sie weit weniger an funktionelle Forderungen gebunden ist als alle übrige Architektur, man denke an das Multifunktionsprogramm eines Hotels, Theaters, Flughafengebäudes, Kongreßzentrums usw. Diese Ausstellungsbauten, die aus rein konstruktiven und funktionellen Gesichtspunkten konzipiert wurden, tragen nur bedingt dem Repräsentationsbedürfnis der Zeit Rechnung. Sie waren es zum großen Teil jedoch, die ein neues ästhetisches Empfinden in das Bewußtsein des Bauens, der Architektur trugen (Kristallpalast, Maschinenhalle 1889, Eiffelturm u. a.). Nach dem ersten Weltkrieg, als der Weltausstellungsgedanke sich geändert hatte, wurde die Architektur in den meisten Fällen zum Exponat und damit zum Aushängeschild baukünstlerischer Leistungen einer Nation. Beispiele geben hierfür der Barcelona-Pavillon von Mies van der Rohe, Bauten der Pariser Weltausstellung 1937 – mit Alvar Aaltos finnischem Pavillon an erster Stelle –, Bauten der Expo 1958 in Brüssel, 1967 in Montreal und teilweise 1970 in Osaka.

Doch zurück zu den Ausstellungsbauten der zweiten Hälfte des 19. Jahrhunderts. Sie, die Schöpfer dieser Hallen, verwendeten fast ausnahmslos das für diese Ära so typische Baumaterial Eisen, es wird geradezu als der Baustoff jener Zeitepoche gewertet, entsprach es doch in vielem den Anforderungen, die an ein Bauen für Ausstellungen zu stellen sind. Die veränderten Produktionsmethoden ermöglichten die Bereitstellung in ausreichender Menge, neue Werkzeuge ließen eine jedwede Bearbeitung zu. Leichte Montage- und Demontagefähigkeit auf Grund von Schraubverbindungen, waren ein nicht zu übersehender Vorteil bei einer Anzahl temporärer Bauten.

Die Konstrukteure sahen in diesem Material ein großes Feld des Experiments. Sie wagten sich an immer kühnere Konstruktionen heran, die, mit dem Kristallpalast beginnend, in der Maschinenhalle von 1889 und dem Eiffelturm ihre Höhepunkte fanden. Mit der Wahl des Materials Eisen begründete sich eine neue Ästhetik, die damals von den Technikern, Konstrukteuren, Ingenieuren, und weniger von den Architekten getragen wurde. Anhand ihrer Konstruktionen erweiterten sie das architektonische Verständnis. Diese Schöpfungen waren in der Regel immer Ausdruck des ihnen innewohnenden Kräfteverlaufs und -verhältnisses, mathematisch-statisch berechnet und dimensioniert. Die Naturwissenschaften, Technik und Industrie schufen die Grundvoraussetzung für die stoffliche Durchbrechung der starren Baukörper und für die Beweglichkeit der Konstruktion, sie bewirkten eine neuartige Dynamik des Raumes. Das Ausscheiden der Wand als tragendes Element und die damit verbundene Verringerung des Eigengewichts führte zur größeren optischen Transparenz des Gesamtbaukörpers einschließlich seiner Innenräume. Dies führte zum grundlegenden Funktionswandel in dem Verhältnis Stütze zur Last. Die starren Raumbegrenzungen werden durch die filigrane Tektonik aufgelöst, und es kommt zur höchsten Ausnutzung natürlicher Lichtquellen durch die »entlasteten Öffnungen«. Die Konstruktionsteile stehen in einem »schwebenden Gleichgewicht« zueinander. Die Ausstellungshallen jener Zeit beweisen dies hinlänglich, aber auch an noch heute stehenden Augenzeugen, wie Brückenbauten, Bahnhofs-, Markt-, Lagerhallen, ja sogar Bibliotheks- und Wohnbauten, ist dies spürbar. Mit dem Schaffen in Eisen wurde nicht nur ein konstruktiver und formenmäßiger Wandel eingeleitet, sondern auch ein technologischer. Wiederum ist es der Kristallpalast, der die Maßstäbe für die Zukunft prägte: Industrielle Vorfertigung und Montage (Takt- und Fließfertigung), Standardisierung und Typisierung waren bei kürzester Baufrist unumgänglich geworden. All das sind Kriterien, deren wir uns heute im vollen Umfang bedienen.

Am Ende des 19. Jahrhunderts liegt der Höhepunkt im Eisenbau. Knapp 60 Jahre später sollten das Eisen, der Stahl eine Wiederbelebung in Form von räumlichen Tragwerken erfahren, die konstruktiv und gestalterisch neue Bereiche im Bauwesen erschlossen.

Zwischen 1890 und dem ersten Weltkrieg blieben entscheidende Architekturleistungen auf dem Gebiet des Ausstellungsbaus aus. Vielmehr waren es die Innenausstattungen, die sich des aus dem Kunsthandwerk hervorge-

EINLEITUNG

gangenen Jugendstils in meisterhafter Form bedienten. Henry van de Velde ist einer der ersten gewesen, der mit der Innenraumgestaltung eines Pavillons den durchschlagenden Erfolg bei der Brüsseler Weltausstellung 1897 erzielte. Wenig später machten die Wiener Architekten Hoffmann und Olbrich sowie Behrens aus Berlin mit der Gestaltung von Ausstellungsräumen auf sich aufmerksam.

Nach dem ersten Weltkrieg belebte Mies van der Rohe mit einem Ausstellungspavillon die Architekturszene auf dem Gebiet der Ausstellungsbauten: mit dem Barcelona-Pavillon. Er stand für eine Entwicklung, die von einer ganzen Architektengeneration getragen wurde. Der Barcelona-Pavillon gilt heute noch unumstritten als reinster und klarster Exponent eines Baugedankens der damaligen Zeit, hervorgegangen aus den Strömungen des Bauhauses, de Stijl aus Holland sowie konstruktivistischen Richtungen. Seit der Renaissance veränderte sich die Architektur nicht so grundsätzlich wie in dem ersten Drittel unseres Jahrhunderts. Die neuen Formen wurden von der Wahl der neuen Baustoffe Stahl, Stahlbeton und Glas bestimmt.

Die Weltausstellung von Chicago 1933 war die erste »neuen Stils«. Nicht nur von der Aufbereitung her, wie wir schon weiter oben feststellten, auch baulich zeigte sie sich in einem neuen Gewand und überraschte nicht nur die amerikanische Öffentlichkeit, deren Formvorstellungen noch immer auf der Chicagoer Ausstellung von 1893 basierten. Baulich spiegelten die Hallen und Ausstellungspavillons ein getreues Bild europäischer Erkenntnisse und Bauformen der zwanziger Jahre wider. Die Vielzahl moderner Gebäude auf einem flächenmäßig groß angelegten Ausstellungskomplex wirkte überaus beeindruckend und überzeugend, so daß ihr Erfolg eine Wiederholung im darauffolgenden Jahr rechtfertigte.

Die nennenswerten Bauleistungen der Pariser Weltausstellung 1937, neben den »bodenständigen Paukenschlägen«, finden wir nicht innerhalb der europäischen Kulturzentren, sondern an deren Peripherie. Der finnische Architekt Alvar Aalto, der sich mit je einem Pavillon in Paris 1937 und New York 1939 beteiligte, bereicherte die damalige Entwicklung der Moderne um ein wesentliches Neue, um den organischen Baustoff Holz.

Bei der Pariser Ausstellung ist erstmalig das Fehlen eines großen Hallenbaus zu registrieren. Diese Tendenz zum Pavillon, jede Nation baute ihr eigenes Gebäude im Sinne der Identifikation ihrer Kultur, hielt sich bis zu den letzten Ausstellungen nach dem zweiten Weltkrieg. Die Hallen wurden in dem Moment überflüssig, wo der Vergleich von Produkten nicht mehr stattfand (Elektrizitätshalle, Maschinenhalle usw.) und sich das jeweilige ausstellende Land, im guten Sinne des Wortes, bespiegelte.

Brüssel, der Neubeginn nach dem zweiten Weltkrieg, stellte die glückliche Zusammenführung aller Kräfte guten Willens dar, die sich architektonisch in der Zuordnung der Pavillons und Bauten in dem großen Landschaftspark ausdrückte und in den Einzeldarstellungen der Länderpavillons zeigte. Das ist tatsächlich in allererster Linie ein Verdienst der Architekten. Die Entwicklung durch Faschismus und Krieg gestört, ließ eine relative Beruhigung in der formalen und konstruktiven Durcharbeitung der Architektur erkennen. In einigen Ländern bestand ein gewisser Nachholebedarf im Fortführen einmal gewonnener Erfahrungen und Erkenntnisse der Zeit davor. Man mag diesen Vorgang auch als Klärungs- und Setzungsprozeß bezeichnen, der den Verlauf einer »Breitenentwicklung« nahm. Ende der fünfziger, Anfang der sechziger Jahre unseres Jahrhunderts beflügelten neue Baumaterialien, -methoden und -konstruktionen die Architektur.

Zur Weltausstellung in Montreal sprengten die daraus resultierenden formalen Umsetzungen den geschichtlichen Begriff der »Architektur« und führten den der »offenen Baustrukturen« ein. Superleichte Traglufthallen und Seilnetzkonstruktionen, das Aluminium und auch der Stahl ließen mit Hilfe räumlicher Tragwerke neue Raumkonzeptionen entstehen. Die Transparenz der Konstruktionen führte zur Auflösung und dem Vermischen von Raumgrenzen. Der Drang zu immer größeren und leichteren Hüllen, Konstruktionen, Strukturen bestimmt mehr denn je heutiges Bauen. Derzeit gipfeln sie in dem denkbar leichtesten aller Konstruktionsprinzipien, dem der tragenden Luft (Traglufthallen).

Auf der Weltausstellung in Osaka 1970 hatte sich eine neue Bestrebung manifestiert, die vornehmlich von japanischen Architekten ins Leben gerufen wurde und als Metabolismus bezeichnet wurde. Sie entwickelten die Architektur, die zum Ziel die städtebauliche Großstruktur hat. Diese Großstrukturen, die durch flexible Bausysteme (Prinzip Schubkästen) beliebig und nicht von vornherein durch determinierte Einzelteile auszufüllen sind, ermöglichen, den menschlichen Lebensraum zu erweitern, das heißt, in den Gebieten zu siedeln, in denen es bisher nicht oder nur bedingt möglich war: in der Polarregion, Städte im Wasser schwimmend oder Bauten in großer Höhe, die den darunter liegenden Siedlungsraum unberührt lassen (Traglufthallen und Seilnetzkonstruktionen sowie die Fuller-Kuppeln sind bis zu einem gewissen Grad mit hinzuzurechnen).

Die Vertreter dieser Richtung – Kikutake, Kurokowa, Tange, Otani u. a. – zeigten auf der Weltausstellung in Osaka anhand von einigen Beispielen ihre »utopischen« Vorstellungen oder, vorsichtiger ausgedrückt, Architekturbeiträge, die den schöpferischen Prozeß einer weit in die Zukunft weisenden Architektur zu erhellen versuchen. Die Architekten nutzen das Phänomen der Weltausstellung als Feld des Experiments, wozu die täglich zu erfüllenden Aufgaben weniger Gelegenheiten bieten.

LONDON 1851

Great Exhibition of the Works of Industry of all Nations

»Niemand, der sich mit den der gegenwärtigen Epoche eigenen Merkmalen beschäftigt hat, wird auch nur einen Augenblick bezweifeln, daß wir in einer der großartigsten Übergangsperioden leben, im Begriff, jenes große Ziel zu erreichen, auf das die gesamte Geschichte hinweist: die Verwirklichung der Einigung der Menschheit... Entfernungen, die die verschiedenen Völker und die verschiedenen Teile unseres Erdballs trennen, verringern sich durch die Errungenschaften moderner Erfindungen, und wir können sie mit unglaublicher Leichtigkeit überwinden. Gedanken werden mit der Schnelligkeit des Lichtes, ja sogar mit seiner Hilfe übermittelt. Andererseits wird das wichtige Prinzip der Arbeitsteilung, das wir den spiritus movens der Zivilisation nennen können, auf allen Gebieten der Wissenschaft, der Industrie und der Kunst angewendet. Während früher die größten geistigen Energien nach einem universalen Wissen strebten, und dieses Wissen nur Wenigen vorbehalten war, sind jetzt auf Spezialisierung gerichtet... und alles neueroberte Wissen wird augenblicklich zum geistigen Besitz der Allgemeinheit. Erzeugnisse aus allen Teilen unserer Erde stehen uns zur Verfügung, und wir brauchen nur die zu wählen, die für uns am besten und billigsten sind. Konkurrenzkampf und Kapital geben den Anreiz zur Produktion, und so nähert sich der Mensch einer immer vollkommeneren Erfüllung der großen geheiligten Aufgabe, die er in dieser Welt zu erfüllen hat. Ich hoffe vertrauensvoll, daß der erste Eindruck, den die große Ausstellung auf den Besucher machen wird, bei ihm ein Gefühl der tiefen Dankbarkeit gegenüber dem Allmächtigen hervorrufen wird, für den Segen, den er uns schon hier auf Erden angedeihen läßt.« (27) – So die Rede von Prinz-Gemahl Albert am 1. Mai 1851. In ihr sind die Geisteshaltung des viktorianischen Zeitalters, der ungebrochene Fortschrittsglaube jener Zeit, ganz besonders die unbestrittene Vorrangstellung Englands in der Industrieproduktion der Welt zum Ausdruck gebracht.

»Die Industrialisierung war in England das Werk eines freien Unternehmertums und auf liberaler Wirtschaftsgrundlage entstanden. Hierzu gehörte ganz natürlich der freie Austausch, der Wettbewerb und die davon zu erhoffende eigene Leistungssteigerung.« (35) Deutlich wurde aber auch, daß Konkurrenzfähigkeit und Leistungszuwachs das Produkt englischer Kolonialpolitik und billigst bezahlter Lohnarbeit waren. Frauen- und Kinderarbeit spielten hierbei eine besondere Rolle. Sie bildeten die Grundlage für eine minimale Entlohnung. Das Gesetz von 1842 (Shaftesbury Act) »verbot« das Arbeiten von Kindern unter »zehn Jahren« in den Bergwerken, das von 1847 (Fielden Act) »beschränkte« die Kinderarbeit auf täglich »zehn Stunden« in den Textilfabriken. Die enthusiastischen Prophezeiungen Prinz Alberts sollten jedoch nicht über die wahren Zusammenhänge und Hintergründe hinwegtäuschen. Aus jenen unüberwindbaren Gegensätzen entstand das »Manifest der kommunistischen Partei«, das erstmalig Ende Februar 1848 in London gedruckt wurde.

England erlebte den Höhepunkt seiner kolonialen Machtentfaltung. Nikolaus Pevsner beurteilt das damalige England, um die Mitte des vergangenen Jahrhunderts, als Kunsthistoriker treffend mit den Worten: Informationshunger, Vertrauen in Handel und Industrie, Erfindergeist und technischer Wagemut, Energie und Zähigkeit und die Neigung, sichtbaren Erfolg mit Religion zu verquicken – alles das sind Zeiterscheinungen, die berücksichtigt werden müssen.

Der deutsche Prinz Albert, Gemahl der Königin Victoria, nach ihr wurde ein ganzes Zeitalter genannt, und der bekannte und vielseitig begabte Sir Henry Cole hatten seit der Mitte der dreißiger Jahre des vergangenen Jahrhunderts eine Reihe von Ausstellungen, vornehmlich Kunstausstellungen, veranstaltet. Sie waren es letztendlich, die den Anstoß zu einer großen Industrieausstellung gaben, zu der dann später die gesamte Welt geladen wurde. Als Präsident des königlichen Vereins für Kunst, Handwerk und Handel erreichte Prinz Albert die Zustimmung des Parlaments 1849 für eine Weltausstellung im Jahre 1851 in London.

Als Ausstellungsgelände schlug man den Hyde Park vor, auf Grund seiner günstigen, zentralen Lage und attraktiven Umgebung. Die Royal Commission legte das Programm für den internationalen Wettbewerb zum Entwurf des Ausstellungsgebäudes fest:
1. Umschließen eines größtmöglichen Flächenraumes mit verhältnismäßig geringen Kosten.
2. Die vom Gebäude eingeschlossene Fläche soll ein soviel als möglich geteiltes Ganzes bilden, da im voraus nicht zu bestimmen sei, nach welchen Verhältnissen der Raum für die unterschiedlichsten Ausstellungsgegenstände verteilt wird.
3. Die auf dem Bauplatz stehenden Bäume sollen möglichst verschont bleiben.

Dem Aufruf folgten 233 Teilnehmer: aus Großbritannien 195, Frankreich 27, Holland 3, Belgien 2, der Schweiz 2, Italien 1 und Deutschland 3. Von diesen eingereichten Wettbewerbsentwürfen wurden 70 Arbeiten mit einer ehrenden Erwähnung bedacht. Eine besondere Anerkennung erhielt der Entwurf des englischen Architekten und Ingenieurs Richard Turner. Turner hatte mit dem Architekten Burton 1840 den Wintergarten im Regent's Park und 1845-1847 das Palmenhaus im königlichen botanischen Garten zu Kew bei London geschaffen.

Eine besondere Anerkennung erhielt ebenfalls der Entwurf des Franzosen Hector Horeau (1801-1872), bekannt durch seine konstruktiv kühnen Ideen in Eisen und Glas, die jedoch fast ausschließlich nicht verwirklicht wurden. Trotzdem übten sie einen starken Einfluß auf das Bauen jener Zeit aus (Pariser Markthallen von Baltard und Callet 1853). Erich Schild schreibt hierzu: »Sein Entwurf ist möglicherweise entscheidend gewesen für die Vorbereitungskommission einen Monumentalbau oder den Gedanken an denselben aufzuweichen und zu verlassen und dem Paxton-Entwurf vorbehaltlos zuzustimmen.« (35)

Die 233 eingereichten Arbeiten wurden öffentlich bekanntgegeben und im Gebäude des Zivil-Ingenieur-Vereins ausgestellt. Die königliche Kommission empfahl jedoch keinen der Entwürfe zur weiteren Bearbeitung und beschäftigte sich mit einem eigenen, da ihrer Meinung nach keiner den gestellten Anforderungen der Ausschreibung genügte. Gleichzeitig behielt sie sich vor, jeden anderen später eingereichten Entwurf, der den Bedingungen der Auslober mehr entsprach, zu berücksichtigen.

Die Ausstellung

Sinn und Zweck dieser Ausstellung war es, sich einen Überblick über die Industrieerzeugnisse, die auf der Welt produziert wurden, zu verschaffen. Nicht Anerkennung war ihr ausgemachtes Ziel, sondern, daß das Mangelnde erkannt werde. Es war der erste Leistungsvergleich der Welt. Zugelassen wurden nur Erzeugnisse der Industrie und des Handwerkes, die Neues boten. So kam es, daß die bildende Kunst (ausgenommen Plastiken) nicht vertreten war, es sei denn, um an ihr neue Techniken, unbekannte Malmittel und Farben zu demonstrieren. Im Ausstellungskatalog aus dem Jahre 1851 hieß es hierzu: »Gemälde als Kunstwerke sind ausgeschlossen... Wo sie erscheinen, sollten sie daher weniger wegen der Meisterschaft des Künstlers als vielmehr wegen der Geschicklichkeit des Farbenherstellers beachtet werden.«

Es gab 6 Warengruppen (Rohstoffe und Fertigwaren, Maschinenwesen, Manufakturwaren, Metall- und Irdenwaren, Holz- und Steinfabrikate sowie Kurz- und Gemischtwaren, Schöne Künste) mit insgesamt 30 Klassen und 32612 Ausstellungsstücken. 28 Länder, einschließlich der britischen Kolonien, mit 17062 Ausstellern, davon 8200 Ausstellern aus England, waren auf der ersten Weltausstellung in London vertreten.

Europa wurde repräsentiert durch: Belgien, Dänemark, England und die englischen Inseln Malta und Jersey, Frankreich, Griechenland, Holland, Italien, Norwegen, Österreich, Portugal, Rußland, Schweden, die Schweiz, Spanien, den deutschen Zollverein (Preußen, Sachsen, Baden-Württemberg, Bayern u. a.) und Nord-

3 Modell einer amerikanischen Mähmaschine von Mac Cormick. Diese Erntemaschine war das erste brauchbare Gerät einer langen Entwicklungsreihe, die bis in unsere Tage führt.

deutschland. Aus Asien stellten folgende Länder bzw. Kolonien aus: Ceylon, China, Indien, Persien und die Türkei; aus Afrika: Ägypten und Tunesien; aus Übersee: Brasilien, Kanada und die Vereinigten Staaten von Amerika. Diese Länder zeigten Textil-, Polygrafie-, Schiffs-, Dampfmaschinen und Lokomotiven; Waffen, Rohprodukte, Textil-, Papier-, Gummi-, Ton-, Glas-, Porzellan-, Sattler-, Eisen-, Leder-

sie zu jener Zeit schon existierten. Eine englische Firma zeigte eine Maschine, die in der Lage war, einzelne Räume oder ein ganzes Gebäude mit sauberer, warmer Luft zu versorgen. Eine Mähmaschine aus den USA wies in einer verblüffenden Art und Weise das Prinzip unserer modernen Erntekombines auf. Eine ganze Abteilung beschäftigte sich mit der englischen Erfindung des Gasherdes, der in unterschied-

und Rauchwaren; Hausrat, Kirchengerät (Tabernakel, Altäre u. a.), Musikinstrumente; Mineralien, Gold- und Silberwaren, chemische Präparate und Instrumente für Naturforscher; Architektur-, Brücken- und Schiffsmodelle; Uhren, Glocken, Globen und Wachsblumen. Schier endlos und bunt wäre die Aneinanderreihung fortzusetzen, sie zeigt die Breite all jener Dinge und Gegenstände, die hier zusammengestellt wurden und den Stand menschlicher Kultur und Zivilisation dokumentierten. Den Entwicklungsweg zu kennzeichnen, den die Menschheit nahm, war den nachfolgenden Weltausstellungen vorbehalten.

Verweilen wir noch einen Augenblick bei einigen Geräten und Maschinen, die uns heute in ein gewisses Erstaunen versetzen darüber, daß

lichsten Ausfertigungen zu sehen war. Elektrische Uhren hingen über den Haupteingängen des Ausstellungsgebäudes. Aus dem handwerklichen Bereich soll Michael Thonet (Wien) erwähnt werden, der unter großem Erfolg seine berühmt gewordenen Sitzmöbel aus gebogenem Holz, Bugholz, ausstellte. Die ersten Plastemöbel wurden aus Guttapercha, einem vulkanisierten Kautschukprodukt, präsentiert.

Es fehlte auch nicht an Kuriositäten, die für dieses Jahrhundert sehr typisch waren. So wurden zum Beispiel ein Doppelflügel, ein als Rettungsboot geeigneter Koffer, eine Kombination von Wecker und Bettgestell, ja sogar die Kabineneinrichtung eines Dampfers, die im Katastrophenfall in ein Floß zu verwandeln war, gezeigt. Auch Ausstellungsspäße folgender Art gab es: Das erste Stahlhaus Englands hatte einen Gußstahlblock ausgestellt, der ganze 5 Zentner wog, auf dem in großen Buchstaben eingeschlagen stand: Monster Bloc. Ein Aussteller, der die Kunst, große Gußstahlblöcke herzustellen, ebenfalls kannte, hatte kurz vor der Eröffnung diesen Stahlblock gesehen und sofort einen 100 Zentner schweren Block in Auftrag gegeben, auf diesem stand in kleiner Schrift: Little Bloc. Der »Giganten«scherz schlug ein wie ein Blitz und erheiterte lange Zeit die Gemüter.

Die Ausstellung, die ein halbes Jahr lief, zählte 6 Millionen Besucher. Durchschnittlich besuchten 42 000 Menschen täglich, in der letzten Woche 100 000 Personen pro Tag, die »Great Exhibition«.

Der Erfolg, den diese Veranstaltung brachte, war immens. Ihr Reingewinn lag bei rund 186 000 Pfund Sterling, das entsprach etwa 3,7 Millionen Goldmark. Woher kamen eigentlich diese ungeheuere Begeisterung, diese bemerkenswerte Anteilnahme? Sie lagen hauptsächlich in dem Streben nach Wissen und Bildung begründet; ein jeder wollte sich informieren, wollte informiert sein. Vorbereitet wurde dieser Bildungsdrang durch die französischen Enzyklopädisten Diderot, d'Alembert, Grimm, Rousseau, Dumarfais, Voltaire u. a. in der zweiten Hälfte des 18. Jahrhunderts. Sie waren in ihrem Werk »Encyclopédie ou dictionnaire raisonné des sciences, des arts et des métiers« bestrebt, das wissenschaftliche Material im Geiste der Zeit aufzufassen und die philosophischen Weltanschauungen des 18. Jahrhunderts zur Geltung zu bringen. Das, was jene Franzosen aufgetan hatten, wurde im 19. Jahrhundert geistiges Bedürfnis des einzelnen.

Der Kristallpalast

Sir Joseph Paxton (1801-1865) arbeitete für den Duke of Devonshire und in dessen Auftrag bei der Midland Railway Co. Dort bekam er Kontakt zu Sir Henry Cole, der ihn mit einem Entwurf für das Ausstellungsgebäude betraute. Für Cole ist Paxton zu diesem Zeitpunkt gewiß kein Unbekannter mehr gewesen, war er doch der Vor-

4 Böhmisches Kristall

stand der Gärten, Gewächshäuser und Parkanlagen des Schlosses zu Chatsworth/Derbyshire, Erbauer mehrerer großer Gewächshäuser und Herausgeber einer der besten englischen Gartenzeitschriften seiner Zeit.

Die dem Ausstellungsgebäude zugrunde liegende Idee hat Paxton aus der Summe seiner Erfahrungen beim Gewächshausbau gewonnen. Hatte doch bereits sein Great Conservatory (1836-1840) – mit einer Länge von 85 Metern, mit 40 Metern Breite und einer Höhe von über 20 Metern, bestehend aus einer Mittelhalle, zwei kleinen Seitenschiffen und einer Galerie – Aufsehen erregt und wurde Anziehungspunkt für in- und ausländische Besucher und Gartenarchitekten. Dieses Gewächshaus galt als der größte Glasbau der Welt.

Während einer Debatte der Midland Railway Co. am 11. Juni 1850 entstand Paxtons berühmt gewordene Löschblattskizze, die den Grundgedanken des künftigen Gebäudes klar formulierte: ein überdimensionales Gewächshaus in Eisen und Glas. Eine neu gestellte Bauaufgabe hatte ihre Lösung gefunden, genial in der Idee und Baudurchführung, zukunftsweisend bis in unsere Tage hinein.

Mit dem Bekanntwerden des Paxtonschen Entwurfes wurde dieser auch gleich in der satirischen Zeitschrift »Punch« aufgegriffen und glossiert; er erhielt den treffenden Namen, der sich auch auf die Nachfolgebauten übertrug, »Crystal Palace« – Kristallpalast.

Dem ursprünglichen Paxtonschen Entwurf lag ein fünfschiffiges Gebäude in Längsrichtung zugrunde. Das Mittelschiff war am höchsten, die Seitenschiffe wurden nach außen hin niedriger. Bei der weiteren Durcharbeitung fügte Paxton ein flachgedecktes Querschiff hinzu. Das Querschiff wurde aber dann tonnenartig überwölbt, um die Ulmenbäume, die im Ausstellungsgebäude verbleiben sollten, zu erhalten und die Forderung der Ausschreibung zu erfüllen. Die Firma Fox & Henderson Co. übernahm die Bauausführung in enger Zusammenarbeit mit Paxton. Der veranschlagte Preis für das Ausstellungsgebäude wurde auf

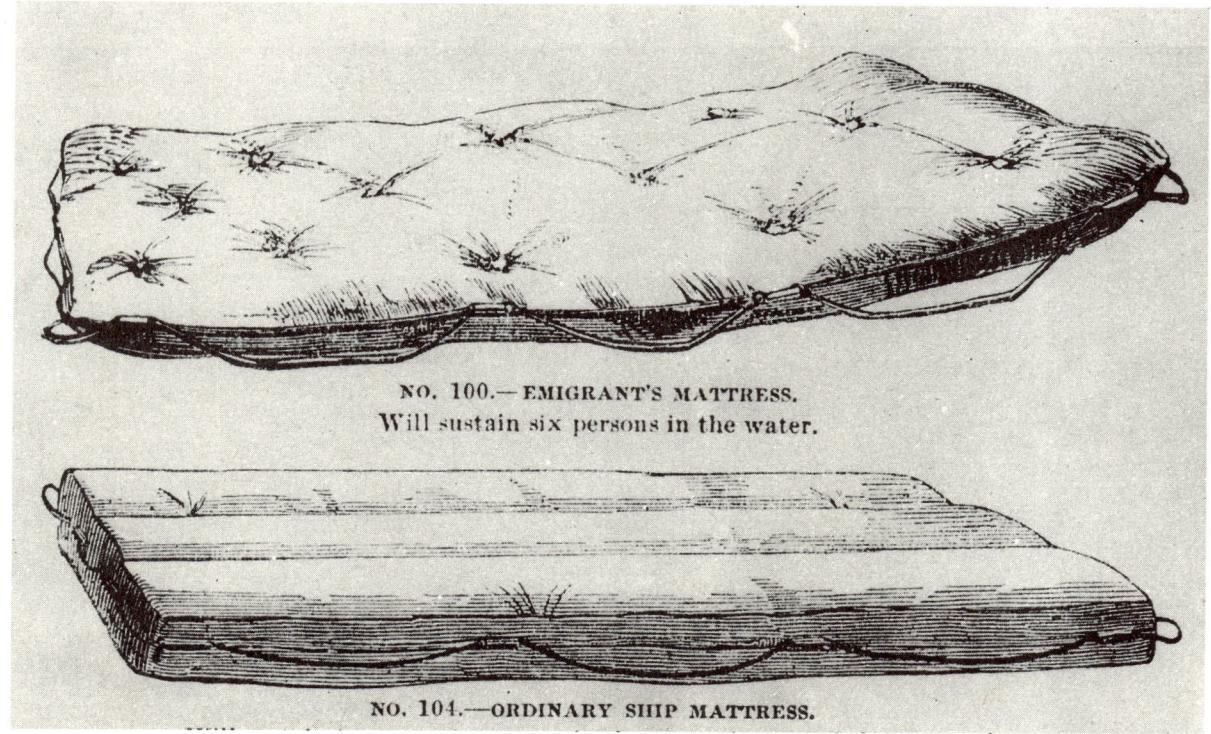

6 Personen konnten von dem oberen, mehr als 10 von dem unteren Typ aufgenommen werden. Die seitlich angebrachten Schlaufen lassen eine beliebige Aneinanderreihung solcher Rettungs»boote« zu. Vom Prinzip und der Form her entsprechen sie unseren neuzeitlichen Camping»betten«.

85 000 Pfund Sterling (etwa 1,7 Millionen Goldmark) geschätzt.

Zeitgenössischen Berichten zufolge soll Fox wochenlang 18 Stunden täglich an den Detailplänen gearbeitet haben. Am 1. August (erste Ideenskizze von Paxton am 11. Juni!) wurde mit den Gründungsarbeiten begonnen. Die erste gußeiserne Säule wurde am 26. September aufgerichtet. Am 31. Januar 1851 übergab die Firma Fox & Henderson Co. das Ausstellungsgebäude für die erste Weltausstellung. Königin Victoria von Großbritannien und Prinz-Gemahl Albert eröffneten am 1. Mai 1851 – zehn Monate nach Planungsbeginn – die Ausstellung, die die Welt unter einem Dach zusammenführte.

Der Baukörper besaß eine Länge von 564 Metern, das entspricht 1851 englischen Fuß. Diese Zahl spielt auf das Jahr der Ausstellung an. Die Breite betrug 124 Meter. Das Mittelschiff hatte

6 Reichverzierter Hieb- und Stichwaffenständer von Geyton mit Waffen. Dekorativ überladen – ist er ein typisches Beispiel viktorianischen Kunsthandwerkes.

eine Höhe von 20,31 Metern. Die beiden inneren Seitenschiffe waren 12,80 Meter, die beiden äußeren 6,71 Meter hoch. Das eingeschobene Querschiff hatte eine Breite von 22 Metern und 33 Meter Höhe. Die überdachte Grundfläche betrug etwa 74 000 Quadratmeter. Erweitert wurde die Ausstellungsfläche durch ein Galeriegeschoß von etwa 20 000 Quadratmetern, das durch 10 zweiarmige Treppen im Innern des Gebäudes erschlossen wurde. Um ungefähre räumliche Größenvorstellungen zu entwickeln, sei gesagt, daß das Gebäude viermal so groß war wie der St.-Peters-Dom in Rom, siebenmal größer als die Kirche St. Paul in London, elfmal so groß wie der Kölner Dom und sechzehnmal so groß wie der Stephansdom zu Wien. Als Baumaterial wurden 3 500 Tonnen Gußeisen für 3 230 Säulen und 2 141 Träger, 550 Tonnen Schmiedeeisen, 83 238 Quadratmeter Glas, 46 Kilometer Dachrinnen und 307 Kilometer Fenstersprossen verbraucht.

Dem gesamten Gebäude lag ein Rastersystem von 24 englischen Fuß, das entspricht 7,32 Metern, zugrunde. Die größte Spannweite im Mittel- wie auch im Querschiff betrug 22 Meter.

Errichtet wurde der Kristallpalast auf einem Gelände, das von West nach Ost auf einer Länge von 564 Metern 2,44 Meter abfiel. Dieser Höhenunterschied wurde nicht ausgeglichen.

Das Ausstellungsgebäude besaß 3 Eingänge, einer lag in der Mitte der Südseite (Querschiff) und je einer an der West- bzw. Ostseite des Längsschiffes. An der Südfront waren 6 Ausgänge über die gesamte Länge gleichmäßig verteilt, an der Ostseite waren 2 Ausgänge.

Der Fußboden bestand aus Holzbrettern von 21 Zentimetern Breite. Zwischen den Brettern wurde jeweils eine Fuge von knapp 1 Zentimeter gelassen, so daß beim Auskehren der Schmutz in die Zwischenräume fiel. Die Seitenwände der Erdgeschoßzone waren ebenfalls aus Holz, die der Galerie aus Glas.

Die Säulen wurden durchgehend auf Betoneinzelfundamenten gegründet. Einzelne Bauglieder wurden einer Probebelastung unterzogen, so zum Beispiel die Säulen, die Träger im Galerie- und Dachbereich. »Die Belastung des Daches wurde mit etwa 30 Zentimeter Schnee und 10,5 Kilogramm pro Quadratmeter angenommen.« (41)

Das konstruktive Gerüst bestand aus gußeisernen Säulen mit Gitterträgern, die grundsätzlich untereinander mit Schrauben verbunden wurden, um der Forderung der Demontage und Wiederverwendung gerecht zu werden. Eisen, Holz und Glas schufen dafür gute Voraussetzungen.

Die Glastafeln, mit einer Stärke von nur 1,58 Millimetern, die für die Eindeckung und seitliche Verglasung eingesetzt wurden, hatten die Abmessungen 0,25 x 1,20 Meter. 1 Quadratmeter wog 5,35 Kilogramm. Die zu öffnende Glasfläche betrug exakt 3 795 Quadratmeter. Die Fenster waren an einigen Stellen so miteinander verbunden, daß sie sich über ein Gestänge jalousienartig öffneten.

Die Dacheindeckung mit Glas in Holzrahmen erfolgte nach einem von Paxton entwickelten und patentierten System, dem »ridge-and furrow-principle«. Dieses Prinzip von »Dachfirst und Hohlkehle« hatte er erstmalig bei seinem Lilienhaus zu Chatsworth angewandt. Das Dach wurde in eine Vielzahl von kleinen Dachflächen aufgefaltet. In einer innenliegenden Falte, der hölzernen Hohlkehle, gelangte das Regenwasser in eine Hauptrinne aus Holz, die parallel über den Bindern der Schiffe lag. Die Rinne entwässerte in die hohlen gußeisernen Stützen. Über ein System von Rohrleitungen innerhalb des Erdreichs wurde in mehreren Sammelkanälen das Wasser abgeleitet. Während der Ausstellung zeigten sich jedoch erhebliche Mängel. Die Holzsprossen, in denen die Glasscheiben eingelegt waren, verwarfen sich auf Grund der Nässeeinwirkungen und zerbrachen. Scheiben fielen herunter, und es regnete ein, so daß ein Teil der Ausstellungsstände mit Wachstüchern abgedeckt werden mußte. Frei von solchen Schäden blieben die beiden Hauptachsen. Man kann diesen Mängeln keine zu große Bedeutung angesichts einer so gewaltigen und

LONDON 1851

7/8 Kristallpalast

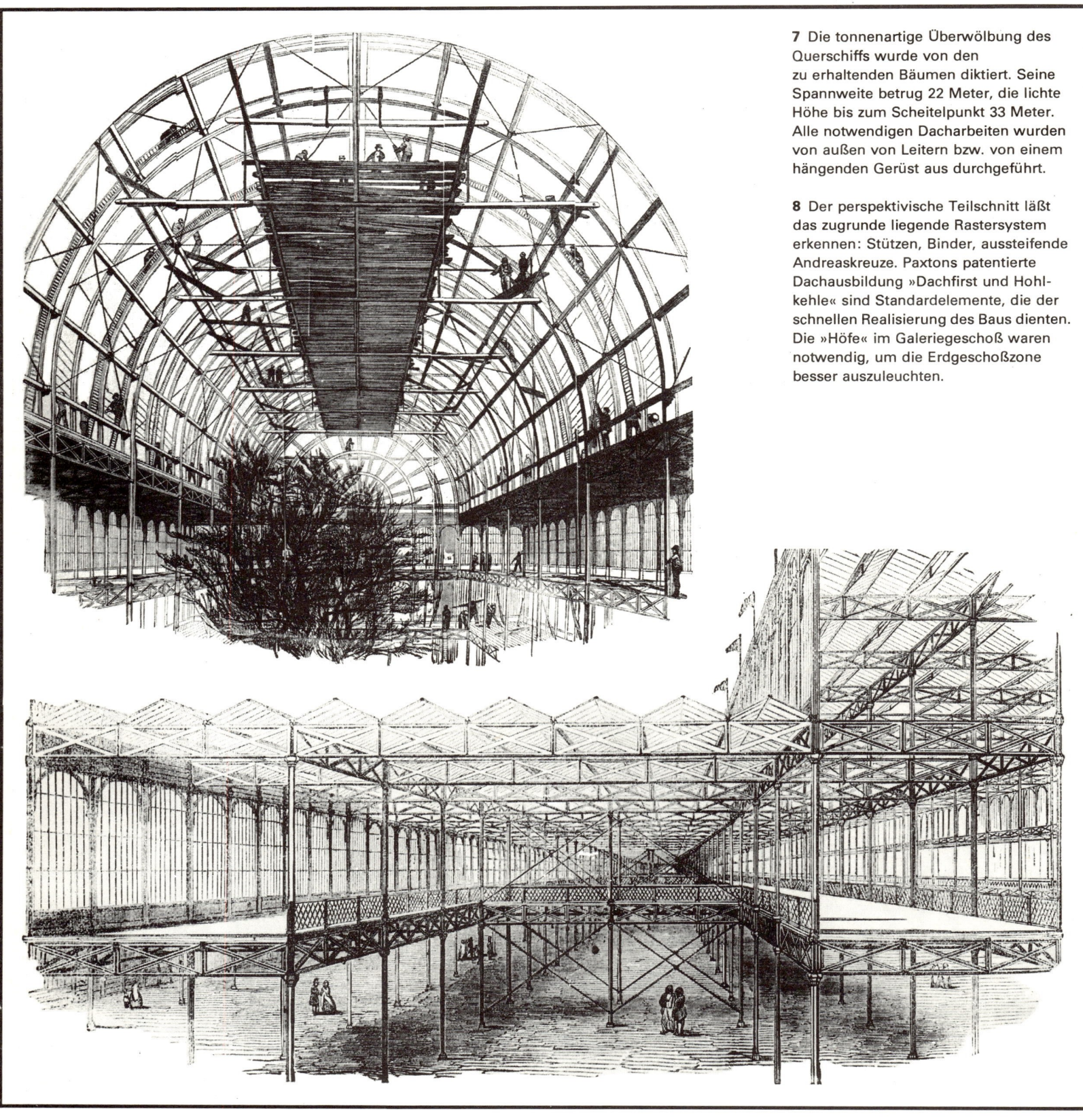

7 Die tonnenartige Überwölbung des Querschiffs wurde von den zu erhaltenden Bäumen diktiert. Seine Spannweite betrug 22 Meter, die lichte Höhe bis zum Scheitelpunkt 33 Meter. Alle notwendigen Dacharbeiten wurden von außen von Leitern bzw. von einem hängenden Gerüst aus durchgeführt.

8 Der perspektivische Teilschnitt läßt das zugrunde liegende Rastersystem erkennen: Stützen, Binder, aussteifende Andreaskreuze. Paxtons patentierte Dachausbildung »Dachfirst und Hohlkehle« sind Standardelemente, die der schnellen Realisierung des Baus dienten. Die »Höfe« im Galeriegeschoß waren notwendig, um die Erdgeschoßzone besser auszuleuchten.

neuartigen Bauaufgabe beimessen, zumal es an praktischen Erfahrungen fehlte. Die Idee war das Entscheidende: Die tragende Konstruktion und die einzelnen Bauglieder waren konsequent durchgebildete Fertigteile. Mit diesem Bau geschah der erste Vorgriff auf die Industrialisierung im Bauwesen. »Die außerordentliche Aufgabe erforderte außerordentliche Mittel zu ihrer Lösung. Nur durch weitgehende Vorfertigung der Teile und ihre Montage auf der Baustelle konnte das Gebäude in der unwahrscheinlich kurzen Zeit errichtet werden.

Die Serienproduktion der Konstruktionselemente machte sich notwendig, Standardisierung und Normung waren eine unabdingbare Voraussetzung dazu. So entsprach dem in die Zukunft weisenden Konstruktionssystem die Art der Bauausführung. Erstmals wurden in solchem Umfang und solcher Vollständigkeit Methoden der industriellen Produktion, der Vorfertigung im Bauwesen angewendet. Die neue Bauaufgabe machte dies notwendig, das neue Konstruktionsmaterial möglich.« (34)

Die Bauleitung hatte ein Mr. Cubitt inne. Auf der Baustelle arbeiteten zeitweilig bis zu 2000 Arbeiter. Es gab spezialisierte Handwerkertrupps, die in dem uns heute geläufigen Taktverfahren arbeiteten, einer Art Fließfertigung. Die einen legten die Holzprofile in die Dachkonstruktion ein, die anderen waren nur damit beschäftigt, die Verglasung einzubringen. Paxton erfand und entwickelte hierzu Spezialmaschinen zum Schneiden und Bearbeiten der Hölzer für die Fenster, eine andere zum Bohren von Eisenteilen. Mit Dampfkraft angetriebene Maschinen wurden beim Bau verwendet. So muß uns auch heute noch die Frage der Arbeitsorganisation und des Bauablaufes bewunderungswürdig gelöst erscheinen.

Zurück zum Gebäude selbst. Der gewaltige Innenraum wurde farblich gestaltet. Die tragenden Elemente des Bauwerkes, wie die senkrechten Flächen, Sprengwerke, Säulen u. a., wurden mit hellblauer Ölfarbe gestrichen und erhielten an ihren Rändern eine schmale weiße Einfassung. Alle nach dem Fußboden gerichteten horizontalen Flächen, wie Galerieunterseiten, waren in dunkelroten, die runden vorstehenden Flächen an den Säulen und Kapitellen in dunkelgelben Tönen gehalten. Das einfallende Licht wurde durch eine über das Glasdach gezogene Leinwand gebrochen. Somit erschien die Decke in einem leicht eierschalenfarbenen Ton. Die Leinwand hatte gleichzeitig die Funktion, das Dach vor Hagelschlag zu schützen und in der heißen Jahreszeit kühlend zu wirken. Zu diesem Zweck wurde sie mit Wasser besprizt.

Um einem eventuellen Brand vorzubeugen und ihn wirksam bekämpfen zu können, wurde eine Berieselungsanlage an die Dachkonstruktion angehangen.

Wie reagierte die Öffentlichkeit auf dieses Bauwerk, dieses Supergewächshaus, das alte überlieferte Bautraditionen und Architekturvorstellungen sprengte? Wie wurde es von den Zeitgenossen eingeschätzt? **Reaktion der Öffentlichkeit**

Die heftigste Kritik wurde von all jenen laut, die sich an dem Wettbewerb beteiligt hatten und deren Vorstellungen und Ideen nicht zum Tragen kamen. Sie zogen einerseits die Standhaftigkeit des Baues in Zweifel und waren der Meinung, daß er zusammenbrechen werde; andererseits glaubten sie, daß das Glas von 1,58 Millimetern nicht die Windbelastung aushalten werde. Der ausgeführte Bau mußte sie eines Besseren belehren.

Der einflußreichste Kunstkritiker jener Zeit, John Ruskin (1819-1900), äußerte sich mit folgenden Worten: »Das Maß des rein physischen Fleißes, das der Kristallpalast repräsentiert, ist sehr groß. Soweit, so gut. Das Maß der Gedanken erschöpft sich wie mir erscheint, in einer einzigen Idee ..., wahrscheinlich um kein bißchen bewundernswerter als Tausende von Ideen, die jede Stunde das bewegliche und intelligente Gehirn (seines Entwerfers) durchziehen, nämlich der, daß es möglich sein müßte, ein Gewächshaus zu bauen, das größer ist als jedes bisher gebaute. Diese Idee und etwas ganz gewöhnliche Algebra sind alles, was der menschliche Geist mit soviel Glas auszudrücken vermag.« (4)

9/10 Wiedererrichtung des Kristallpalastes
Die Darstellung zeigt die leichte grundrißmäßige Veränderung. Links: Grundriß des Londoner Kristallpalastes, rechts Sydenham. Die äußeren Abmessungen blieben etwa die gleichen.

Mit dem englischen Architekten Pugin (1812-1852) stimmte er in seiner energischen Ablehnung des Baues überein, daß »Eisen als Baustoff für Architektur nicht zulässig sei«.

Lothar Bucher (1817-1892) dagegen, Diplomat im preußischen Staat und Journalist, schrieb über den Kristallpalast: »Wir sehen ein feines Netzwerk symmetrischer Linien, aber ohne irgend einen Anhalt, um ein Urteil über die Entfernung desselben von dem Auge und über die wirkliche Größe seiner Maschen zu gewinnen. Die Seitenwände stehen zu weit ab, um sie mit demselben Blick erfassen zu können, und anstatt über eine gegenüberstehende Wand, streift das Auge an einer unendlichen Perspektive hinauf, deren Ende in einem blauen Duft verschwimmt. Wir wissen nicht, ob das Gewebe hundert oder tausend Fuß über uns schwebt, ob die Decke flach oder durch eine Menge kleiner paralleler Dächer gebildet ist; denn es fehlt ganz an dem Schatten ... Lassen wir den Blick langsamer wieder hinabgleiten, so begegnet er den durchbrochenen blaubemalten Trägern, anfangs in weiten Zwischenräumen, dann immer näher rückend, dann sich deckend, dann unterbrochen durch einen glänzenden Lichtstreif, endlich in einem fernen Hintergrund verfließend, in dem alles Körperhafte, selbst die Linie verschwindet und nur noch die Farbe übrig bleibt ... Der Lichtstreif, der die perspektivische Reihe der Träger unterbricht, ist das Querschiff. Es ist nüchterne Ökonomie der Sprache, wenn ich den Anblick desselben unvergleichlich, feenhaft nenne. Es ist ein Stück Sommernachtstraum in der Mittagssonne.« (3)

Wollen wir noch eine Strophe aus William M. Thackerays (1811-1863) Ode auf den Glaspalast, anläßlich der Eröffnung der Weltausstellung, hören:

A palace as for fairy prince
A rare pavilion, such as man
saw never since mankind began,
And built and glazed

Ein Märchenprinz-Palast,
ein seltner Pavillon aus Glas erbaut
Wie noch kein Mensch ihn je erschaut
seit der Menschheit Anbeginn

Enthusiastischer Beifall auf der einen Seite, kleinliche Kritik auf der anderen, einige sahen und ahnten den Impuls, der von diesem Gebäude ausgehen sollte. Die Öffentlichkeit zeigte eine ausgesprochen rege Anteilnahme. Hatte sich nicht gerade mit diesem Bau ein Geist manifestiert, der dem Fortschrittsglauben an die modernen Naturwissenschaften, Technik, Industrie und den Handel huldigte?

Bedeutung und Auswirkungen

Worin lag nun die Bedeutung, welche Auswirkung hatte die erste Weltausstellung von 1851 in London? Welchen Einfluß übte der Kristallpalast auf die Architektur aus?

Im Ergebnis der Weltausstellung entstanden in England zwei wichtige Einrichtungen: die eine war das »Departement of Practical Art«, das dem Handelsministerium unterstellt wurde, und die andere ein Museum für Industrieerzeugnisse, beide von außerordentlicher Wichtigkeit für das damals industrialisierteste Land der Welt. (Das »Departement of Practical Art«

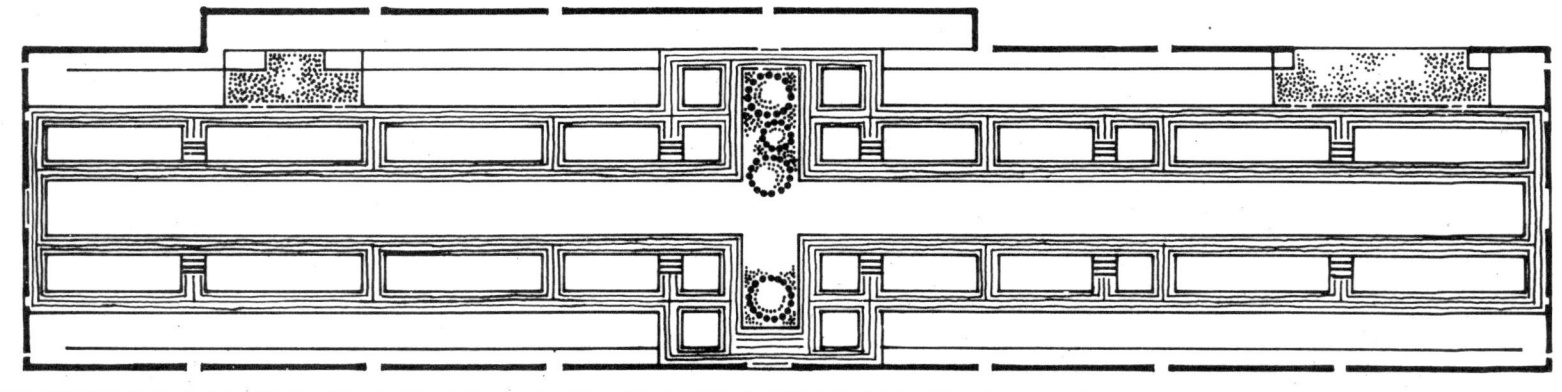

ist als Vorläufer unserer industriellen Formgestaltung anzusehen.) Dem Handel und der Industrie brachte die Ausstellung einen gewaltigen Aufschwung und starke Belebung. England konnte seinen Ruf als führende Industrienation festigen. Kein Land konnte sich mit ihm auf den Gebieten des Eisenbahnwesens, der Dampfschiffahrt, des Kanal- und Straßenbaus messen. Den Besuchern aus dem In- und Ausland wurde auf dieser Ausstellung die führende Rolle der englischen Technik und Industrie deutlich vor Augen geführt.

Der Impuls, den die Ingenieurbaukunst gab, liegt im Versuch der optischen Überwindung der Schwerkraft, in dem grundlegenden Funktionswandel des Verhältnisses Stütze zur Last. Ganz gleich, welches Bauwerk wir uns aus der Geschichte vor Augen halten, es ruht optisch auf der Erde. Selbst das aufwärtsstrebende, filigran sich nach oben ziehende gotische Bauwerk, dessen Ausmagerung die Grenze des Statischen nicht nur erreicht, sondern oftmals überschritten hatte, daß ganze Teile in sich zusammenstürzten, läßt diese Erdenschwere, gleich einer Glucke, die ihre Küchlein schützt, erkennen. Die neue Wirkung begründete Konrad-Werner Schulze mit der Ausscheidung der Wand als tragendem Element. Damit verringerte sich das Eigengewicht der füllenden und verkleidenden Baustoffe. Gewonnen wurden dadurch vertikale und horizontale Raumanteile der Decken und Stützen. Durch diese »entlasteten Öffnungen« kam es zur höchsten Ausnutzung natürlicher Lichtquellen.

Der filigranen Tektonik folgte die Auflösung starrer Raumbegrenzungen. Der malerische Effekt – die Zweidimensionalität, die Schauseite –, der die Architektur im vergangenen Jahrhundert so eindrucksvoll beherrschte (z. B. Große Oper, Paris) wurde somit aufgehoben. Das ingenieurtechnische Bauen, heute allgemein als Architektur anerkannt, trug zunehmend optisch schwebende, auflösende Tendenzen als Folge konstruktiver Sachlichkeit. Geboren wurde es aus dem Verhängnis des Historizismus, Kunst zu produzieren. Heute beginnen die rationellen, nüchternen Formen von damals etwas an Attraktivität zu verlieren. Wir entdecken für uns die eklektizistischen, historisierenden Formen. Das liegt einerseits an dem Abstand, den wir zu jener Epoche haben, und andererseits an unserer nüchternen, technisch zivilisierten Welt. Wir akzeptieren die menschliche Leistung, die Phantasie, ihr räumen wir einen entsprechenden und gebührenden Platz ein. Gleich einer absterbenden Blüte ohne Fruchtfolge bewundern wir jene stark plastische Formenwelt und -sprache, den vorwärtsdrängenden Impuls finden wir jedoch in den Bereichen konstruktiver Sachlichkeit.

Nachfolgebauten

Der Kristallpalast war von Anfang an so konzipiert worden, daß er nach Ablauf der Ausstellung demontiert werden konnte. Eine Vielzahl von Vorschlägen wurde unterbreitet, die die Wiederverwendung der Materialien vorsah. Die kühnste und abenteuerlichste Idee war, einen 305 Meter hohen Turm zu errichten. Zur Realisierung gelangte jedoch, auf Grund des großen Zuspruchs des Ausstellungsgebäudes

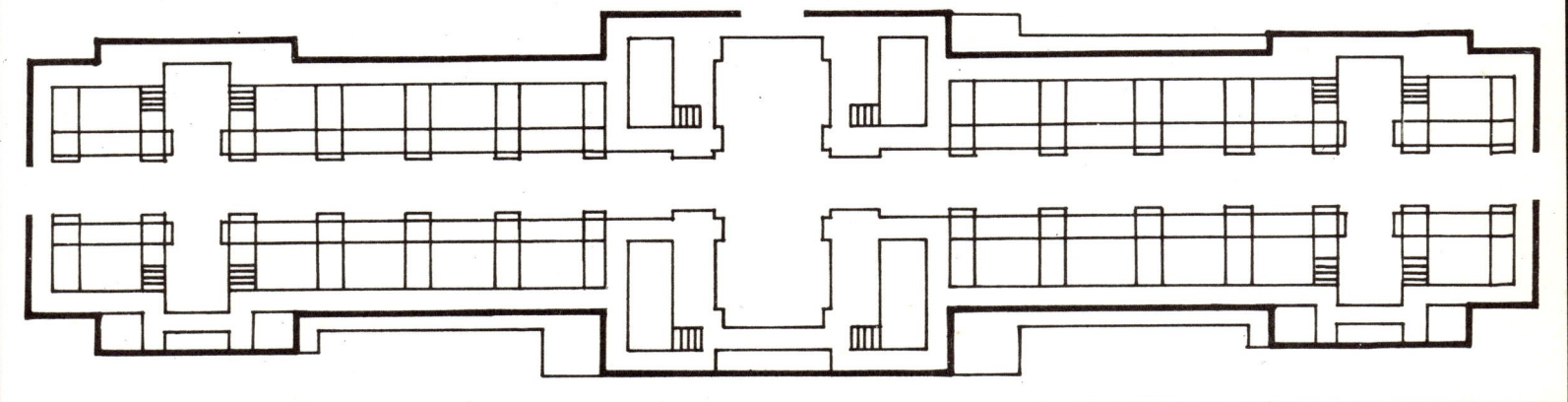

im Hyde Park, der Kristallpalast II zu Sydenham bei London. Das Gebäude war in unmittelbarer Verbindung der umgebenden Garten- und Parkanlagen errichtet worden und diente ständig kunst- und kulturgeschichtlichen sowie handelsgewerblichen Ausstellungszwecken. Zeitgenössischen Berichten zufolge trug es der »Belehrung und dem Vergnügen, dauernd und unvermindert Rechnung«.

Der Wiederaufbau als Crystal Palace II erfolgte in den Jahren 1852–1854. Durch Hinzufügen zweier Querschiffe erfuhr der Grundriß eine leichte Veränderung gegenüber dem Londoner. Sie wurden am Anfang und Ende des Gebäudes eingeschoben und waren von gleicher Höhe und Breite wie das Längsschiff. Durch die Überwölbung des Längsschiffes wurde die Wirkung des Gesamtbaukörpers gegenüber dem Londoner Kristallpalast noch gesteigert. Leider fiel der Kristallpalast zu Sydenham 1936 einem Brand zum Opfer.

Weitere Kristallpaläste folgten in Dublin (1852/53) und in München (1853/54). In München wurde, ähnlich wie in London, am 10. 8. 1853 der Beschluß gefaßt, eine »Allgemeine Ausstellung deutscher Industrie- und Gewerbeerzeugnisse« durchzuführen, am 7. 6. 1854 erfolgte die Übergabe des 187 Meter langen Ausstellungsgebäudes mit 40 000 Quadratmetern überdeckter Fläche. Den Entwurf lieferte Voit in enger Zusammenarbeit mit dem Bauunternehmen und ausführenden Betrieb Cramer und Klott aus Nürnberg. Das Gesamtsystem entsprach dem Londoner Vorbild, jedoch in einer vereinfachten und konsequenteren Darstellung. Das tragende System bildeten die gußeisernen Stützen und Träger bzw. Binder. Auch der Münchener Kristallpalast fiel einem Brand zum Opfer.

Im Jahre 1853 sollte für New York eine Weltausstellung vorbereitet werden. Diese kam jedoch nicht zustande, weil Frankreich seinerseits Vorbereitungen für eine Weltausstellung in Paris 1855 traf. Auf Grund des mangelnden internationalen Interesses wurde die New Yorker Veranstaltung in eine amerikanische Gewerbeausstellung umgemünzt. Die Amerikaner hatten für ihr geplantes Weltausstellungsgebäude einen internationalen Wettbewerb ausgeschrieben, an dem sich auch Paxton mit einem Entwurf beteiligte. Er wurde über alle Maßen hoch eingeschätzt, jedoch scheiterte seine Umsetzung an der Tatsache, daß die Beschaffenheit des Bodens ungeeignet war. Zur Ausführung gelangte ein Entwurf der Amerikaner Carstens und Gildemeister. Als Grundidee lag dem Projekt das griechische Kreuz zugrunde. Dieses wurde in der Erdgeschoßzone zu einem gleichmäßigen Achteck geschlossen.

Der Kreuzungspunkt, die Vierung, wurde mit einer Kuppel im Durchmesser von 31,4 Metern und einer lichten Höhe von 45,4 Metern überdeckt. Die Grundfläche des Gebäudes betrug 10 312 Quadratmeter. Das Ausstellungsgebäude war seinerzeit der größte Bau des Landes, ganz aus Gußeisen und Glas.

Später entwarf Paxton das Sanatorium für die Stadt London im Victoria Park (nicht ausgeführt). Bei diesem Bau wird jedoch klar, daß jener Kristallpalast von 1851 in seiner Klarheit und Strenge von Paxton selbst nicht als das angesehen wurde, wofür wir ihn heute halten. Die nüchterne und sachliche Formensprache wurde im Zuge von Anerkennung und Repräsentation von ihm selbst verlassen zugunsten von Schmuckformen und »gefälliger Gestaltung«.

Der Durchbruch, in Eisen und Glas zu bauen, war endgültig gelungen, wenngleich er mehr für Zweckbauten als für Repräsentationsbauten Gültigkeit hatte. Kaum zu übersehen war die Anzahl der Gewächshausbauten, Wintergärten, botanischen Museen. Hinzu kommen die Ausstellungsbauten jeglicher Art und vornehmlich die der großen Ausstellungen, die dem Londoner Beispiel folgten, Bahnhofsbauten und Hallen, die Pariser Markthallen von Baltard und Callet.

Eisen und Glas traten ihren Siegeszug weltweit an und sind heute aus dem Gebiet moderner Architektur und Formgebung nicht mehr wegzudenken.

LONDON 1851

11 Westeingang des Kristallpalastes
12 Sir Joseph Paxton (1801-1865)

Die Ansicht zeigt sehr deutlich den Aufbau des Kristallpalastes: hohes Mittelschiff, flachere innere Seiten- und niedrige Außenschiffe. Überzeugend wirkt auf uns die straffe Gliederung der Fassade, ihre Rhythmisierung und der sparsame Einsatz dekorativer Mittel.

Paxton, Gartenarchitekt, Gewächshausbaumeister und Fachschriftsteller, war der Erbauer des »größten Gewächshauses der Welt«, des Kristallpalastes zu London.

13 Entwurfsskizze Gottfried Sempers

Gottfried Semper, der sich am Dresdner Maiaufstand 1849 beteiligte,
entging seiner Verhaftung, indem er zunächst nach Paris floh.
Hier ohne Aufträge und Arbeitsmöglichkeiten, kam er Angeboten aus Großbritannien nach und siedelte
im Juli 1850 nach London über. Anläßlich der ersten Weltausstellung
wurde er mit der Ausgestaltung der kanadischen, schwedischen, dänischen sowie türkisch-ägyptischen
Abteilung betraut. Unser Bild zeigt eine erste unfertige Skizze
der kanadischen Abteilung von Sempers Hand.

LONDON 1851

14 Farbige Ansichtszeichnung Gottfried Sempers für die kanadische Abteilung.
Am rechten Bildrand ist der Schnitt durch eine Ausstellungsvitrine gezeichnet.
15 Die kanadische Abteilung, wie sie sich nach der Fertigstellung dem Zeichner der »The Illustrated London News« von 1851 darbot.

LONDON 1851

16/17 Kristallpalast
18 Kamelienbaum

LONDON 1851

19 Kristallpalast

16 Südeingang in das überwölbte Querschiff. Auf dem kolorierten Stich von Burton wird deutlich, daß der Aufbau des Querschiffs dem des Längsschiffs entsprach.

17 Der Londoner Kristallpalast als Zielscheibe für ein Schützenfest läßt etwas von der Popularität ahnen, die er zu jener Zeit besessen haben muß.

18 Die Meißner Porzellanmanufaktur schuf anläßlich der Ausstellung einen Kamelienbaum. Der Stamm und die Äste sind aus umwickeltem Drahtgeflecht gefertigt, an dem kunstvoll Blüten und Blätter aus Porzellan befestigt wurden.

19 Innenansicht des Kristallpalastes, wo sich Längsschiff und Querschiff durchdringen. Im Vordergrund rechts ist die von Gottfried Semper gestaltete ägyptische Abteilung zu sehen (Aquarell von James Roberts).

LONDON 1851

20 Ausstellungsvorbereitungen
21 Blick in das äußerste Seitenschiff des Gebäudes mit der Maschinenabteilung

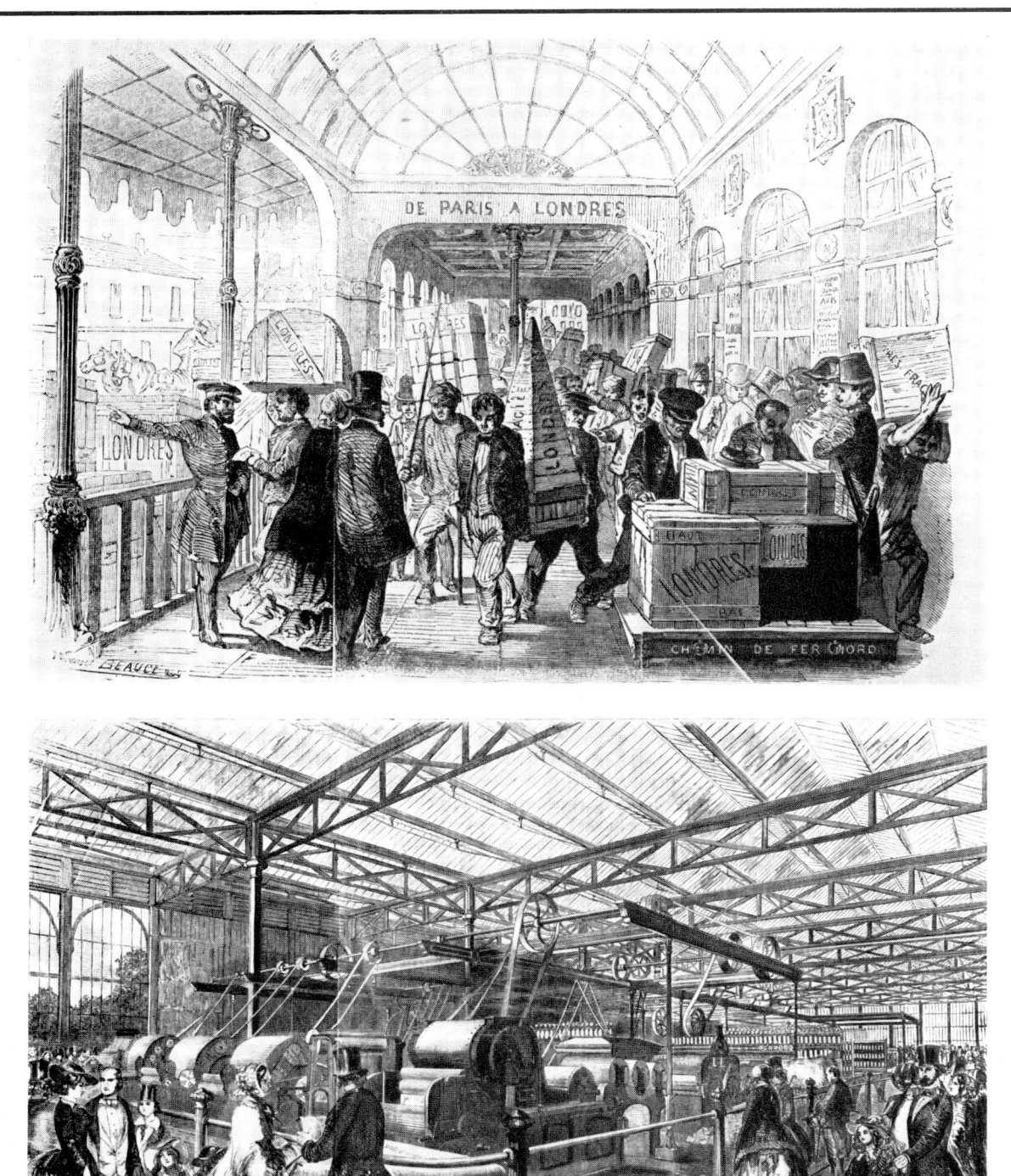

LONDON 1851

22/23 Kristallpalast Sydenham

20 Äußerstes Seitenschiff des Kristallpalastes. Französisches Ausstellungsgut kommt zur Verladung für die »Große Ausstellung«.
21 Die hier gezeigten Textilbearbeitungsmaschinen wurden mittels Dampfmaschinen, die sich in einem Kesselhaus außerhalb des Kristallpalasts befanden, angetrieben.

22/23 Der Londoner Kristallpalast wurde demontiert und in den Jahren 1852–1854 in Sydenham unter Hinzufügen zweier Querschiffe wieder aufgebaut. In ihm fanden Ausstellungen unterschiedlichster Art statt. Auf Grund der Querschiffe wirkte der Kristallpalast zu Sydenham noch gewaltiger und kühner als sein Vorgänger in London. 1936 brannte er völlig aus.

Folgende Seite:
24 Der Münchner Kristallpalast von 1854 war in seinen äußeren Abmessungen wesentlich kleiner als seine Vorgänger in London bzw. Sydenham. Die Aufgliederung der Fassade zeigt ein noch weitaus klareres und strengeres Ordnungsprinzip. Sparsame Schmuckformen finden wir nur in der Sockelzone und an den Türen des Gebäudes – alles andere ist »reinste« Konstruktion.
25 Paxtons Vorschlag von 1853 für ein Londoner Sanatorium im Victoria-Park läßt den Versuch erkennen, die rationelle Glas-Eisen-Architektur repräsentativeren, dem allgemeinen Zeitgeschmack entsprechenden Gestaltungsformen anzupassen.

LONDON 1851

24 Kristallpalast München
25 Entwurf für ein Sanatorium

PARIS 1855

Exposition Universelle des Produits de l'Industrie

Nach dem grandiosen Erfolg der Londoner Ausstellung wollte die Kultur- und Industrienation Frankreich nicht nachstehen und ebenfalls die Welt in ihrer Metropole vereinen. Erfahrungen auf dem Ausstellungsgebiet hatte man sich seit gut einem halben Jahrhundert angeeignet, wenngleich diese auch mehr nationaler als internationaler Art waren.

Fortschritts- und Technikglauben waren so stark ausgeprägt und beflügelten derart, daß der geringe Zeitraum von 4 Jahren kein Hindernis war, die »exposition« zu organisieren. Später, im Verlauf der Ausstellung mußte man sich belehren lassen, daß die »Ergebnisse der Ausstellung für Handel und Industrie, gewerbliches und geistiges Leben, Kunst und Wissenschaft nur in einem Echo der Wirkung der Londoner Ausstellung« (31) lagen. Wesentliche Änderungen in den Bildungs-, Verkehrs- und Arbeitsverhältnissen der großen Nationen waren in so kurzer Zeit nicht erfolgt.

Dennoch sollte man die Bedeutung dieser Ausstellung nicht unterschätzen. Sie erhielt einen wesentlichen neuen Charakterzug, der neben der materiellen auch eine moralische Wirkungssphäre eröffnete. Gegenüber London wurde eine zusätzliche Gruppe aufgenommen, die die Gegenstände des häuslichen Bedarfs der arbeitenden Klasse umfaßte »und deren Einführung in dem philanthropischen Bestreben, die Lage der Minderbegüterten zu verbessern« (31) sich äußerte.

Neu war auch, daß man die bildende Kunst berücksichtigte und ihr ein eigenes Ausstellungsgebäude zur Verfügung stellte. Warum hätte gerade dieses Land auf einen seiner elementarsten Zeugen seiner Kultur verzichten sollen? Sich ihrer nicht anzunehmen, sie nicht zur Schau zu stellen, während die Welt bei ihr zu Gast war, wäre undenkbar gewesen. Von diesem Zeitpunkt an begann man die großen Ausstellungen als »expositions universelles« anzusehen und nicht mehr als eine Schaustellung von »produits de l'industrie«, die »Endprodukte« präsentierte. Der erste Erlaß über die Pariser Ausstellung stammte vom 8. März 1852 vom damaligen Prinz-Präsidenten Louis N. Bonaparte, der sich ein dreiviertel Jahr später zum Kaiser krönen ließ als Napoleon III. Dieser Erlaß legte den Ausstellungszeitraum vom 1. Mai 1855 bis zum 30. September desselben Jahres fest. Als Präsident fungierte der Monarch; ihm stand eine Kommission zur Seite, die mit der Durchführung betraut wurde. Diese Kommission – unter ihren Mitgliedern fand man die bedeutendsten Namen des Landes – hatte sich in zwei Gruppen geteilt, die eine war für die Kunst und die andere für die Industrie zuständig.

Die Ausstellung

Der geplante Eröffnungstermin war der 1. Mai 1855. Kurzfristig, am 28. April, entschloß man sich, diesen auf den 15. Mai zu verlegen. Gründe für diese Verschiebung waren Schwierigkeiten bei der Fertigstellung der Ausstellung und zu spät eingegangenes Ausstellungsgut. Daß ein derartiges Vorhaben verschoben werden konnte, erscheint uns heute erstaunlich.

In zeitgenössischen Berichten schwankten die Angaben über die Zahl der Aussteller zwischen 21 000 und 25 000, dagegen werden übereinstimmende Besucherzahlen genannt, auf dem Sektor der Kunst 906 530 Besucher und 3 626 934 Interessenten, die die Erzeugnisse der Industrie begutachteten. Diese exakten Zahlen zu ermitteln, war das Verdienst von Destouches, der eigens hierfür ein Drehkreuz erfand, das jeweils nur eine Person hindurchgehen ließ und mittels Anschlag ein Zählwerk in Gang setzte. Wir finden es noch heute in abgewandelter, computergesteuerter Form bei den Pariser Metrostationen. Die Drehkreuze lassen sich nur bewegen, wenn Fahrkarte und Preis mit dem Fahrziel übereinstimmen.

Die Kosten der Weltausstellung beliefen sich auf 23 Millionen Franc, die Einnahmen dagegen nur auf 2 941 668 Franc. Als einen der Gründe für dieses Defizit sah man das großzügige Ausgeben von Freikarten. Jurymitglieder, Aussteller, Beamte, Journalisten, Arbeiter und Militärs konnten die Ausstellung kostenlos an allen Tagen besichtigen.

Teilnahmebedingungen, Einteilung der Ausstellungsgegenstände in 31 Klassen (London 30), Musterschutz und Erfinderschutz waren der Londoner Ausstellung weitestgehend entlehnt. Die ausgestellten Waren und Erzeugnisse belegten eine gleich breite Palette wie vier Jahre zuvor im Glaspalast.

Der Teil der Kunstausstellung enthielt Malerei aus Dänemark, Deutschland, Frankreich, Italien, Norwegen, Österreich, Peru, Portugal, Schweden, der Schweiz, dem Vatikanstaat und den Vereinigten Staaten von Amerika. Namhafte Maler stellten ihre Meisterwerke aus. Unter ihnen aus Frankreich Ingres, Delacroix, Decamps; aus Deutschland Cornelius, Kaulbach, Richter, Kalckreuth d. Ä., Hildebrandt und der Bildhauer Rauch, aus England die Maler Webster, Tayler, Cooke und Thompson; aus der Schweiz der berühmte Maler Calame, dessen Schüler Böcklin war.

Am 30. November 1855 schloß Frankreichs erste Weltausstellung ihre Pforten. Wenngleich sie in vielen Punkten hinter den Erwartungen zurückblieb, werden doch die folgenden Kapitel zeigen, daß in diesem Land und in dieser Stadt die grandiosesten Schauen der Welt mit ihren einmaligen Bauleistungen stattfanden und die Aufmerksamkeit der Welt auf sich zogen.

Der Industriepalast

Der Industriepalast wurde im Gegensatz zum Londoner Kristallpalast nicht als temporärer, sondern als ein bleibender Bau konzipiert. Und in der Tat blieb dieser Baukörper bis zum Jahre 1897 erhalten und mußte erst den noch heute stehenden Großen und Kleinen Kunstpalast der Weltausstellung vom Jahre 1900 weichen. Bis zu seinem Abbruch diente er einer Vielzahl gesellschaftlicher Anlässe und Vergnügungen.

Den Standort hatte man äußerst geschickt gewählt. Im Norden wurde er von den Champs Élysées begrenzt, im Osten lag die Place de la

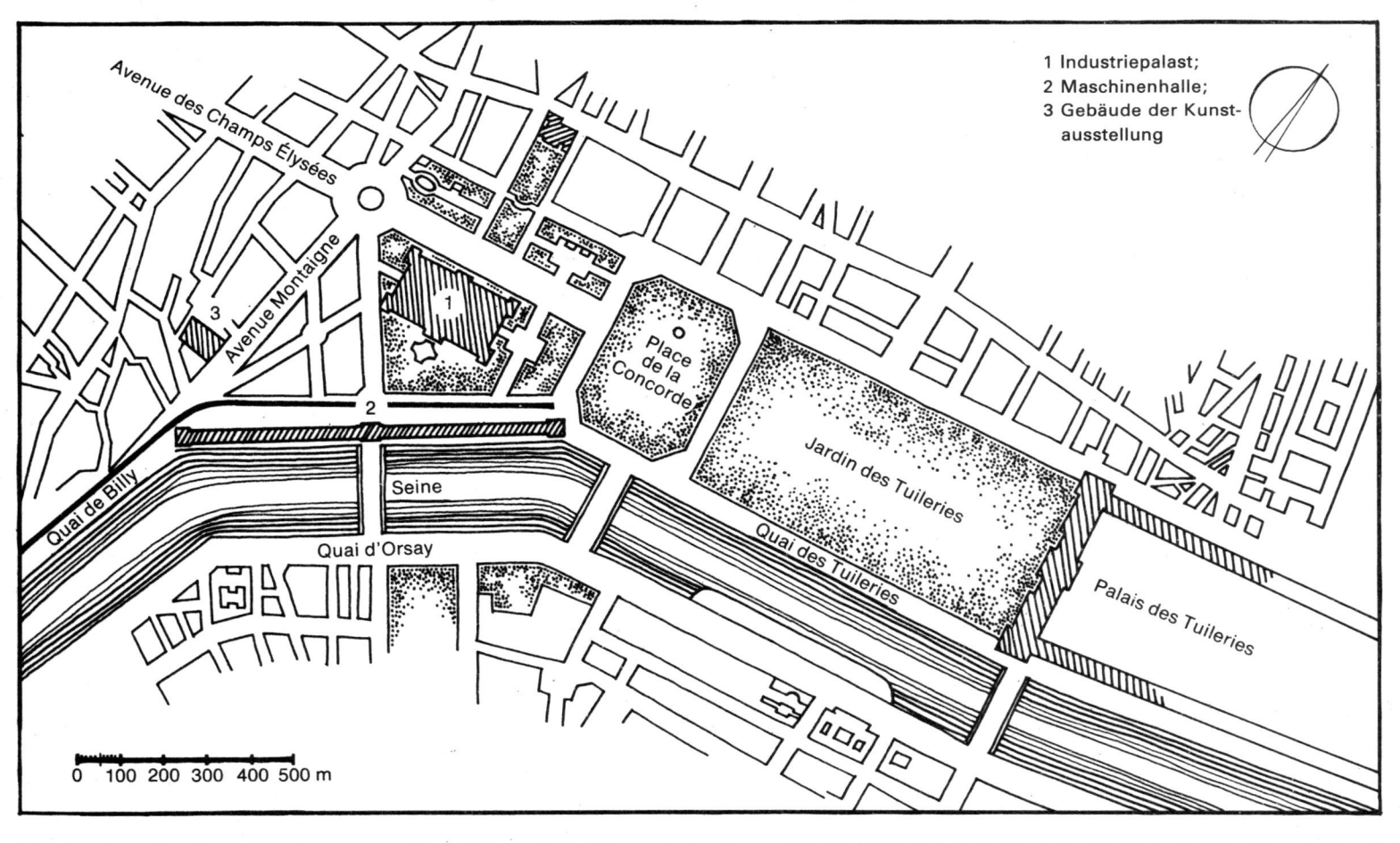

26 Lageplan der Weltausstellung von Paris 1855

1 Industriepalast;
2 Maschinenhalle;
3 Gebäude der Kunstausstellung

Direkt an den Champs Élysées stand der Industriepalast; die 1 200 Meter lange Maschinenhalle erstreckte sich parallel zu den Ufern der Seine. Das Ausstellungsgebäude der bildenden Kunst wurde als Lückenschließung zwischen Wohnbauten in der Avenue Montaigne errichtet. Der Standort und die Lage der Gebäude zueinander waren günstig und schufen eine erste Voraussetzung für den Erfolg der Ausstellung.

Concorde mit dem anschließenden Jardin des Tuileries, im Süden die Seine mit der Invalidenbrücke.

Der ursprüngliche Entwurf — eine Ganzmetall-Konstruktion — stammte von dem Ingenieur Alexis Barrault. Leider sind von dieser ursprünglichen Fassung keinerlei Skizzen und Pläne überliefert. Aus zeitlichen und gestalterischen, nicht zuletzt auch aus technischen Gründen wurde der Entwurf angenommen, der den Kern des Gebäudes als Eisen-Glas-Konstruktion vorsah und nach außen hin massiv gestaltete Umfassungswände erhielt. Den monumentalen, palastartigen Umfassungsbau schufen die Architekten Viel und Bridel sowie der Ingenieur York.

Die Grundfläche des Gebäudes betrug 28 085,76 Quadratmeter (254,40 Meter mal 110,40 Meter). Berücksichtigt man die vier Eckpavillons sowie den nördlichen und südlichen, so erweitert sich die überdeckte Fläche auf 31 666,60 Quadratmeter. Die Höhe des Innenraumes betrug 35 Meter. Der Haupteingang befand sich an der Nordseite des Gebäudes. Rechts und links neben den Haupttreppen lagen die Kassen- und Büroräume sowie die Garderoben, im oberen Stockwerk dieses Gebäudeteils zwei repräsentative Säle — der linke war dem Kaiser Napoleon III. vorbehalten. Weitere Eingänge ordneten sich den Pavillonecken und einer der Südseite zu.

Die Seitenschiffe des Industriepalastes erhielten eine Galerie für Ausstellungszwecke. Diese wurden durch 12 große massive Treppen erschlossen. Für eine bessere Ausleuchtung der unter den Galerien liegenden Räume sorgten Lichthöfe in der Geschoßdecke.

Die äußeren Mauern des Gebäudes waren aus Kalkstein. 25 000 Kubikmeter gehauener Stein waren notwendig, um dieses kolossale Bauwerk zu errichten oder besser gesagt, mit einer massiven steinernen Hülle zu umgeben. Täglich wurden bis zu 120 Kubikmeter vermauert. Giedion spricht von einem »Rückfall« in der Entwicklung, »die Engländer legten den Bau frei — die Franzosen zwängten den Hauptbau in ungeheure Steinmassen ein« (10). Diese historisierenden Steinmassen zeigten am Haupteingang einen 15 Meter breiten und 20 Meter hohen Bogen, der von korinthischen Säulen getragen wurde. In der Mitte des Portals stand eine Kolossalfigur mit ausgestrecktem Arm, Frankreich symbolisierend, ihr zu Füßen lagen die Allegorien für Kunst und Technik. Rechts und links über den Pilastern lehnten Genien am napoleonischen Wappen. Die an den Haupteingang rechts und links anstoßenden Teile des Gebäudes waren zweigeschossig. Diese Außenfassade wurde durch 380 Bogenfenster gegliedert. Ein zwischen beiden Etagen umlaufender Fries zeigte in vergoldeten Buchstaben die Namen der Koryphäen der Kunst, Industrie und Wissenschaften aller Zeiten und Länder. Interessanter jedoch ist das innere Gefüge des Baukörpers, seine Konstruktion.

Die Dachkonstruktion

Das Gebäude und auch die Dachkonstruktion waren in ein Mittelschiff und zwei Seitenschiffe gegliedert. Das Mittelschiff mit einer Breite von 48 Metern und die Seitenschiffe mit 24 Metern, wurden jeweils von einem Tonnengewölbe überspannt. (Im Londoner Kristallpalast betrug die maximale Spannweite des Mittelschiffes 22 Meter.) Das Dach des Palais de l'Industrie wirkte gleich einem riesigen transparenten Zelt, das einen Innenhof überdeckte. Es war, bei einer Länge von 192 Metern, aus 24 handgeschmiedeten Gitterträgern von 2 Metern Höhe zusammengesetzt. Untereinander wären diese wiederum durch Gitterträger verbunden von 0,5 Metern Höhe, die gleichzeitig die Dachpfetten trugen. Die Längssteifigkeit wurde durch die Diagonalverstrebung am Obergurt des Rippenbogens erreicht. Um den ungeheuren Seitenschub abzufangen, wurden Bleiblöcke als Widerlager verwendet anstelle von Zugbändern. Die Bleiwiderlager waren sehr kostspielig und raumverschlingend. Es wurde »noch kein anderer Ausweg gefunden, als schwerfällige gotische Konstruktionsprinzipien nachzuahmen«. (10) Nach dem gleichen konstruktiven Prinzip verfuhr man bei den Seitenschiffen. Ober- und Untergurt des Rippenbogens waren Winkeleisen, Füllstäbe und Kreuze aus T-Eisen. Jede

27 Prinzipquerschnitt durch den Industriepalast

Rippe wog 9 Tonnen, die kleineren im Seitenschiff 4,5 Tonnen. Sie wurden in drei Teilen auf die Baustelle geliefert, am Boden montiert und im Ganzen gerichtet. Für den Transport, die Montage und das Aufstellen benötigte man pro Bogen 2 Tage. Das war, unter Berücksichtigung der hierfür zur Verfügung stehenden Technik des Jahres 1855, eine erstaunliche Bauleistung.

Bis zur Höhe der ersten beiden Kreuzfelder des Rippenbogens wurden die Schiffe mit Zinkblech eingedeckt, die gesamte übrige Dachfläche mit Gußglas, das in seiner Rauheit belassen wurde. Die Abmessungen der einzelnen Scheiben betrugen 90 x 49 x 0,4 Zentimeter. Das Dach entwässerte man mit Hilfe von Bleirinnen, die das Wasser in die gußeisernen Stützen leiteten. Ein unterirdisches Netz von Kanälen führte das Regenwasser in die Seine.

Bedeutung und Größe des Bauwerks liegen in dem Bemühen, eine große Spannweite zu erreichen, eine optimale konstruktive Lösung wurde allerdings noch nicht gefunden. Ferner hat das lichtdurchflutete Innengebäude mit seiner schwerelos wirkenden Konstruktion ein neues, ästhetisches Raumempfinden geweckt. In bezug auf schwerelos wirkende Konstruktionen sollte die Maschinenhalle von 1889 einen Höhepunkt im Eisenbau erreichen.

Andere besondere Bauwerke der Ausstellung

Die Ausstellungsfläche des Industriepalastes reichte bei weitem nicht aus. Noch während der Vorbereitungen zum Bau waren derart viele Anmeldungen zur Ausstellungsbeteiligung aus dem In- und Ausland eingegangen, daß man gezwungen wurde, ein weiteres Gebäude mit temporärem Charakter zu errichten. Die »Galeries des Machines« – eine reine Maschinenhalle – wurde entlang des Seineufers gebaut. Diese Halle, mit einer Länge von 1 200 Metern und 25 Metern Breite, war ähnlich dem großen Hauptgebäude konstruiert. Ein tonnenartig gewölbtes Eisen-Glas-Dach überspannte sie, seine lichte Höhe betrug 17 Meter. 600 Meter der Halle waren mit zwei langen Galerien (rechts und links) von 6 Meter Breite ausgestattet. 400 achteckige gußeiserne Säulen trugen das Dach. Giedion schreibt hierzu in seinem Buch »Raum, Zeit und Architektur«: »Die ›halle des machines‹ wurde trotz des engen Tonnengewölbes der Ausgangspunkt für eine Reihe Folgebauten, die die kühnsten Lösungen des Wölbungsproblemes verwirklichten.« Die Maschinenhallen wurden auf den Pariser Weltausstellungen bis zum ersten Weltkrieg zum konstruktiv und architektonisch wichtigsten sowie interessantesten Teil.

Im Inneren der »Maschinengalerie« waren Restaurants untergebracht, Sitzmöglichkeiten, die zum Verweilen und Ausruhen einluden, sowie eine Vielzahl Springbrunnen, die die Luft angenehmer und kühler machten.

Auch dieses Gebäude sollte sich als nicht ausreichend erweisen, denn aus Platzmangel war man gezwungen, verschiedene Exponate im Freien und in kleinen separaten Pavillons auszustellen. So wurden erstmalig Gebäude im

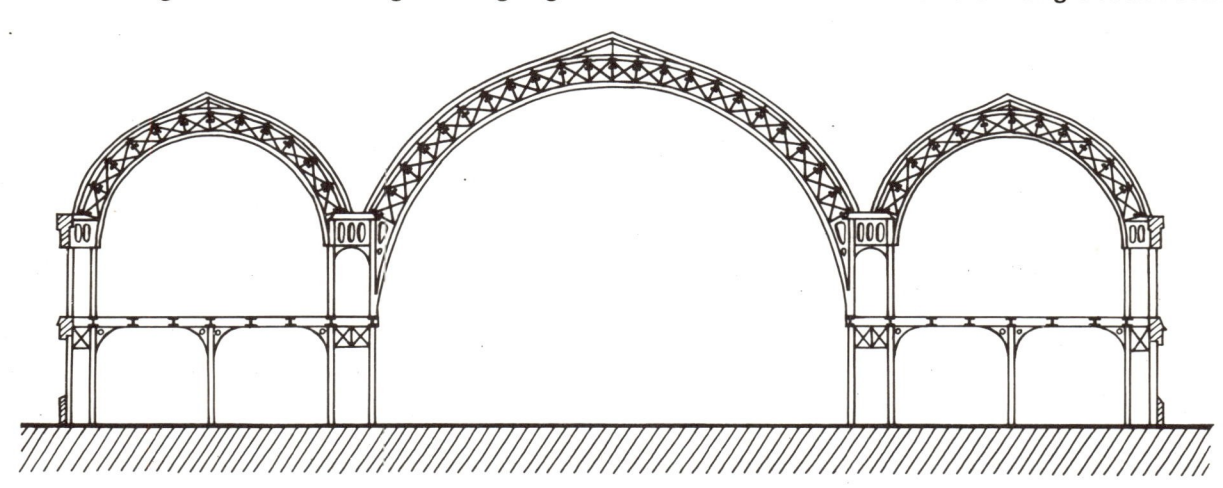

Der Ingenieur Barrault kam bei der 48 Meter weit gespannten Dachkonstruktion ohne Zugbänder aus. Er bediente sich jedoch historischer Baukonstruktionen, indem er gewaltige Widerlager verwendete und die aus den Seitenschiffen resultierenden Kräfte zum Abfangen des Horizontalschubs aus dem Hauptdach mit heranzog.

28 Haupteingang des Industriepalastes
Die stark plastische, monumentale Eingangssituation läßt den Betrachter
nichts von der dahinter liegenden Dachkonstruktion ahnen.

traditionellen regionalen Baustil mit komplettem Interieur gezeigt (Schweizerhäuser).

Ein von vornherein geplantes Extragebäude für die Kunstausstellung wurde in der Avenue Montaigne zwischen vorhandenen Wohngebäuden errichtet. Es befand sich nur wenige Minuten vom damaligen Industriepalast entfernt. Das Kunstausstellungsgebäude war nur für die Weltausstellung des Jahres 1855 – und daher von seiner ganzen Anlage her als ein Provisorium – konzipiert. Lefuel, der Architekt Kaiser Napoleons III., hatte es entworfen. Als konstruktives Gefüge wählte er ein Holz-Fachwerk. Die geschickte Anordnung von Oberlichtern gestattete einen blendfreien Lichteinfall, der die Kunstwerke optimal ausleuchtete.

LONDON 1862

International Exhibition of 1862

Nach dem grandiosen Welterfolg von 1851 wurde in Großbritannien die zweite »Große Ausstellung« auf britischem Boden für das Jahr 1862 konzipiert. Der Baubeginn erfolgte am 9. März 1861. Am 14. Dezember desselben Jahres starb der Initiator und geistige Vater der Weltausstellungsidee, Prinz-Gemahl Albert; dies wirkte sich zunächst lähmend auf die Vorbereitungen der Ausstellung aus. Dennoch, wenn auch ohne königliche Eröffnung, begann die Ausstellung am 1. Mai 1862. Am 30. Oktober wurden ihre Pforten geschlossen. 6,2 Millionen Schaulustige und Geschäftsleute besuchten die »world exhibition«, die knapp 80 000 Ausstellungsstücke von 29 000 Ausstellern vorzuweisen hatte.

Der Baukörper

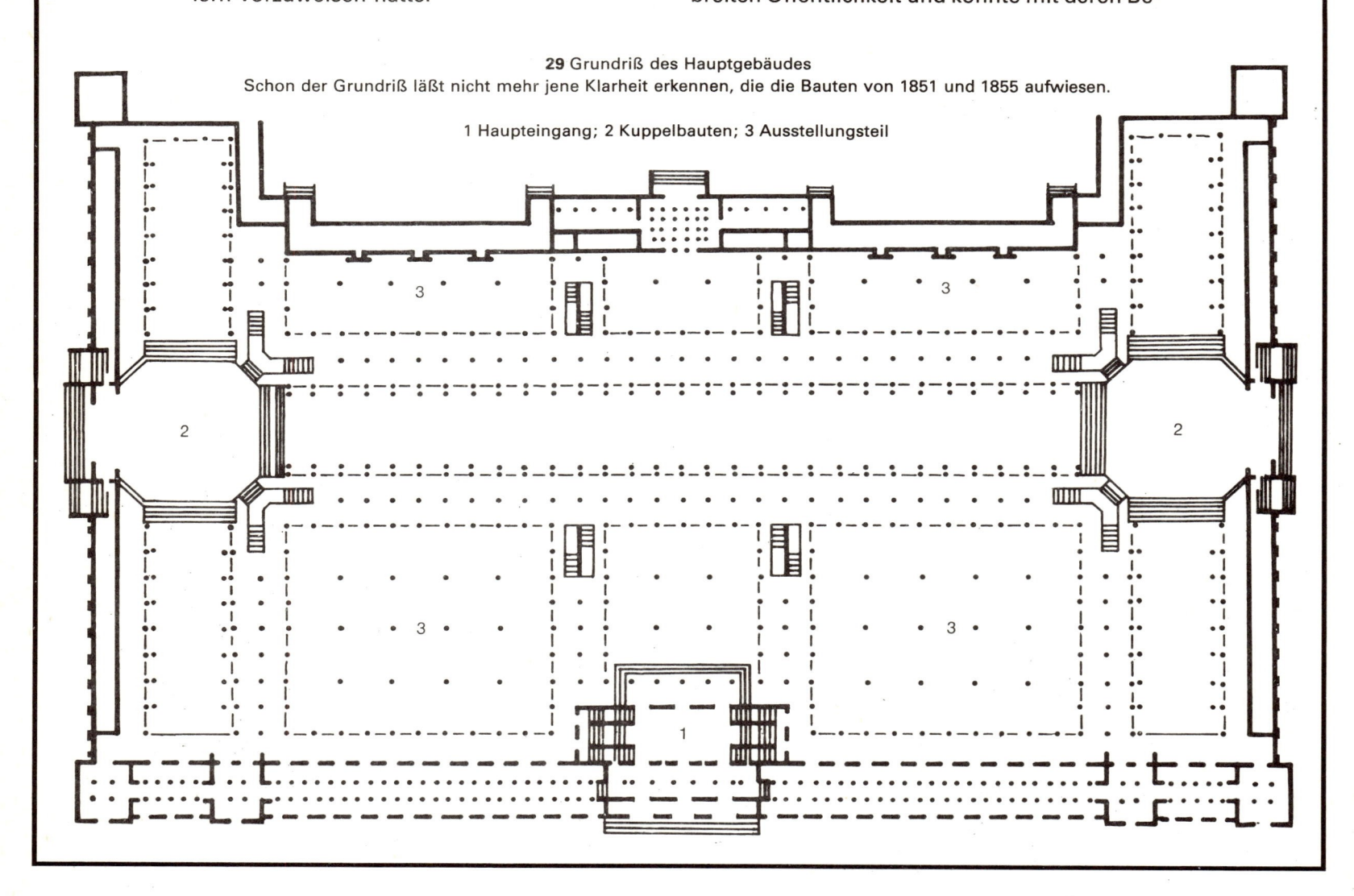

Das Gebäude wurde in Süd-Kensington, auf dem Gartengelände der königlichen Gartenbaugesellschaft, errichtet. Der Plan stammte von dem Regierungsingenieur Fowke und sah ein bleibendes Bauwerk vor. Aus diesem Grund wählte man einen Mauerwerksbau. Weder wegen der Konzeption noch wegen seiner Konstruktion ist dieses Ausstellungsgebäude von Interesse. An ihm war »keine Weiterentwicklung der Bauaufgabe« (34) spürbar geworden. Vielmehr spiegelte es den Akademismus wider, der auch auf der Pariser Ausstellung von 1855 nicht zu übersehen war, und der sich im historizistischen Formenkanon erging. Dieser Akademismus beherrschte den Geschmack einer breiten Öffentlichkeit und konnte mit deren Be-

29 Grundriß des Hauptgebäudes
Schon der Grundriß läßt nicht mehr jene Klarheit erkennen, die die Bauten von 1851 und 1855 aufwiesen.

1 Haupteingang; 2 Kuppelbauten; 3 Ausstellungsteil

LONDON 1862

30 Ausstellungsgebäude
Die perspektivische Ansicht der Haupteingangsseite weist
bis zu einem gewissen Grad auf den Industriepalast von Paris 1855 hin.

Bei den damaligen repräsentativen Bestrebungen entsprechenden Baukörpern bediente man sich einer historisierenden Formensprache, ausgedrückt im traditionellen Massivbau (Steinbau).

jahung von vornherein rechnen. Vorherrschend war das Monströse, das Überbieten äußerer Formen und Größen im Unterschied zu künstlerisch wertvollen Bauten der Vergangenheit, in denen sich neue tragende und konstruktive Ideen verwirklichten.

Der Ausstellungsbau im Kensington-Garden mit seinen beiden mächtigen Kuppeln im Stile der Peterskirche zu Rom erfüllte die Engländer mit großer Genugtuung, weil er in seinen Abmessungen St. Peter übertraf. Die Vorderfront des aus Ziegeln gemauerten Hauptbaues hatte eine Länge von 351 Metern, 26 Meter Breite und 35 Meter Höhe. Das Gesamtgebäude überdeckte eine Grundfläche von rund 125 000 Quadratmetern. Die Kosten beliefen sich auf 200 000 Pfund Sterling, das entsprach etwa 9 Goldmark pro Kubikmeter umbauten Raums.

Im Hauptbau wurde die Bildergalerie eingerichtet. In ihr stellte man Gemälde, die in den letzten 100 Jahren von bekannten Künstlern geschaffen wurden, aus. Die englischen Maler Blake, Bonington, Constable, Crome, Gainsborough, Hogarth, Reynolds, Turner, Wilson u. a. waren hier vertreten. Mit dieser großangelegten Form, Bilder zu zeigen, wollte man die »Fortschritte« und den damaligen Stand der modernen Kunst belegen. Die an den Hauptbau angrenzenden Flügelbauten waren im unteren Teil dreischiffig, im oberen fünfschiffig angelegt. Im Bereich der Kuppeln, die einen Durchmesser von 49 Metern und eine Höhe von 79 Metern hatten, lag der Fußboden 20 Stufen über dem angrenzenden Niveau, so daß von diesen Punkten der größte Teil der Ausstellung überblickt werden konnte. Die großen Innenhöfe waren mit flachen shedartigen Dächern aus Holz und Glas bedeckt. Ob ihrer Größe teilte man sie durch Galerieeinbauten.

Aussteller, die auf den Galerien ihre Exponate zur Schau stellten, beklagten, zeitgenössischen Berichten zufolge, daß sie nur einen sehr geringen Zuspruch an Besuchern fänden. Dies sollte bei der Weltausstellung in Paris 1867 Konsequenzen nach sich ziehen, indem dort nur noch zu ebener Erde Ausstellungsgut angeboten wurde.

PARIS 1867

Exposition Universelle

Fünf Jahre waren seit der zweiten Londoner Ausstellung vergangen, als Paris erneut der Schauplatz der Welt wurde. »Die Fortschritte der Industrie sowie der Weltwirtschaft hätten noch nicht zwingend auf eine erneute Exposition hingewiesen. Politische Zustände in Frankreich machten es der Regierung wünschenswert, Aufmerksamkeit und Interesse des arbeitenden Volkes an ein Ereignis zu fesseln, welches durch günstige Erfolge die unsichere und unzufriedene Stimmung abzulenken und auf eine Zeitlang zu beschwichtigen vermochte. Man hatte die Erfahrung gemacht, daß Weltausstellungen die Bevölkerung großer Städte eingehend zu beschäftigen vermögen. Den arbeitenden Klassen entstand dadurch reiche Gelegenheit zu Tätigkeit und Verdienst, den genießenden Klassen ausreichend Unterhaltung, der Regierung ein Anlaß zu großartigen Bauten in der Stadt, die sich sonst schwerlich hätten rechtfertigen lassen. Allen erwuchs eine willkommene Befriedigung der nationalen Eitelkeit.« (31) Soweit die zeitgenössische Einschätzung. Die kurze Frist von wenigen Jahren nach der zweiten englischen Weltausstellung ließ keineswegs fundamental neue Erzeugnisse der Industrie entstehen. Doch ihre Weiterentwicklung, die zunehmende Mechanisierung und Technisierung jeglicher Handwerksarbeit sowie der zu erwartende Besucherstrom aus den benachbarten Ländern rechtfertigten ihre Durchführung. Berücksichtigt man das damalige Transportwesen, so ist die zentralere Stellung von Paris innerhalb Europas ungleich

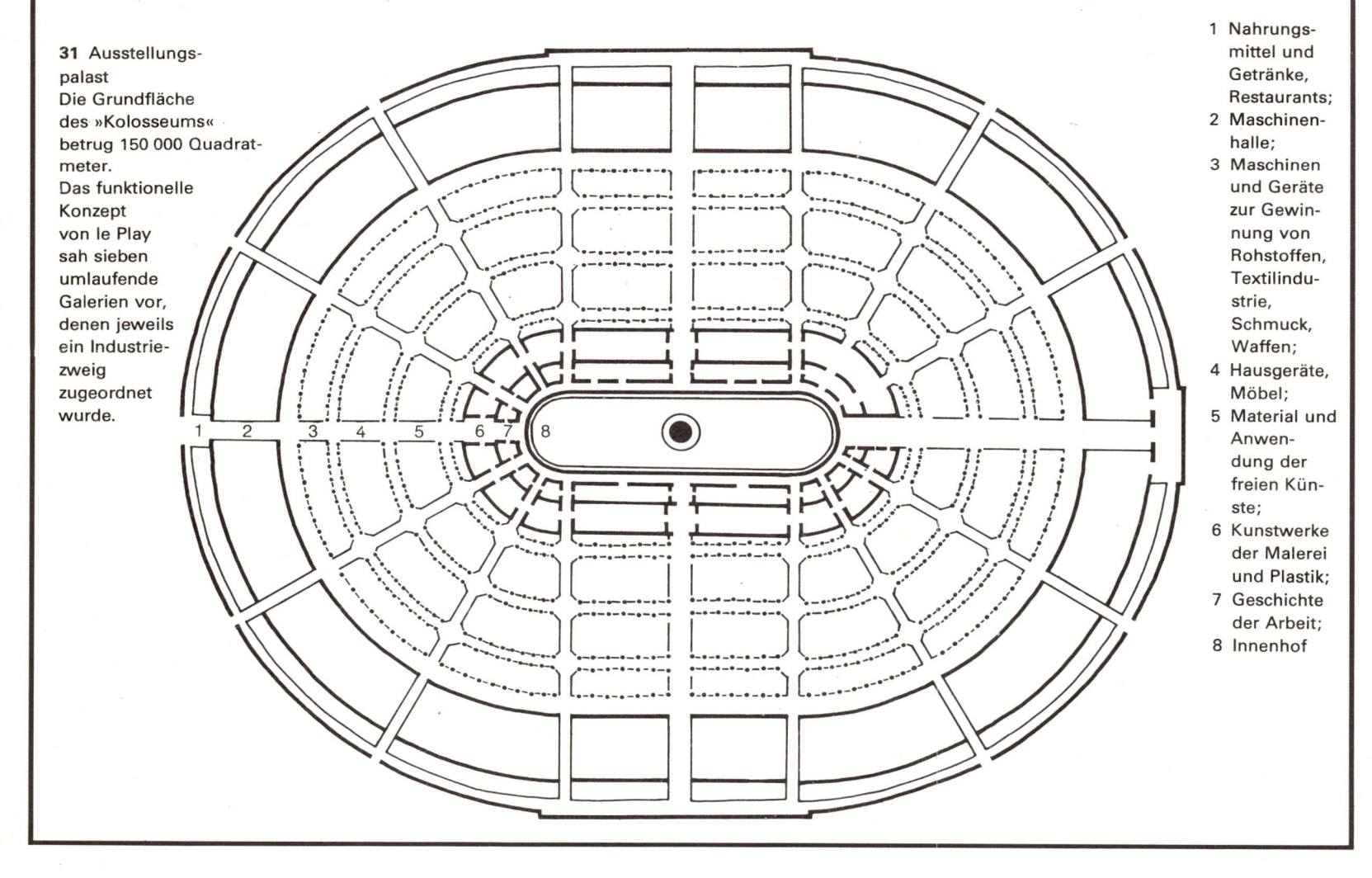

31 Ausstellungspalast
Die Grundfläche des »Kolosseums« betrug 150 000 Quadratmeter.
Das funktionelle Konzept von le Play sah sieben umlaufende Galerien vor, denen jeweils ein Industriezweig zugeordnet wurde.

1 Nahrungsmittel und Getränke, Restaurants;
2 Maschinenhalle;
3 Maschinen und Geräte zur Gewinnung von Rohstoffen, Textilindustrie, Schmuck, Waffen;
4 Hausgeräte, Möbel;
5 Material und Anwendung der freien Künste;
6 Kunstwerke der Malerei und Plastik;
7 Geschichte der Arbeit;
8 Innenhof

PARIS 1867

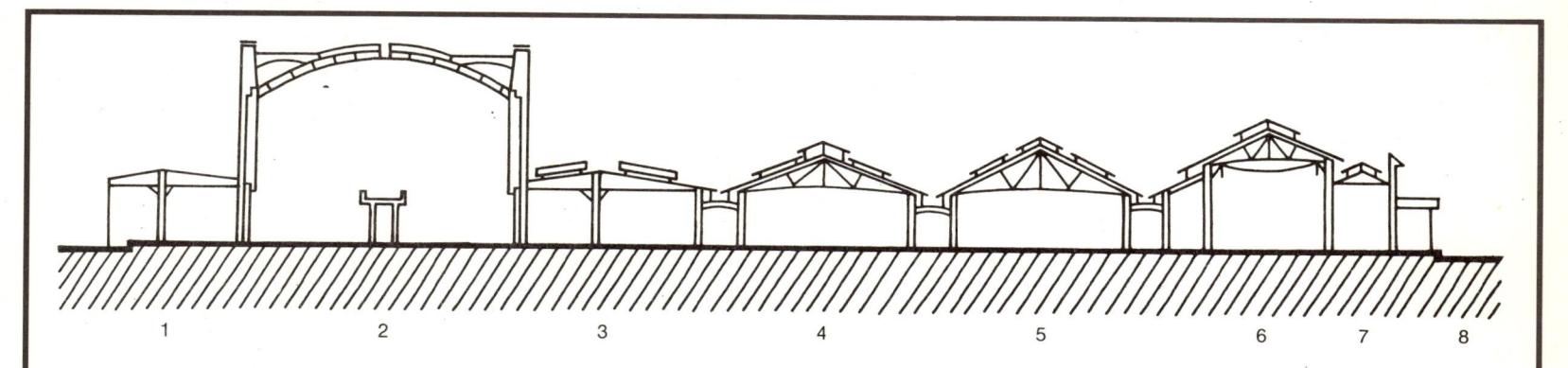

32 Querschnitt durch den Ausstellungspalast

1   2   3   4   5   6   7   8

Im Querschnitt ist die Unterschiedlichkeit der Galerien zu sehen. Die Maschinengalerie war der konstruktiv bedeutendste Teil des Baukörpers. Der aus dem Korbbogen resultierende Horizontalschub wurde durch die über das Dach hinausgeführten Stützen mittels Zugbindern über dem Scheitel aufgenommen.

günstiger gewesen als London. Die Pariser Ausstellung wurde von rund 11 Millionen Menschen besucht, London hingegen »nur« von 6 Millionen. Dem prinzipiellen Anliegen Rechnung tragend, versprach man sich natürlich darüber hinaus eine Belebung der Konjunktur und versuchte neue Absatzmärkte zu erschließen. Von dieser Weltausstellung an rückte das Geschäft endgültig in den Mittelpunkt; ein solcher Trend war ja bereits auf der zweiten Londoner Ausstellung zu beobachten.

Paris bereitete sich langfristig und gründlich auf seine Ausstellung vor. Über die Aufteilung der Flächen für die ausstellenden Länder wurden grundsätzliche Gedanken geäußert. Konstruktiv und baulich sollte das Gebäude großartig wirken und in seinen Dimensionen alles Bisherige überbieten. Das kaiserliche Dekret für die Durchführung einer Weltausstellung im Jahre 1867 stammte bereits aus dem Jahre 1863. Im Februar 1865 trat unter dem Vorsitz Napoleons III. die Kommission zusammen, welche die Vorbereitung und Durchführung abzusichern hatte. Die Gesamtkosten wurden auf 20 Millionen Francs veranschlagt, wovon je 6 Millionen die Regierung, die Stadt Paris und den Rest von 8 Millionen die Industrie zu tragen hatten. Aus der Erfahrung früherer Ausstellungen wurde auf einen mehrgeschossigen Baukörper verzichtet. Alles sollte sich zu ebener Erde »rez-de-Chaussée« bequem spazierenderweise abwickeln. Die logische Folge war ein starker Flächenzuwachs. Wo sollte ein Gebäude solch ungeheurer Abmessung innerhalb der Stadt untergebracht werden? Hierfür bot sich einzig und allein der Aufmarschplatz des

Militärs – Champ de Mars –, das Marsfeld, an. In dieser Zeit lag es noch relativ weit vom Zentrum der Stadt entfernt. Dieser Umstand wurde jedoch in Kauf genommen und bewirkte, daß die Dampfschiffe, Eisenbahnen, Droschken und Pferdeomnibusse auf die höchste Stufe ihrer Leistungsfähigkeit gebracht wurden.

Das Marsfeld war einerseits begrenzt durch die École militaire und andererseits durch die Seine. An dieser Stelle sollten nun sämtliche Weltausstellungen, die Frankreich bis zum Jahre 1937 ausrichtete, stattfinden. Hier entstanden ihre Hauptgebäude mit den kühnsten technischen Konstruktionen, die aus keiner modernen Architekturgeschichte mehr wegzudenken sind.

Die Ausstellung

Eröffnet wurde die vierte Weltausstellung am 1. April 1867 und beendet im Oktober desselben Jahres. In diesem Zeitraum sahen nahezu 11 Millionen Besucher die Ausstellungsstücke von rund 60 000 Ausstellern. Wie sprunghaft die Popularität und das Geschäft gestiegen sein müssen, zeigen die Vergleichszahlen zu der ersten Weltausstellung in Großbritannien im Jahre 1851, wo immerhin 17 062 Aussteller ihre Erzeugnisse der Öffentlichkeit präsentierten.

Insgesamt wurden 10 Gruppen mit 95 Klassen unterschieden. Stellvertretend sei die X. Gruppe herausgegriffen, die nach der Gliederung und Differenziertheit die ungeheuerliche Breite und Auffächerung aller übrigen deutlich werden läßt.

Im Ausstellungskatalog jener Zeit finden wir folgende Aufstellung:

33–35 Baubeschläge einer Firma:
zwei unterschiedliche Türdrücker und ein Fensterwirbel

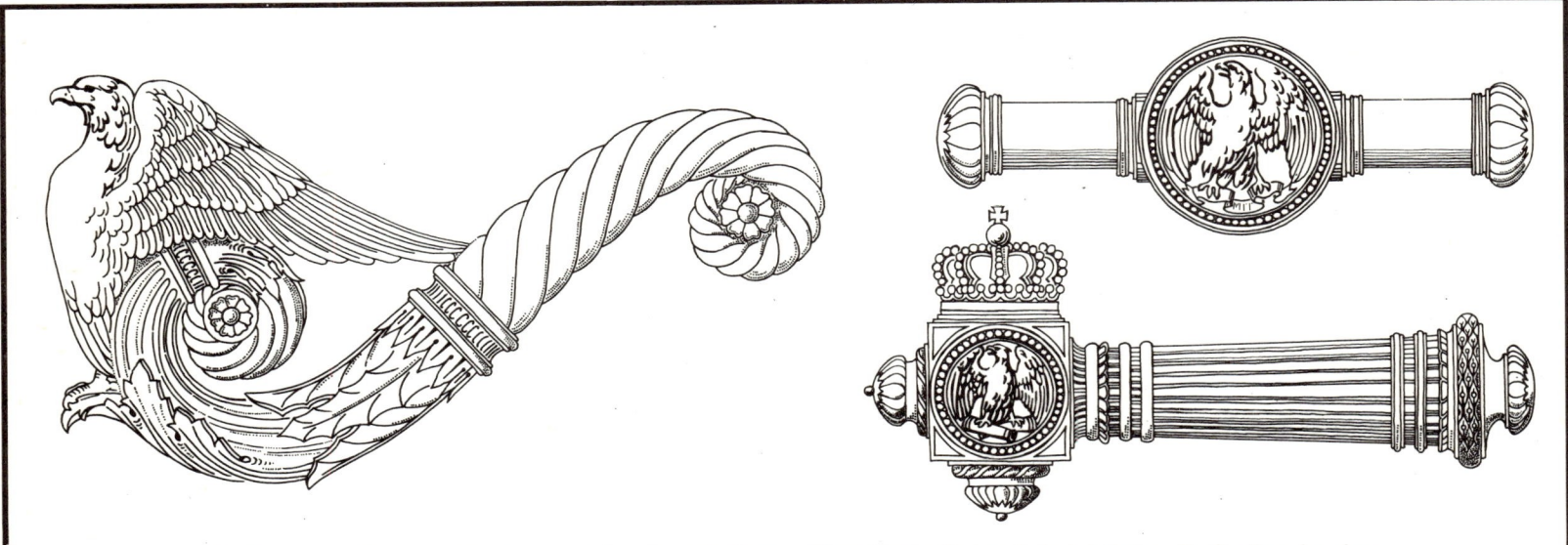

X. Gruppe: Gegenstände, welche besonders ausgestellt werden, um die physische und moralische Lage der Völker zu verbessern – mit 7 Klassen

89. Klasse: Lehrmittel und Methode für den Kinderunterricht
90. Klasse: Bibliotheken und Material für die Ausbildung von Erwachsenen im häuslichen Kreise, in den Werkstätten, in Gemeinden und Genossenschaften
91. Klasse: Möbel, Kleidungsstücke und Nahrungsmittel jeder Herkunft, welche sich durch nützliche Eigenschaften, vereint mit Wohlfeilheit auszeichnen
92. Klasse: Muster von Volkstrachten der verschiedenen Gegenden
93. Klasse: Muster von Wohnungen, welche mit Billigkeit die Vorteile der Bequemlichkeit und gesunden Lage verbinden (Arbeitshäuser u. a.)
94. Klasse: Produkte aller Art, von selbständigen Handwerkern erzeugt
95. Klasse: Instrumente und Verfahrensweisen, welche selbständige Arbeiter anzuwenden pflegen.

Wir haben gerade die Gruppe X herausgegriffen, um an ihr deutlich werden zu lassen, daß man nicht nur Fertigprodukte zum Vergleich anbot, sondern die tätige Arbeit des Menschen als Produktionskraft innerhalb der Gesellschaft berücksichtigte. Daß dies in den Grenzen einer kapitalistischen Denkweise geschah, steht außer Frage.

Bemerkenswert auf dieser Ausstellung waren die unmittelbaren Leistungen und die Zurschaustellung handwerklicher und maschinenmäßiger Produktion. So gab es eine Vielzahl von »Etablissements«, die vor den Augen der Besucher in Schnelligkeit und Präzision Schmuck und Gebrauchsgegenstände zum käuflichen Erwerb herstellten. Neben den weltberühmten Pariser Kunstblumenfabrikanten konnte man den Entwerfern und Zeichnern indischer Schalmuster zusehen. Wem im Völkergedränge der Hut zerdrückt wurde, konnte denselben augenblicklich ersetzt bekommen und dabei noch den Werdegang seines Entstehens verfolgen. Auch Schuhe, die unter den gewaltigen Dimensionen des Ausstellungsgeländes gelitten hatten, wurden nach Maß und einer Wartezeit von 25 Minuten von Meisterhand und Maschine erneuert. Billardbälle, seidene Borten, Kämme aus Elfenbein, Portemonnaies, Bijouterien, Korbwaren, Spielkarten, Pomaden, Bonbons und optische Gläser wurden dem Besucherpublikum im Herstellungsprozeß vorgeführt und zum Verkauf angeboten. Auch eine kleine Druckerei war zu sehen mit Setzerei und Schriftgießerei, Kupferätzerei und -stecherei.

Auf der Szene der bildenden Kunst war alles vertreten, was in Europa und darüber hinaus

36 Prunktür aus Schmiedeeisen und Bronze,
ausgeführt von Hauschild in Berlin

Rang und Namen hatte. Aber auch weniger bekannte Künstler hatten die Möglichkeit, ihre Bilder und Kunstwerke der Öffentlichkeit zu zeigen. Lenbach (1836 in Oberbayern, Schrobenhausen, geb., 1904 in München gest.), der sich anfangs mit dem Kopieren alter Meister beschäftigte und im Auftrage des Grafen Schack längere Zeit gearbeitet hatte, erlebte auf der Pariser Weltausstellung den entscheidenden Durchbruch als Bildnismaler. Mit seinem Selbstporträt errang er den ersten großen Erfolg internationalen Maßstabes. »Bald begann er als Vertreter des offiziellen Akademismus in München auf Grund seines gesellschaftlichen Einflusses eine Porträtgalerie seiner Zeitgenossen zu schaffen, vor allem von einflußrei-

PARIS 1867

37 Vogelperspektive des Ausstellungsparks

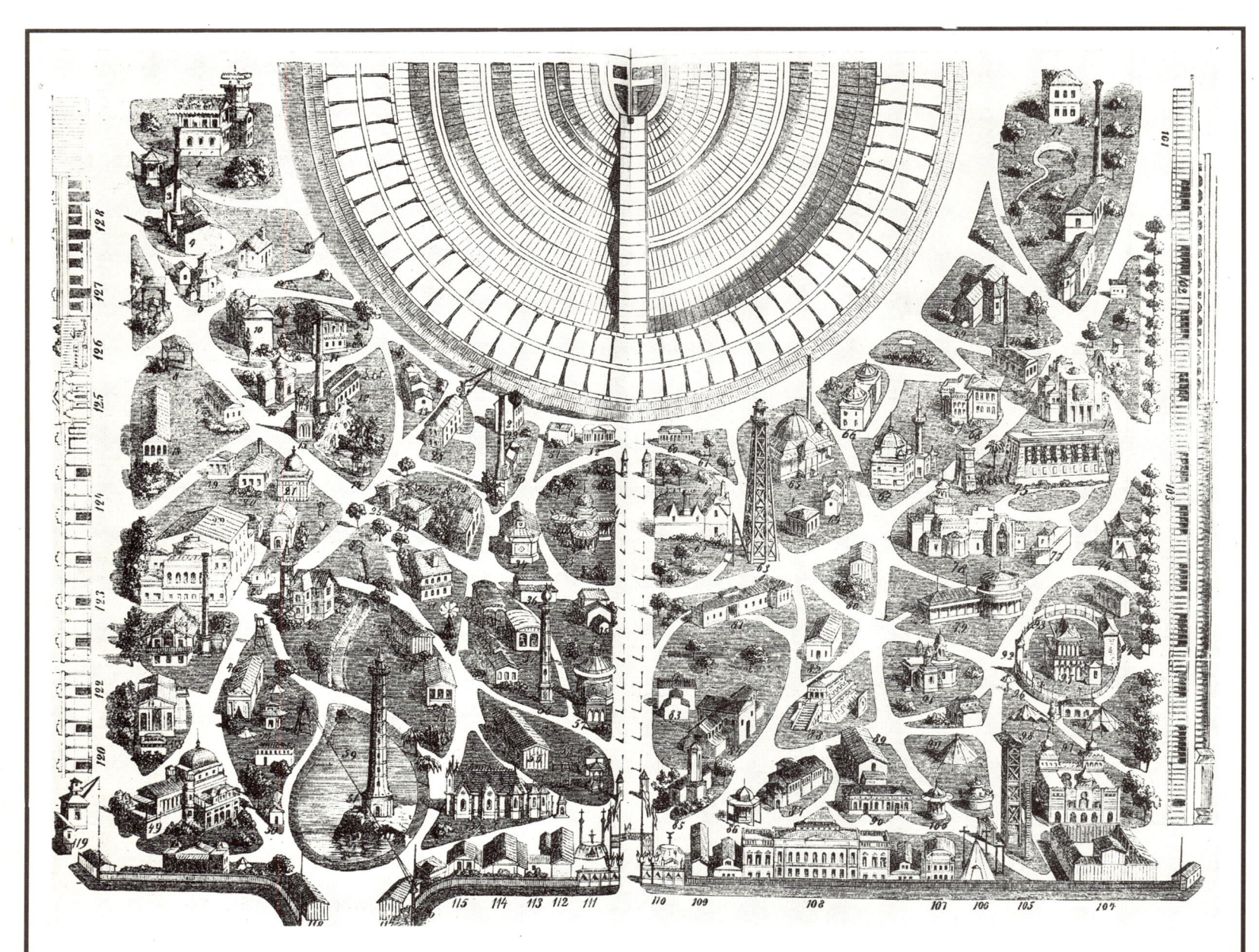

Der großangelegte Ausstellungspark auf dem Marsfeld
wurde den an der Weltausstellung beteiligten Ländern und Industrien
zur individuellen Nutzung angeboten.
Die Vielzahl unterschiedlichster Bauformen aus allen Kulturkreisen
der Erde auf engstem Raum schuf ein bizarres Bild,
das vom Leuchtturm bis zum indianischen Tempel reichte.

chen Politikern, die kulturgeschichtlich bedeutungsvoll sind durch ihre Verbindung naturalistischer Elemente mit der offiziellen Repräsentation der Gründerzeit.« (20)

Das Bild, das wir von der Ausstellung bisher gewonnen haben, rundet sich erst dann ab, wenn wir das umgebende Parkgelände mit in die Betrachtung einbeziehen. Der Eisen-Glas-Palast nahm ein Drittel des Marsfeldes ein, zwei Drittel waren als Parkgelände allen ausstellenden Ländern zugeteilt, nutzbar je nach Wunsch und Bedürfnis. In erster Linie diente er ethnographischen Schaustellungen sowie landestypischen Gebäuden und Einrichtungen. So waren im orientalischen Viertel ein Minarett, typische Wohngebäude des Orients, das Haus eines Paschas, eine kleine Moschee und ein tunesisches Kaffeehaus zu sehen. Im Niederländischen fehlte es nicht an einer Meierei und einer dampfgetriebenen Diamantenschleiferei. Hölzerne Bauernhäuser aus Rußland mit ihren phantastischen Schnitzereien standen neben chinesischen Teehäusern und diese neben einer amerikanischen Bäckerei und Elementarschule. Auch an einem Fallschirmturm konnten Wagemutige sich erproben, und an anderer Stelle tauchte ein Froschmann in einem Wasserturm nach den Münzen, die das Publikum hineinwarf und ihn durch eine Glasscheibe beim Hochholen beobachtete. Elektrische Leuchttürme signalisierten des Abends über das Gelände und wurden in ganz Paris wahrgenommen. Der damals noch zu bauende Suezkanal wurde der Öffentlichkeit im Projekt als Diorama vorgestellt. All diesem Sehenswerten, dem Überangebot an Wissen und Information schloß sich ein Erholungspark an. Französische Gartenbauarchitekten hatten ihn großartig und bestaunenswert angelegt. Seine Größe betrug 50 000 Quadratmeter. Für einen halben Franc ließ sich das Drehkreuz bewegen, um in die Oase, in die ökologische Insel, eingelassen zu werden. Wiesen und Blumen, schattiges Gebüsch und Bäume luden zum Verweilen ein. Grotten und Kaskaden, deren Wasser sich in kleinere Seen ergossen, spendeten dem Betrachter Ruhe und Erholung. Gewächshäuser, mit unterschiedlichster Pflanzenwelt tropischer und subtropischer Länder, durchzogen den Park. Palmen und Riesenfarne, die Victoria regia, eine südamerikanische Wasserpflanze, deren Blätter bis zu 2 Meter im Durchmesser erreichen können und auf der Wasseroberfläche schwimmen, waren zu bewundern sowie Hunderte von Orchideen, die ein eigenes Gewächshaus erhielten. Der Weltausstellungsmüde konnte sich auch dem Beobachten des stillen Treibens der Süß- und Meerwasserbewohner in großen, eigens hierfür geschaffenen Aquarien hingeben. Die Freunde der Ornithologie erfreuten sich an dem Gezwitscher und Gesang einer buntschillernden Vogelwelt in großangelegten Volieren. All dies war eingebettet in eine leicht modellierte Garten- und Parklandschaft mit einheimischen und fremdländischen Laub- sowie Nadelgehölzen.

Ein Zeitgenosse, der die Weltausstellung von damals beurteilte, schloß seinen Bericht mit den Worten: »Wir wenden uns zurück, durchschreiten noch einmal den denkwürdigen Palast, grüßen den Park zum letzten Male und gehen nach Hause – vielfach belehrt, auf vieles stolz, in manchem zurechtgewiesen, in allem gefördert.«

Der Ausstellungspalast

Am 25. August 1865 übergab die Regierung offiziell das Marsfeld an die Ausstellungskommission, deren Direktor le Play war. Le Play war als hervorragender Ingenieur, Ökonom und Kenner europäischer Arbeitsverhältnisse bekannt und auch außerhalb Frankreichs geschätzt. Ein gutes halbes Jahr später, am 3. April 1866, wurden die ersten Bauteile gerichtet. Ende desselben Jahres war der Bau so weit gediehen, daß er den Ausstellern zur Verfügung gestellt werden konnte. Seine Form glich einem riesigen Oval von 490 Metern Länge und 390 Metern Breite. Der Grundgedanke stammte von le Play. Krantz, dem der junge Eiffel zur Seite stand, fungierte als Chefkonstrukteur, weitere Mitarbeiter waren der Ingenieur Duval und der Architekt Hardy. Sie konzipierten von vornherein einen temporären Bau, der mit dem Ausstellungsende abgebro-

38 Portemonnaiefabrikation im französischen Teil der Maschinengalerie.
Man konnte verschiedentlich das Entstehen eines handwerklichen Gegenstandes verfolgen und das fertige Produkt an Ort und Stelle erwerben.

chen wurde. Vorstellungen, ihn als ständige Einrichtung zu belassen, wurden bereits während der Ausstellungsvorbereitungen als überholt und nicht durchführbar angesehen.

Den Grundriß bildeten zwei Halbkreise von gleichem Durchmesser, die durch Geraden verbunden wurden. (Die Halbkreise sollten die nördliche und südliche Erdhalbkugel symbolisierend darstellen). Dieses riesige Oval wurde von sieben Ausstellungshallen durchzogen. Die größte von ihnen war die nach außen verlagerte Maschinengalerie. Sie hatte eine Breite von 35 Metern. Zur Mitte hin wurden die Galerien schmaler. Das innerste Oval, der »Jardin central«, war nicht überdacht, seine Fläche betrug 5 100 Quadratmeter. Dieser Innenhof wurde als Palmengarten, in dem Plastiken sich organisch einordneten, angelegt. Somit schuf man eine wohltuende Ruhezone innerhalb des großen Ausstellungsgebäudes. Die sieben umlaufenden Ringe waren wie folgt gegliedert (von innen nach außen): Galerie 1 die historische Abteilung – l'histoire du travail –, Galerie 2 bildende Künste und das Kunstgewerbe, Galerie 3 Möbelindustrie, Galerie 4 Bekleidungsindustrie, Galerie 5 Rohstoffe, Galerie 6 (Maschinenhalle) Industriemaschinen und in der Galerie 7 Nahrungsmittel. Durch Radialgänge wurde das einzigartige »Kolosseum« nach dem Prinzip der »Tortenstückchen« in einzelne Sektoren aufgegliedert. Es war das klare gedankliche Konzept eines Ingenieurs und Architekten. Unternehmen wir in Gedanken einen solchen Spaziergang und folgen zuerst einem Radialgang, so stellt sich das jeweilige Land in seiner gesamten Vielfalt dar, folgte man dem umlaufenden Ring, so konnte der Leistungsstand auf dem jeweiligen Gebiet unter den ausstellenden Ländern verglichen werden. »Dies war der Versuch einer lebenden Statistik«, (9) wie es Giedion treffend charakterisierte. Die le Playsche Idee war als Theorie ausgezeichnet, konnte aber in der Praxis nicht aufgehen, setzte sie doch einen nahezu gleichen Entwicklungsstand aller Länder auf allen Gebieten voraus. Die Probleme steckten mithin bereits im Konzept: Ein Land, wie zum Beispiel die Vereinigten Staaten von Amerika, wartete mit einem starken Aufgebot an Industriemaschinen auf und hatte auf dem Sektor Kunstgewerbe oder der historischen Abteilung nur schwerlich etwas aufzuweisen; Griechenland war zwangsläufig

39 Russische Trachten

mit Nahrungsmitteln und Rohprodukten am stärksten vertreten usw. Die prinzipiell beeindruckende Idee mußte sich in der praktischen Durchführung als äußerst hinderlich erweisen.

Als erste bauliche Maßnahme wurde das Marsfeld geebnet, denn seine Fläche fiel zum geplanten Gebäudemittelpunkt hin beträchtlich ab. Bedenkt man, daß derartige Planierungsarbeiten nicht mit LKW und Bulldozer bewerkstelligt wurden, sondern per Hand und mit Pferd und Wagen als Transportmittel, so ist eine derartige Leistung weit höher zu veranschlagen, als man sich im ersten Augenblick einzugestehen gewillt ist.

Die Fundamente des »großen Kolosseums« wurden aus einer Art Beton hergestellt (Zementmörtel und Bruchsteinsplitt unterschiedlicher Größe). Auf diese Gründungsmauern setzte man die gußeisernen Säulen und schmiedeeisernen Pfeiler des mit seinen Überdachungen riesigen Ausstellungsgebäudes.

In den Eingangszonen wurde ein chemisch präparierter Schiefer auf einer Zementestrich-Unterlage verlegt. Die übrigen Fußböden wurden mit Brettern ausgelegt bzw. stellte man es den Ländern anheim, mit entsprechenden Podesten und Belägen ihre Ausstellungszone selbst zu gestalten.

Die Maschinengalerie, als bedeutsamster Teil des Ausstellungsgebäudes, hatte eine Stützweite von 35 Metern. Die Raumhöhe bis zum First betrug 25,80 Meter.

Die schmiedeeisernen Dachbinder, als Korbbögen ausgebildet, wurden in 19 Meter Höhe von 25,45 Metern hohen Pfeilern aufgenommen. Zugbinder trug man an die über das Gebäude hinausragenden Außenstützen, die (Zugbinder) die Kräfte, welche aus dem Horizontalschub des Korbbogens resultierten, aufnahmen. Dadurch wurde das Innere des Raumes von konstruktiven Baugliedern frei gehalten. Eine großflächige Verglasung schloß die Maschinengalerie nach außen hin ab. Zwischen den ornamental verzierten Außenstützen, die in Fahnenstangenhalterungen endeten, saßen drei Rundbogenfenster. In ihrer flächigen Behandlung, die sich folgerichtig aus der Schmiedeeisenkonstruktion ergab, entstand eine sogenannte »Blecharchitektur«, das sei nicht wertend oder gar geringschätzig gemeint. Der mittlere Radius dieser Galerie betrug 157,50 Meter; das entsprach einer Gesamtlänge von 1 200 Metern. 88 eiserne Joche (Pfeiler, Korbbogen und Zugbinder) gaben dem Ganzen ihren Halt. In der Mitte der Ausstellungshalle wurde aus gußeisernen Stützen ein in 5 Metern Höhe verlaufender Gang angeordnet. Dieser diente in erster Linie zur Unterbringung der Transmissionen für die zur Vorführung bestimmten Maschinen und Geräte und zum anderen gewährte er, wenn man ihn entlangwandelte, einen vortrefflichen Blick auf die Maschinenausstellung.

Von Interesse dürfte auch folgende technische Neuerung sein: In der »Galerie des Machines« wurden erstmalig hydraulische Aufzüge, die in ihrer äußeren Gestalt wie schwerfällige Ungetüme gewirkt haben mögen, eingesetzt. Mit ihrer Hilfe war es möglich, auf das Dach zu fahren, um von hier aus einen Überblick über die riesigen Abmessungen des Gebäudes zu erhalten. Weder im Inneren des Baues noch von außen konnten sich die Besucher von der Größenordnung ein Bild machen. Hier oben, auf dem Dach, breitete sich eine einzigartige Landschaft aus Wellblech und Glas aus. »Dem Publikum wurde nicht nur eine Welt von neuartigen, technischen Errungenschaften aufgetan, sondern auch von völlig neuen ästhetischen Werten.« (10)

Um ein wenig Zahlenäquilibristik zu betreiben, sei von dem 150 000 Quadratmetern bedeckenden Oval gesagt, daß 13 500 Tonnen Eisen verbraucht, 6 Millionen Nieten von Hand eingeschlagen, 52 000 Kubikmeter Mauerwerk verarbeitet, 64 700 Quadratmeter Wellblech, 50 100 Quadratmeter 4 Millimeter starkes Glas und 53 000 Quadratmeter Bretterverschalung mit Zinkdeckung zur Schließung des Daches benötigt wurden. Am Bau waren täglich 1 200 bis 1 500 Bauarbeiter in harter Tages- und Nachtschicht am Werk.

Abschließend sei noch hinzugefügt, daß man auf jegliche Zusatzbeleuchtung und Heizung verzichtet hatte. Dem Gebäude lag hiermit ein außerordentlich ökonomisches Konzept zugrunde. Es wurde mit dem Umstand erklärt, daß die Ausstellungshallen als »Provisorium« für die Monate April bis Oktober geschaffen würden.

Weltausstellung Wien 1873

Die Idee, in Wien eine Weltausstellung durchzuführen, stammte aus dem Jahre 1852; angeregt wurde sie von der so glücklich verlaufenen Ausstellung in London. Ein kaiserlicher Erlaß sah als Termin 1859 vor, aber der Krieg mit Frankreich verhinderte die Wiener Ausstellung. In den Folgejahren verzögerten die sozialen und ökonomischen Verhältnisse sowohl des Landes wie die der Stadt Wien ein derartiges Unternehmen. Der Krieg gegen Deutschland und Italien von 1866 rückte das Vorhaben, die Welt nach Wien einzuladen, wieder in weite Ferne. 1870 trug der niederösterreichische Gewerbeverein der Regierung eine Petition vor, mit der er 6 Millionen Gulden für eine Ausstellung zur Verfügung stellen wollte. Auf Antrag des Ministeriums bewilligte der Kaiser von Österreich-Ungarn die Durchführung für das Jahr 1873. Der Generaldirektor der Ausstellung war Dr. Wilhelm von Schwarz-Sendborn, ein erfahrener Mann, hatte er doch die österreichische Abteilung zu den Weltausstellungen 1855, 1862 und 1867 geleitet. Als exakter Termin wurde die Zeit vom 1. Mai bis 31. Oktober 1873 festgelegt, die Wahl des Standortes der fünften Weltausstellung war auf den Prater bei Wien gefallen. Der frühere Jagdpark Maximilians II., Josef II. hatte ihn 1766 der Öffentlichkeit übergeben, war der Volkspark Wiens geworden. Bekannt und berühmt als Vergnügungspark bis in unsere Tage, bildete er einen phantastischen Rahmen.

Das generelle Anliegen sollte es sein, »das Kulturleben der Gegenwart sowie die Gesamtheit der volkswirtschaftlichen Darstellungen und deren weitere Fortschritte zu fördern«. (31)

Der Wiener Ausstellungspark war mit seinen 250 Hektar fünfmal größer als das Gelände des Champ de Mars in Paris. Begrenzt wurde er im Nordosten durch die regulierte Donau, im Südwesten durch die Hauptallee, die durch den Prater führte, im Nordwesten durch den Praterstern und den Wiener Nordbahnhof und im Südosten durch die angrenzenden Auenniederungen. Das Gelände wurde durch eine Vielzahl von Straßen und Wegen zugängig gemacht. Mehrere Eisenbahnanschlüsse reichten bis an einzelne Ausstellungshallen heran. Großartig angelegte Parkplätze für Kutschen und Chaisen waren um das Ausstellungsgelände verteilt. Jahrhundertalte Bäume mußten weichen. Für die Wirkung der Architektur, eingebettet in Großgrün, ergänzt durch Blumen und Sträucher, Rasen und tropische Pflanzen, wurden nahezu ideale Bedingungen geschaffen. Hallen und Paläste sollten im Gegensatz zur gewachsenen Natur in ihrer Wirkung bis aufs Höchste gesteigert werden.

Den Mittelpunkt der Anlage bildete der Industriepalast. Nördlich von ihm stand die Maschinenhalle. Östlich und westlich der Maschinenhalle befanden sich die Hallen der Landwirtschaftsausstellung. Die Kunsthalle war dem Industriepalast auf seiner Ostseite vorgelagert. Eine unendliche Fülle größerer und kleinerer Bauten, Arkaden, Passagen, nationaler Restaurants, Kaffeehäuser, Firmenausstellungspavillons, ländertypischer Wohnbauten, Ruhezonen mit Wasserspielen und dergleichen mehr, durchzog dies riesige Gelände, das optisch in die umgebende Landschaft überging. Der Lageplan wies 194 Positionen aus, die besuchenswert bzw. mit Exponaten angefüllt waren. Ein Wiener Zeitgenosse machte sich den Spaß, auszurechnen, daß 40 Tage notwendig seien, alle Schaustücke zu besichtigen.

Die Ausstellung

Eröffnet wurde sie am 1. Mai 1873 pünktlich 12 Uhr mit Geschützsalven und Hochrufen, als das österreichische und deutsche Kaiserpaar mit ihren Gefolgsleuten vor der Rotunde in ihren Hofkutschen erschienen. Es folgten Ansprachen, Dankesworte, und aus Händels »Judas Makkabäus« erklang »Tochter Zion, freue dich« mit einem eigens für diese Gelegenheit unterlegten Text:
»Glocken, klingt, und Fahnen, weht / Heut zu festlichem Empfang! / Und das Werk, das fertig steht, / Grüße weihender Gesang!« usw.

Allein »das Werk, das fertig steht«, mag sich eigenartig angeschaut haben: Überall auf dem Gelände, in den Hallen und Galerien wurde noch fleißig und emsig gearbeitet, gebaut, ausgepackt und dekoriert. Die Rotunde wird

40 Lageplan
Der Wiener Weltausstellungspark – der Prater – war mit seiner
250 Hektar umfassenden Fläche fast fünfmal größer als das Marsfeld in Paris.

sich wohl als einzige dem Betrachter als Gesamtheit dargeboten haben. Wirklich fertig sollte sich die Weltausstellung erst jenen Besuchern zeigen, die in der zweiten Junihälfte das Pratergelände betraten. Jetzt war alles wohlgeordnet, dekoriert und eingerichtet, so daß die Besucher sich uneingeschränkt bewegen und das Dargebotene voll genießen konnten.

Doch die großen Besucherströme, auf die 53 000 Aussteller warteten, auf die ganz Wien spekuliert hatte und mit deren Hilfe man sich finanziell sanieren wollte, blieben noch immer aus, als eine Folge des ersten großen »Börsenkrachs«. Der Zusammenbruch der Wiener Börse und deren zeitweilige Schließung – in die Geschichte als »Gründerkrach« eingegangen –, wirkten auf viele Bank- und Kreditinstitute und damit auf die Industrie zurück. Das allein hätte genügt, die Ausstellung in ihrer Wirkung und Ausstrahlung stark zu beeinträchtigen, aber es kam noch der Ausbruch der Cholera hinzu, der viele aus dem In- und Ausland von einem Besuch abhielt. Erst in der zweiten Hälfte des Ausstellungszeitraumes hatte sich alles soweit beruhigt, daß der Besucherstrom nicht mehr abreißen wollte und noch immerhin 7 Millionen die Eingangspforten durchschritten.

Die Wiener Weltausstellung wurde gleich ihren Vorgängern in Gruppen und Klassen gegliedert. Darüber hinaus gab es, entsprechend dem Pariser Vorbild von 1867, die nationalen Ausstellungsgebäude und Pavillons, wo man

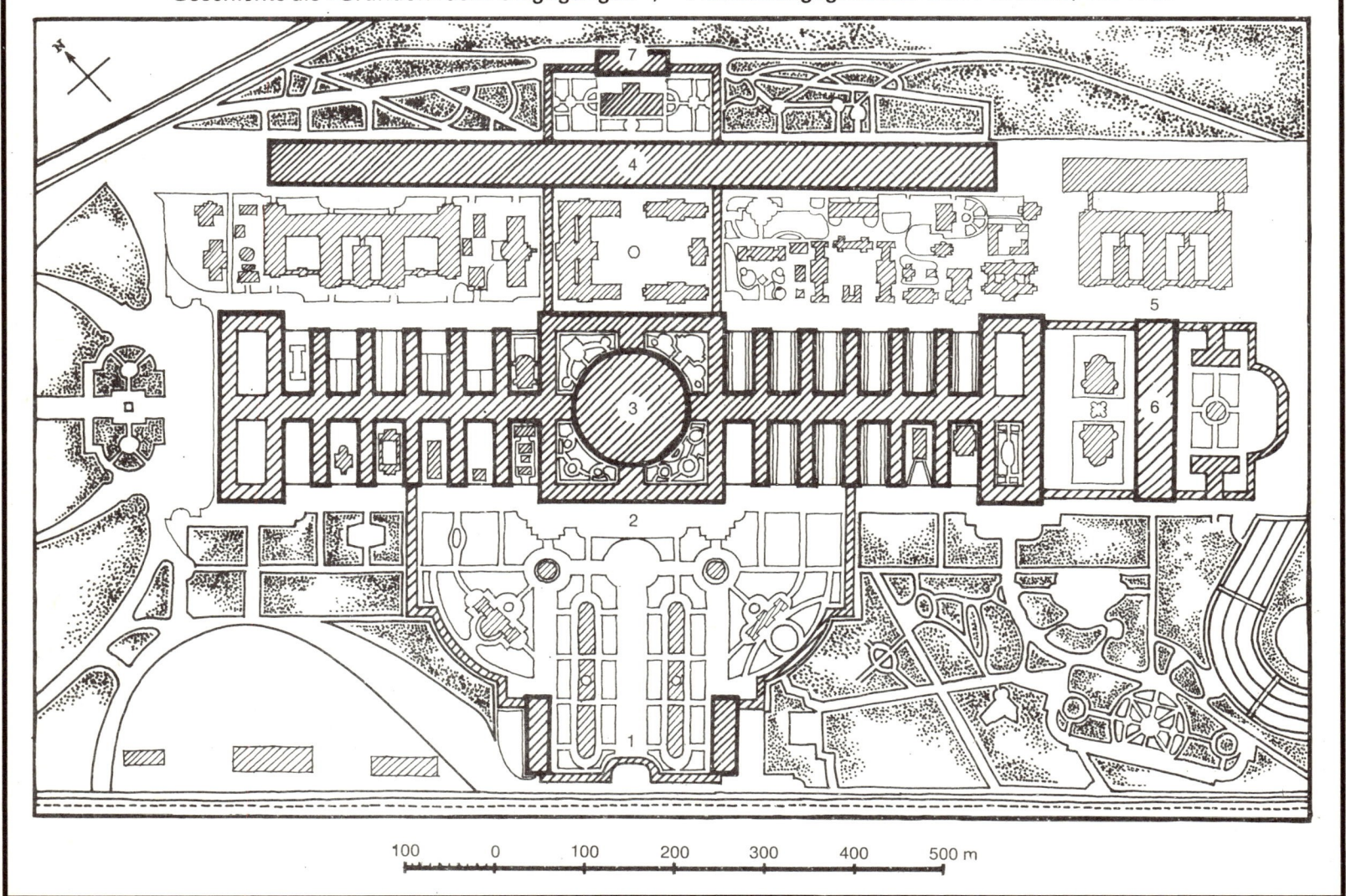

Kulturhistorisches offerierte und sich von der derzeitigen Kunst- und Kulturauffassung einen Überblick verschaffen konnte.

Deutschland war auf dem Sektor der bildenden Kunst mit seinen besten zeitgenössischen Malern vertreten. Böcklin, der den »Centaurenkampf« und die »Pietà« ausstellte, die Weimarer Maler Buchholz und Graf von Kalckreuth, Feuerbach mit der »Iphigenie«, Lenbach aus München mit 8 Porträts, Thoma mit Märchenszenen, Leibl mit Porträts, von Ramberg, Preller, Schleich, Richter und Menzel mit Aquarellen und Ölbildern, gehörten zu den Ausstellenden. Von den französischen namhaften Malern stellten u. a. Daubigny, Brion, Corot und Breton aus. Österreich als Vielvölkerstaat zeigte Bilder von Makart, Griepenkerl, dem Ungarn Munkácsy und dem polnischen Historienmaler Matejko. Die Schweiz wurde mit Calame würdig vertreten. Rußland präsentierte das weltberühmte Bild Repins »Die Wolgaschlepper«. Neben Turner waren die berühmten englischen Aquarellisten wie Cooke, Smith, Tayler und Cope mit ihren Meisterwerken zu sehen. Damit sind bei weitem nicht alle Maler, die ausstellten, genannt, im Gegenteil nur die Wichtigsten, die flankiert wurden von einer fast erdrückenden Zahl von Historienmalern.

Kunsthandwerk und Kunstgewerbe gehören zum Prüffeld geschmacklicher Reife einer Nation. Unumstritten hatte Frankreich auf allen zurückliegenden Ausstellungen – der Ausnahmefall war die erste Weltausstellung in London – das Beste aufzuweisen. In Wien gelang endlich die Anerkennung des österreichischen Kunstgewerbes auf den Gebieten des Glases, Porzellans, Steinguts, Leders und der Metallkunst. Auch Japan, das sein Kunstgewerbe glänzend vorzuführen verstand, eroberte den schon vorbereiteten »Geschmacksboden« in den Kleinkünsten.

Am 1. November 1873 zogen noch einmal 140 000 Besucher in das Pratergelände der Wiener Weltausstellung, die am Abend ihre Tore für immer schloß. Ein Feuilletonist von damals endete seinen Artikel mit den Worten: »Weniger wäre mehr gewesen oder mit anderen Worten: es würde größerer allgemeiner Gewinn aus dem Ganzen zu ziehen gewesen sein, wenn die vorzüglichen vorhandenen Kräfte auf ein beschränktes Gebiet verwandt worden wären, da ein viel zu kleiner Bruchteil der Besucher im Stande war, das Ganze, was geboten war, zu erfassen.« (31) Es schien, als wenn die Grenze des Erfaßbaren bereits überschritten sei. Dennoch sollten gigantischere Ausstellungen folgen.

Der Industriepalast bedeckte eine Grundfläche von 70 000 Quadratmetern. Seine Grundrißform ist in allen Publikationen als Fischgrätensystem bezeichnet worden. Dieses Prinzip – Hauptgang mit rechts und links im 90°-Winkel abgehenden Seitenhallen – entstammte älteren, nicht durchgeführten Ausstellungsprojekten. Seine Schöpfer waren die Architekten van der Nüll und Siccardsburg. Die fischgrätenartige Anordnung der einzelnen Ausstellungshallen an der Hauptgalerie hatte den Vorteil, daß man sich sehr leicht bestimmte Teile der Ausstellung zugänglich machen konnte. Eine Erweiterung der Fläche war durch Überdachen des Hofes zwischen 2 Quergalerien möglich und wurde in der Tat mehrfach zur Zufriedenheit einzelner ausstellender Länder genutzt. Sämtliche konstruktiven Bauglieder waren in Eisen ausgeführt. Für die Langhalle und die Querhallen wurden im Abstand von 6 bis 7 Metern schmiedeeiserne Stützen gewählt. Diese trugen einen flach gebogenen Fachwerkbinder. Die Wände zwischen den Stützen wurden bis in die Höhe der Kapitäle aufgemauert, darüber saßen halbkreisförmige Fenster. Die Dächer deckte man generell mit Zinkblech ein.

Die Gesamtlänge des Industriepalastes betrug 907 Meter, seine Breite 206 Meter. Die Längsgalerie hatte eine lichte Höhe von 25 Metern. Eine Quergalerie war 175 Meter lang und 15 Meter breit, hätte man die Quergalerien der Länge nach abschreiten wollen, so wären 3 Kilometer zusammengekommen.

Dem Barock verpflichtete, historizistische Portale schufen, an allen 4 Himmelsrichtungen, Zugang zur Exponatenschau.

Das Fischgrätenprinzip des Industriepalastes mit der Rotunde sollte sich als eine gute funktionelle Lösung erweisen. Über einen Haupteingang war jede der seitlich angeordneten Ausstellungsgalerien zu erreichen. Erwiesen sich die Galerien als zu klein, so konnte der Innenhof zwischen ihnen be- oder überbaut werden.

1 Haupteingang;
2 Industriepalast;
3 Rotunde;
4 Maschinenhalle;
5 Landwirtschaftshalle;
6 Kunsthalle;
7 Bahnhof

Der Industriepalast mit der Rotunde

41 Rotunde des Industriepalastes

In der Mitte des Industriepalastes stand die Rotunde. Sie war architektonische Höhendominante und zentraler Anlaufpunkt der Ausstellung, in ihr fand auch das Eröffnungszeremoniell statt. Idee und erste Skizzen stammen von dem englischen Ingenieur Scott Russell. Die Durcharbeitung lag in den Händen österreichischer Konstrukteure unter der Leitung von Schmidt. Der Grundaufbau dieser riesigen Rotunde war folgender: 32 in einem Kreis mit 104 Metern Durchmesser aufgestellte 24 Meter hohe Stützen trugen einen Zugring mit den Abmessungen 1,50 × 3,55 Meter. Gegen diesen Zugring stemmten sich die Radialsparren in einer Länge von 41,40 Metern, die in diesem Bereich eine Profilhöhe von 1,50 Meter hatten und sich nach oben hin, im Anschluß an den Druckring, auf 61 Zentimeter verjüngten. An die Unterseite der Radialsparren bzw. Träger wurde die Dachhaut gehängt. Große Blechtafeln bildeten tiefliegende Kassetten. Die Konstruktion des Ganzen wurde somit nach außen verlegt. Auf diesem Hauptdach, oberhalb des Druckringes, bauten sich 2 Laternen auf. Die untere hatte einen beachtlichen Durchmesser von 30,90 Metern. Gebildet wurde die Laterne aus 30 Säulen von 10,50 Metern Höhe. Das hiervon aufstrebende Dach hatte wie das Hauptdach einen Neigungswinkel von 31 Grad. Die zweite Laterne, aus 10 Säulen von 9 Metern Höhe bestehend, schloß mit einer überhöhten Kuppel, die mit einer vergoldeten Krone von 4 × 5 Meter versehen war, ab. Von der Oberkante Fußboden bis zu diesem höchsten Punkt des Gebäudes maß man 85,30 Meter. Von der unteren Laterne, die einen Umgang hatte, konnten die Besucher über das Ausstellungsgelände hinaus auf ganz Wien und Umgebung blicken.

Ausgeleuchtet wurde die Rotunde durch hohe Seitenfenster (6 × 11 Meter) und über die Fenster der großen Laterne.

Die nördlich vom Industriepalast gelegene Maschinenhalle, eine dreischiffige Anlage von 800 Metern Länge, bedeckte eine Grundfläche von 40 000 Quadratmetern. Das Mittelschiff hatte die lichte Höhe von 19,48 Metern und eine Breite von 28 Metern, die Seitenschiffe waren

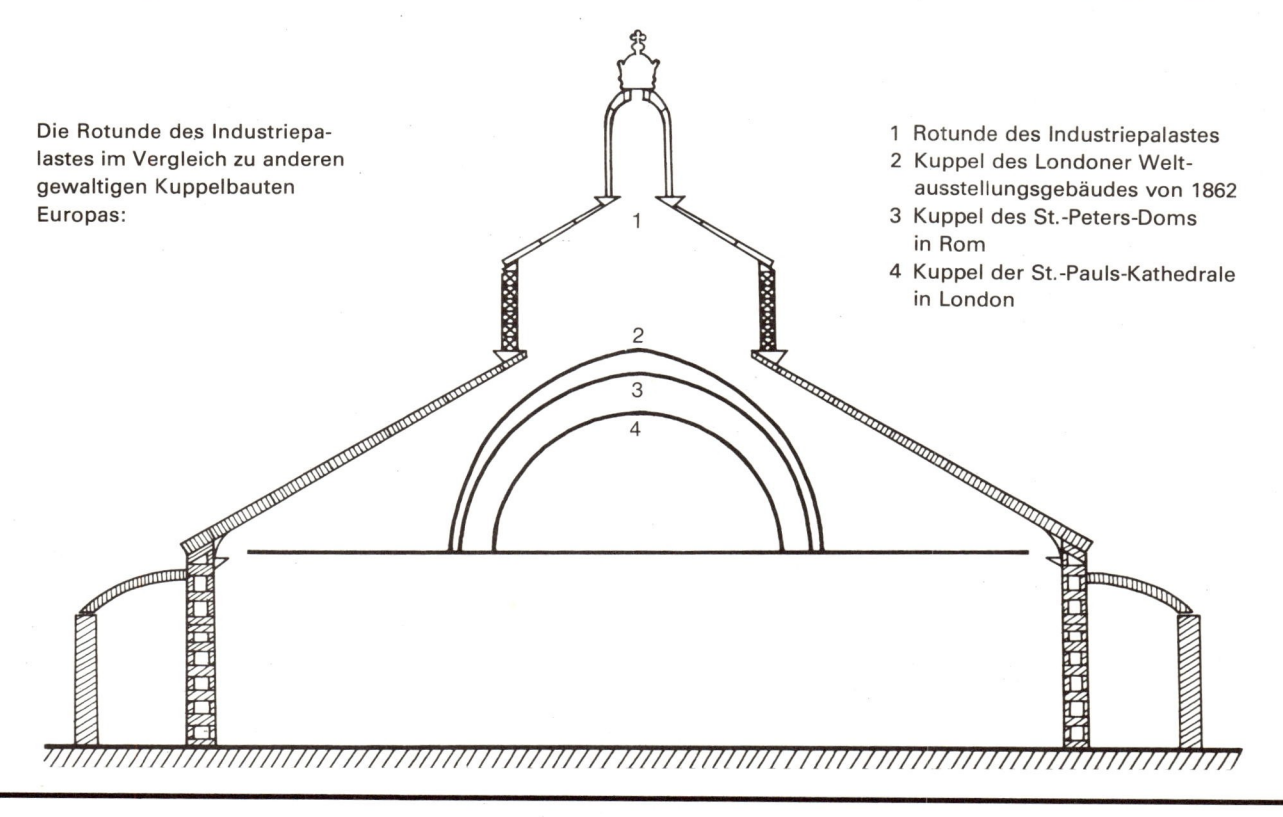

Die Rotunde des Industriepalastes im Vergleich zu anderen gewaltigen Kuppelbauten Europas:

1 Rotunde des Industriepalastes
2 Kuppel des Londoner Weltausstellungsgebäudes von 1862
3 Kuppel des St.-Peters-Doms in Rom
4 Kuppel der St.-Pauls-Kathedrale in London

8,53 Meter breit und besaßen eine Höhe von etwa 12 Metern, insgesamt ein traditioneller, nahezu simpler Mauerwerksbau mit einfacher Dachbinderkonstruktion. Auch die 3 anderen größeren Bauten, die Landwirtschaftshallen und die Kunsthalle, waren Holzfachwerkbauten, besaßen keine für uns heute nennenswerten konstruktiven Besonderheiten.

Reaktion auf den Industriepalast und seine Bedeutung

Der Industriepalast unterlag scharfer Kritik seitens der Fachleute. Trotz differenzierter Grundrißgestaltung und Preisgabe eines Kompaktbaues, wie wir ihn auf sämtlichen vorhergehenden Weltausstellungen vorgefunden hatten, blieb für sie die Lösung im höchsten Maße unbefriedigend. Hauptangriffspunkt der Kritiker war, wie bei dem Bau in Paris 1867, daß das Gebäude in seiner Größe und Schönheit nicht zu übersehen war, erlebbar wurden immer nur Teile. Wer den Industriepalast in seinen Abmessungen wahrnehmen wollte, mußte sich auf die Laterne der Rotunde begeben. »Der Wunsch, ein einheitlich und großartig ausgeführtes Bauwerk zu erblicken, welches die ungeheuren Verhältnisse sofort in schöner und überwältigender Weise dem Auge zur Wirkung bringt, wurde nicht erfüllt. Trotz der gewaltigen Rotunde, deren trichterartige oder lampenschirmartige Form kaum etwas Würdiges hatte, war die äußere Erscheinung einigermaßen enttäuschend.« (31)

Etwas ist interessant an der Kritik: Sie zeigt nämlich, inwieweit man noch immer einer Kunstauffassung im Sinne der Renaissance verpflichtet war. Noch galt das unumstößliche Gesetz der Perspektive, noch beurteilte man Architektur von ihrer Schauseite, ihrem malerischen Effekt aus. Der Baukörper mußte sich von einem Blickpunkt in seiner Gesamtheit offenbaren. Auch in der heutigen Architektur- und Kunstbeurteilung können wir noch zuweilen derartige Auffassungen vorfinden. Die moderne Architektur stellt sich dem Raum-Zeit-Erlebnis, darin ist ihre Plastizität begründet. Eine ausgesprochene »Schmuckseite« ist ihr fremd, sie ist nur durch die Zeit des Umwanderns, des Um- und Durchschreitens erlebbar geworden.

Auf der Suche nach Ansatzpunkten neuartiger und richtungweisender Konstruktionen, Formen und Inhalte, fällt beim Wiener Industriepalast der Blick auf eine ziemlich ungewöhnliche und einzigartige Dachhautkonstruktion. Die Dachbinder, die sich zwischen dem Zugring in der unteren Ebene und dem Druckring in dem oberen Bereich spannten, wurden über die Dachhaut gelegt. Sie wurden somit zu einem sichtbaren, konstruktiven Bauelement. Aus unserer Sicht gliederten die Binder das weithin sichtbare Dach in trapezförmige, stark plastische Flächen auf, die im Spiel des Lichtes und in ihrer Verdichtung durch die radiale Anordnung sicher einen interessanten gestalterischen Effekt erzielt haben. Ein uns heute durchaus geläufiges Prinzip führte damals zu erheblichen Schwierigkeiten in der Abdichtung des Daches, und es regnete an verschiedenen Stellen ein.

Mies van der Rohe verwendete in einigen seiner modernen Bauten ähnliche Konstruktionsprinzipien. Auch er hängte die Dachhaut unter die Binder, so z. B. bei der Crown Hall des »Institutes of Technology, Illinois«. »Die Form verstand er immer als Gestaltung von selbstverständlich empfundenen Konstruktionen.« (20) Er selbst sprach davon, daß er eine »Haut- und Knochen-Konstruktion« anstrebe. Eine ganze Richtung innerhalb der Architekturbewegung sollte sich aus dem Bestreben, Konstruktion zu zeigen, entwickeln und bis in unsere Tage von den Vertretern des Konstruktivismus wachgehalten und praktiziert werden.

Insofern war die Kühnheit jener österreichischen Ingenieure zu bewundern: Sie zeigten Konstruktion, die eindeutig die Funktion von Gestaltung übernahm.

Nicht unerwähnt soll die Bemerkung bleiben, die sich auf das Heftigste gegen die Gesamtkonstruktion der Rotunde richtete. Und tatsächlich ist sie plump und unbeholfen, jagt sie einer flüchtigen Idee und Skizze ihres Schöpfers Russell nach; sie wurde nicht aus einer konstruktiven Idee heraus geboren, sondern die Idee wurde mit den Krücken der Konstruktion zum Stehen gebracht.

PHILADELPHIA 1876
Centennial Exposition

Nachdem fünf Weltausstellungen auf dem europäischen Kontinent stattgefunden hatten, suchten die Vereinigten Staaten von Amerika einen würdigen Anlaß für eine derartige Veranstaltung. Sie fanden ihn in der Säkularfeier der Unabhängigkeitserklärung der dreizehn alten britischen Kolonien. Die gesetzgebende Körperschaft von Pennsylvanien gemeinsam mit dem Franklin-Institut und einem Komitee des Stadtrats von Philadelphia richtete eine Denkschrift an den Kongreß, in der es unter anderem hieß: »Die Unabhängigkeitserklärung ist von ihren patriotischen Urhebern in Philadelphia verfaßt und unterzeichnet worden; von dieser Stadt aus wurde sie zuerst in der ganzen Welt verkündet; da die hundertjährige Jubelfeier dieser entscheidenden Epoche in der Geschichte unseres Vaterlandes schon herannaht, soll das ganze Volk der Vereinigten Staaten dieselbe durch eine passende Festlichkeit feiern, wie es einem Volke ziemt, welches mit staunenswerter Raschheit aus seiner unbeachteten Kindheit zu Macht und Wohlstand herangewachsen ist und sich jetzt die Achtung aller Regierungen und die Bewunderung der Welt errungen hat. Mit Rücksicht hierauf wurde der wohlbegründete Antrag gestellt, daß als hervorragendes Glied in dieser Feier unseres hundertjährigen Jubiläums eine internationale Ausstellung der Künste, Gewerbe und der Erzeugnisse des Bodens und der Berge veranstaltet werde, um die ohnegleichen dastehenden Fortschritte in Wissenschaft und Kunst und in den mannigfachsten Leistungen des menschlichen Geistes für Verbesserung der Lage der bürgerlichen Gesellschaft im Gegensatz zu der tiefen Stufe der Kultur vor einem Jahrhundert zu beleuchten.«

Mit diesen unmißverständlichen, selbstbewußten Worten wurden die Beweggründe offen zum Ausdruck gebracht: Amerika will in die Weltgeschehnisse eingreifen und tut dies auch. Dem Drängen nach Anerkennung folgten Machtaufteilung und Machtausübung.

Auf Grund dieser vorgetragenen Erwägungen beschlossen am 3. März 1871 Kongreß und Präsident die Weltausstellung für das Jahr 1876. Die Kommission, die mit der Durchführung betraut wurde, bestand aus jeweils einem Delegierten jedes Bundesstaates. Ihr Generaldirektor wurde ein Industrieller aus Cincinnati in Ohio, Goshorn. Präsident der Finanzkammer war Welsh. Die Bau- und Ingenieurabteilung wurde von Schwarzmann, Puttit und Wilson geleitet.

Als Termin der Ausstellung wurde der 10. Mai bis 10. November 1876 festgelegt. Der Fairmount-Landschaftspark, nach Schönheit und Reiz eine einmalige Anlage, wurde als Standort vorgesehen. Dieses fast 1 200 Hektar große Gelände, von dem allerdings nur 175 Hektar der Ausstellung zukamen, war von alten Waldungen und Wiesen, Seen und Bächen, dem Schuylkill mit seinem romantischen Nebenfluß, dem Wissahickon, durchzogen. Im Ausstellungsteil wurden im Stil des englischen Landschaftsgartens künstliche Weiher und Becken, mächtige Springbrunnen und Wasserkünste, Plastiken und Kleinarchitekturen, Blumenrabatten und Sträucher zusätzlich geschaffen bzw. angepflanzt. An Schönheit soll dieser Park dem Prater gleich gewesen sein, wenn nicht sogar ihn übertroffen haben.

Erstmalig war es den weniger Marschfreudigen — damit trug man wohl in erster Linie der dem Amerikaner nachgesagten Bequemlichkeit Rechnung — vergönnt, durch das gesamte Weltausstellungsgelände auf einer neu angelegten Dampfeisenbahnlinie für 5 Cents zu nahezu allen Hallen und Gebäuden sowie den landschaftlich reizvollsten Stellen zu gelangen. Ihre Gesamtlänge betrug 4 englische Meilen, die Bahnen fuhren im Abstand von 5 Minuten.

Am 10. Mai, 10.30 Uhr, wurde das feierliche Eröffnungszeremoniell mit einem Orchester von 600 Mann eingeleitet, das den »Centennial-Einweihungsmarsch«, den Richard Wagner eigens für diese Gelegenheit geschaffen hatte, spielte. Die üblichen Ansprachen wurden gehalten. Mit einem 1 000 Mann starken Chor, dem Läuten aller Ausstellungsglocken und mit Kanonensalven wurde die Ausstellung schließlich eröffnet.

Inmitten des Fairmount-Landschaftsparks waren die Gebäude der Ausstellung über eine Fläche von 175 Hektar verteilt. Die Einbeziehung alter Waldungen, Seen, Bäche, die Nähe eines Flusses machten den Reiz des Geländes aus, den uns der Lageplan ahnen läßt.

Die Ausstellung

PHILADELPHIA 1876

42 Lageplan

Amerika hatte seine Ausstellung in 7 Abteilungen, 51 Gruppen und 470 Klassen eingeteilt, während man in Europa mit 26 Gruppen und 95 Klassen versucht hatte, ein übersichtliches Ganzes zu schaffen.

14 420 Aussteller zeigten den über 10 Millionen Besuchern ihre Exponate. Bewunderung erregten die dampfbetriebenen Personenaufzüge, die ja bekanntlich in Amerika »zu Hause« sind. Die Personenaufzüge hatten zur damali-

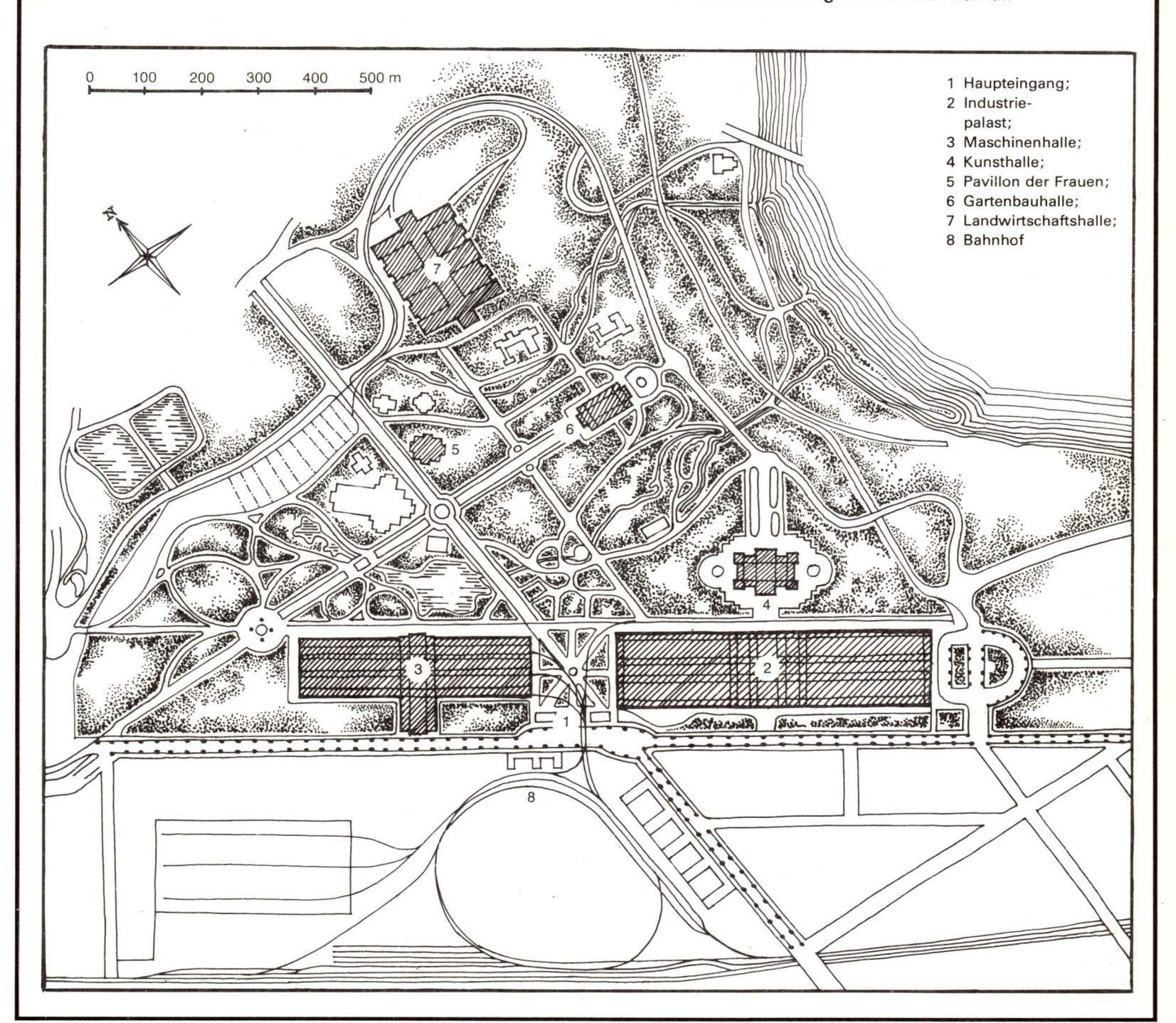

1 Haupteingang;
2 Industriepalast;
3 Maschinenhalle;
4 Kunsthalle;
5 Pavillon der Frauen;
6 Gartenbauhalle;
7 Landwirtschaftshalle;
8 Bahnhof

PHILADELPHIA 1876

43 Schnitt durch das Hauptgebäude der Ausstellung.
Hier wird deutlich, daß die amerikanischen Ingenieure und Konstrukteure keinen
neuen Beitrag bei der Bewältigung weitgespannter Konstruktionen leisteten.

gen Zeit einen Grad der Perfektion erreicht, der die Europäer staunen machte. In Paris noch 1867 Ungetüme, waren es hier bereits in vielen Geschäftshäusern, Warenhäusern, öffentlichen Gebäuden und Privathäusern erprobte technische Hilfsmittel, derer man sich mit größtem Geschick bediente. Die führenden Firmen waren Otis Brothers, Stokes & Parish u. a.

Was aus der Buntheit des Angebotes in zeitgenössischen Berichten herausgestrichen wurde, waren die amerikanischen Möbel und Zimmereinrichtungen. Ihnen bescheinigte man höchst geschmackvolles »Design« unter Verwendung vorzüglicher nord- und mittelamerikanischer Hölzer. Die fast ausschließlich aus Frankreich stammenden Firmeninhaber waren in der glücklichen Lage, französischen Geschmack mit dem unendlichen Reichtum an Holz und Hölzern zu verbinden; sie konnten im wahrsten Sinne des Wortes »aus dem Vollen schöpfen«.

Auf dem Gebiet des Kunsthandwerkes bestachen die Juwelier- und Silberarbeiten der Fa. Tiffany aus New York und der Fa. Caldwell aus Philadelphia, die getriebene Arbeiten aus Gold und Silber, Vasen, Tafelaufsätze u. a. ausgestellt hatten. Neben all den Ausstellungsstücken, die in den verschiedensten Gruppen und Klassen zu sehen waren, gab es noch eine interessante thematische Halle, »The Women's Pavilion«. Diese Halle hatte ihre eigene Entstehungsgeschichte; sie wurde durch eine freiwillige, von den amerikanischen Frauen organisierte Beitragssammlung erstellt. In ihr zeigten sie Handarbeiten, Zeichnungen und Gemälde, Bildhauer- und literarische Arbeiten. Das Können der Frauen und ihre Leistungen stellten sich erstmalig und berechtigterweise emanzipatorisch auf einer Weltausstellung dar. Man sprach nicht über den Pavillon, sondern er machte von sich reden.

Die Ausstellungsbauten

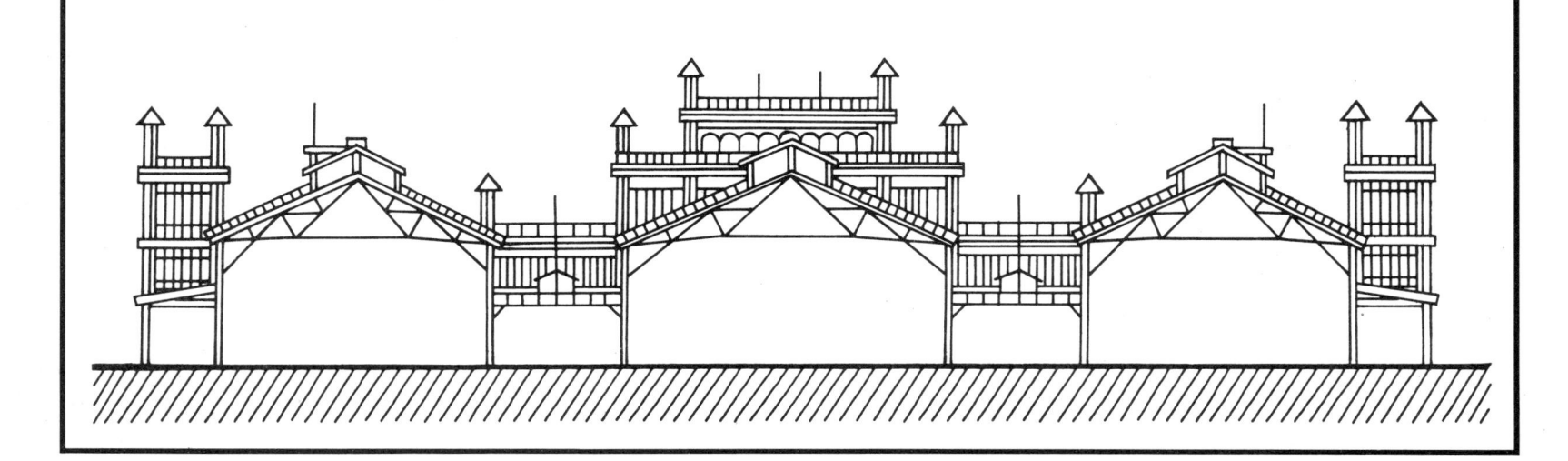

Die Hauptabmessungen des Zentralgebäudes betrugen 577 x 171,60 Meter, seine Ausstellungsgrundfläche umfaßte 81 600 Quadratmeter. Es war ein reiner Eisen-Glas-Bau mit einem bis in 2,30 Meter Höhe gemauerten Sockel. Weder konstruktiv noch baukünstlerisch war er von Belang, bot er etwas Neues oder Unbekanntes. Das betraf auch die übrigen Ausstellungshallen, wie die Maschinenhalle mit einer Grundfläche von 47 000 Quadratmetern, die Gartenbauhalle mit ihren 6 000 Quadratmetern und die Agrikulturhalle mit 41 200 Quadratmetern. Über die letztere, die innerhalb eines halben Jahres und nur für 260 000 Dollar errichtet worden war, spöttelten die Amerikaner selbst, indem sie von einer »gotisch-indischen Riesenscheune«, einer »Kuhkirche« und einem »Kartoffelspital« redeten.

PARIS 1855

44 Industriepalast
45 Blick in das Mittelschiff

Ein Blick aus der Vogelperspektive zeigt, wie die Glas-Eisen-Konstruktion mit einem steinernen »Gürtel«, dem Geschmack der Zeit entsprechend, eingeschnürt wurde.

Die aus dem Jahr 1889 stammende Darstellung gibt die beeindruckende Dimension des Baukörpers wieder. Der Industriepalast wurde nach der Weltausstellung bis zum Jahr 1897 vorwiegend für repräsentative Veranstaltungen sowie Empfänge genutzt.

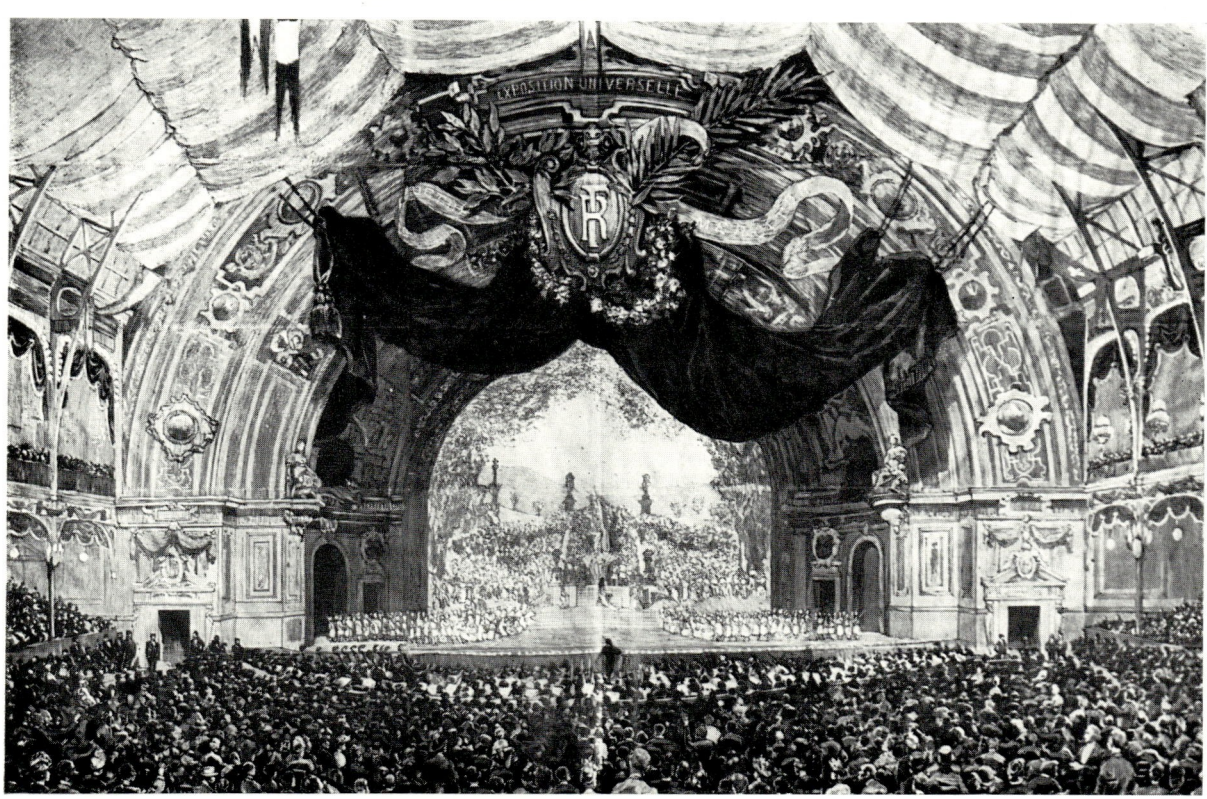

Längs- und Querschnitt, die im Bereich
der Kuppeln geführt sind.
In beiden Schnitten ist die Behandlung
der Ausstellungszone gegenüber
dem Kristallpalast adäquat

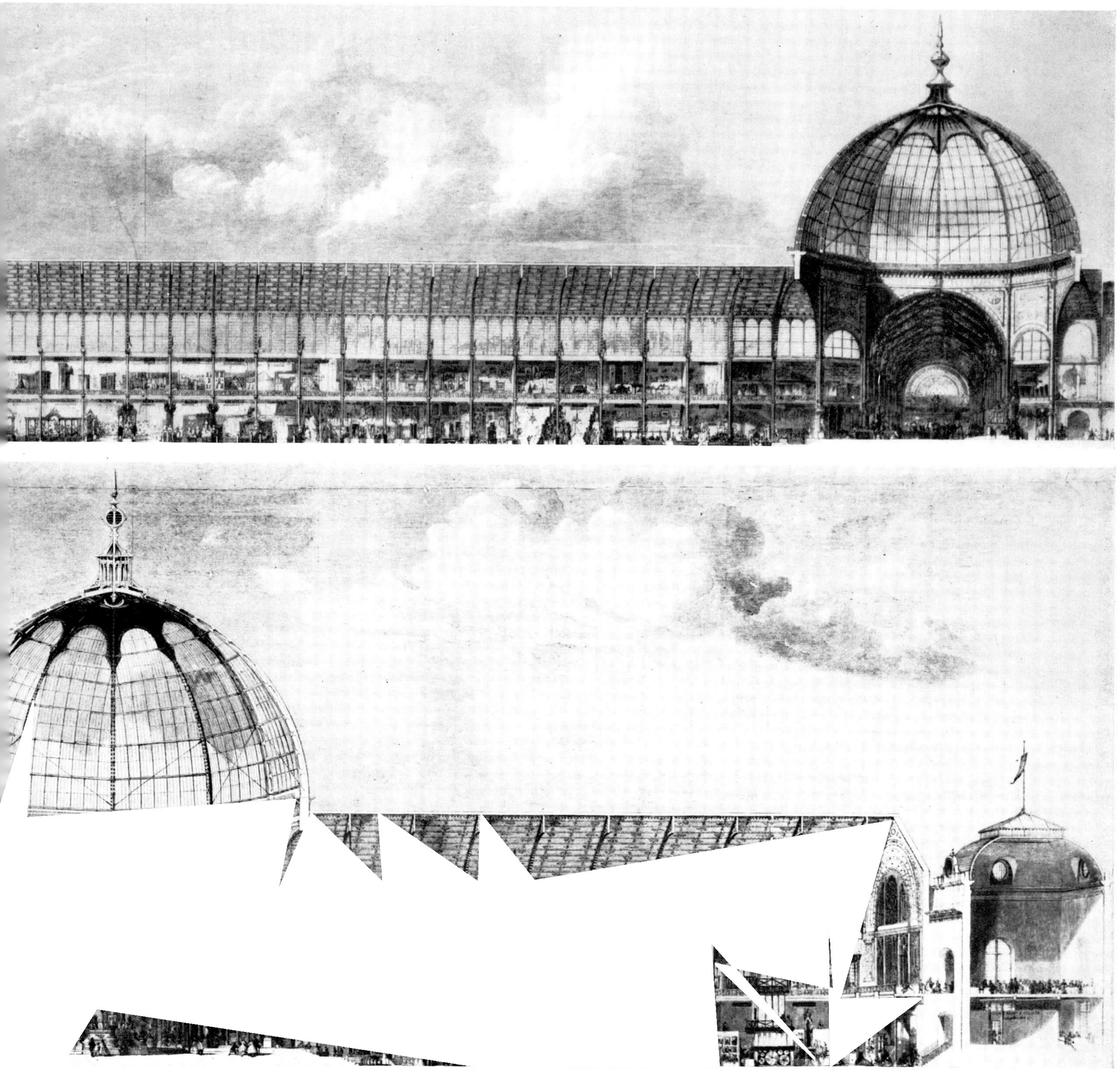

PARIS 1867

48 Gesamtansicht des Marsfeldes

Im Hintergrund ist die École militaire zu sehen.
Man gewinnt einen Eindruck von der Größe und dem Umfang der Arbeiten
an den Fundamentes des Ausstellungspalastes.

49 Das riesige Oval des Weltausstellungspalastes hatte
eine Längsausdehnung von 490 Metern und eine Breite von 390 Metern.
Das Gebäude war als temporärer Bau geplant
und wurde nach Schließung der Ausstellung demontiert.
Seine Bauform erwies sich als sehr nachteilig in bezug auf die Wiederverwendung
eines Großteils der konstruktiven Bauglieder.
50 In der Mitte ein erhöhter Umgang,
unter dem sich die Transmission für die Maschinen,
die dem Publikum vorgeführt wurden, befand.

PARIS 1867

49 Ausstellungspalast
50 Blick in die Maschinengalerie

WIEN 1873

51 Industriepalast

Die Rotunde des Industriepalastes
war der optische und bauliche Höhepunkt der Ausstellung.
Ihr Durchmesser betrug 104 Meter, die Höhe 85,30 Meter.
Die erste Laterne diente als Aussichtsplattform,
von der aus die Besucher ganz Wien überblicken konnten.

WIEN 1873

52 Maschinenhalle

Blick in den deutschen Teil der Maschinengalerie, eine dreischiffige Halle von 800 Metern Länge.

WIEN 1873

53–55 Aus dem Ausstellungsgeschehen

WIEN 1873

56/57 Aus dem Ausstellungsgeschehen

53/54 Im ethnographischen Teil des Ausstellungsparks bewunderte man neben Indianer-Wigwams und chinesischen Fischerhäuschen Bauten der Ureinwohner aus allen fünf Kontinenten.

55 »Transportables eisernes Wohnhaus für englische Arbeiter«, so lautete die Bildunterschrift in der »Leipziger Illustrirten Zeitung«. Das Jahr 1873 wurde gewissermaßen das Geburtsjahr der Blechbaracke schlechthin.

56 Auch dies gab es: Adam Kerpfen aus Chicago zeigte der Welt seinen 2,50 Meter langen Bart.

57 Am 29. Juni stand das Ausstellungsgebäude zu großen Teilen unter Wasser. Ein zeitgenössischer Karikaturist sah es wohl nicht ganz so tragisch wie der Veranstalter und die Aussteller.

WIEN 1873

58 Haupteingang des Weltausstellungsgeländes

Das aus Guß- und Schmiedeeisen gefertigte Portal
wirkt auf uns – trotz allen Hangs zur Nostalgie, den man haben mag –
wie überdimensionierter Kitsch.

PHILADELPHIA 1876

59 Ausstellungsgelände

Der zeitgenössische Stich
gibt einen Eindruck von der Einbeziehung
der umgebenden Landschaft.

Folgende Seite:
60 Blick in das Innere der Halle
61 Erstmalig wurde ein Pavillon gestaltet,
in dem ein soziales und soziologisches Problem – die Rolle der Frau
in der Gesellschaft und in ihrem häuslichen Bereich – dargestellt wurde:
Ein Zeugnis aus der Geschichte des Kampfes
um die Gleichberechtigung und Anerkennung der Frau.

PHILADELPHIA 1876

60 Inneres der Maschinenhalle
61 Frauenpavillon

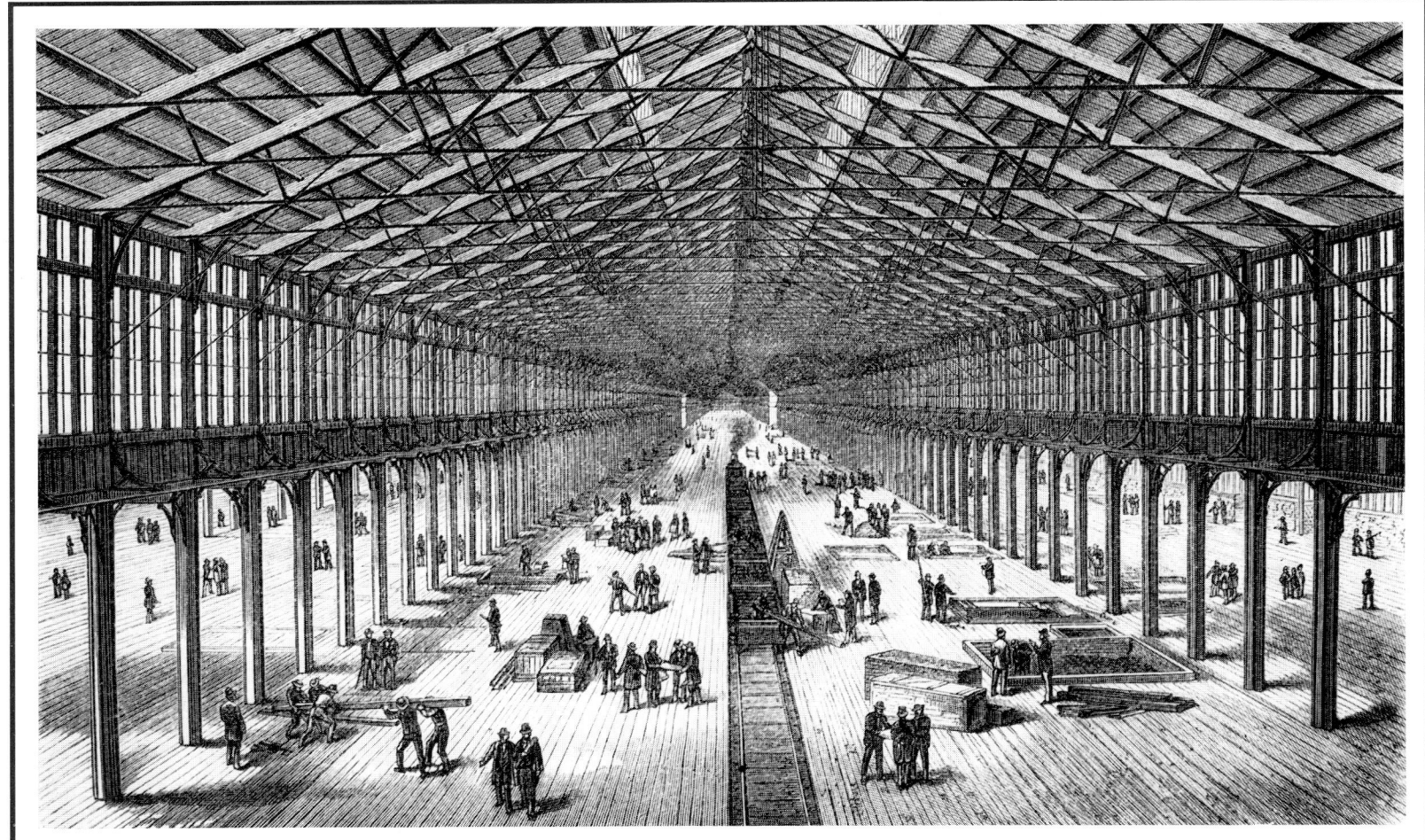

PARIS 1878

Exposition Universelle

Paris blieb seinem elfjährigen Ausstellungszyklus treu. Neun Jahre waren seit der letzten Pariser Weltausstellung vergangen, als Frankreichs Marschall-Präsident M. MacMahon am 4. April 1876 folgendes Dekret veröffentlichen ließ: »Es wird eine Universalausstellung von landwirtschaftlichen und gewerblichen Produkten am 1. Mai 1878 in Paris eröffnet und am 31. Oktober desselben Jahres geschlossen werden. Die Erzeugnisse aller Völker werden zu dieser Ausstellung zugelassen werden.« Wer sich die damalige Geschichte vor Augen führt, wird die Bedeutung eines solchen Unternehmens würdigen und den Mut bewundern, den die französische Nation aufbrachte. Frankreich hatte den Krieg 1870/71 gegen Deutschland verloren und mußte an das mit dem Schwert geeinte Deutsche Reich Milliarden an Reparationskosten zahlen. Von dem Börsenkrach im Jahre 1873 hatte sich das gesamte übrige Europa noch nicht wieder erholt, so daß Unternehmertum, Erwerbsgeist und Investitionsfreude gehemmt waren. Der konjunkturelle Aufschwung begann erst ganz allmählich wieder. Und gerade deshalb, noch im Zeichen des Stillstandes, sah man in Frankreich in einer Weltausstellung die Chance, Bewegung in die Stagnation zu bringen. Nicht nur die Anerkennung im Weltwirtschaftsgefüge, mit dem die eigene Industrie und der Handel ja so überaus verbunden und auch von ihm abhängig waren, lag im Interesse Frankreichs, sondern man wollte vor allen Dingen der Welt zeigen, wie schnell man sich von dem unglücklichen Krieg mit Deutschland wirtschaftlich und politisch erholt hatte. Dies zu bekunden, davon ein unumstößliches Zeugnis abzulegen, friedensspendend allen Völkern die Hand zu reichen, dazu konnte kaum etwas Besseres, Geeigneteres gefunden werden, als erneut eine Weltausstellung von ungekannten Maßstäben und gewaltigen Dimensionen durchzuführen. Als Realisierungszeitraum blieben zwei Jahre, und sie wurden als dafür ausreichend eingeschätzt. Die Durchführung der Weltausstellung zu Paris wurde zu einer nationalen, patriotischen Kundgebung.

Das damalige Deutsche Reich reagierte auch dementsprechend und lehnte eine Beteiligung geradezu ab. Entschuldigend führte es zur Begründung die wirtschaftliche Krise, die Ergebnisse und Erfahrungen der letzten Weltausstellung in Philadelphia an. »Nach so kurzer Pause neue Opfer zu bringen, neue Anstrengungen zu machen, neue Kosten sich aufzubürden« (31), sah es sich nicht in der Lage.

Als Generalkommissar der Weltausstellung wurde der Chefkonstrukteur des »Kolosseums« von 1867, Krantz, gewählt. Sein Name als Ingenieur und Schriftsteller war in Frankreich ebenso bekannt wie seine Verdienste auf militärischem Gebiet. Als Senator der Nationalversammlung erwarb er sich die hohe Achtung des französischen Volkes.

Viollet-le-Duc (1814–1879), der berühmte Architekt und Restaurator mittelalterlicher Baukunst, bedeutendster Denkmalpfleger seiner Zeit und Verfasser einer Vielzahl praktischer und theoretischer architekturgeschichtlicher Werke, schlug das Marsfeld unter Einbeziehung des gegenüberliegenden ansteigenden Seineufers, des Trocaderohügels, als Ausstellungsgelände vor.

Ein national ausgerufener Architekturwettbewerb, mit einer Laufzeit von nur »3 Wochen«, vom 25. April bis 15. Mai 1876, ließ die stattliche Anzahl von 94 gut durchgearbeiteten Entwürfen eingehen. Sämtliche Arbeiten wurden der Öffentlichkeit zur Beurteilung übergeben, in der Akademie der schönen Künste ausgestellt und in den Zeitungen und Zeitschriften popularisiert. Viollet-le-Duc bezeichnete 10 der Wettbewerbsentwürfe als hervorragend. Nach der öffentlichen Bekanntgabe entschied die Jury und verteilte Preise. Für den Industriepalast, wiederum ein temporärer Bau, wurde Hardys Entwurf zur Ausführung empfohlen und anerkannt; für das stehenzubleibende Monumentalbauwerk, die Krone des Trocaderohügels, entschied man sich für den Entwurf der Architekten Davioud und Bourdais.

Die Ausstellung

Am Morgen des 1. Mai 1878, gegen 11.00 Uhr, fand die feierliche Eröffnung in einem Neben-

62 Lageplan. Der Industriepalast entstand wieder auf dem Marsfeld.
Erweitert wurde die Ausstellungsfläche am nördlichen Seineufer, indem man den Trocadero-Palast
mit seinen Kaskaden und Parkanlagen schuf.

saal des Trocadero-Palastes statt. Der Hauptsaal war wie vieles auf dieser Ausstellung – nun schon fast traditionell – noch nicht fertig. Trotz enormer Anstrengungen der letzten Wochen und Monate, zeitgenössische Berichterstatter glaubten zu wissen, daß zeitweilig bis zu 35 000 Arbeiter um einen termingerechten Bauabschluß rangen, konnte von einer ringsum fertigen Ausstellung – bis hin zum Exponat – erst Ende Juni die Rede sein. Dennoch eine mehr als bewunderungswürdige Leistung.

Eingeteilt war diese Ausstellung wie ihre Vorgänger – ausgenommen die amerikanische in Philadelphia – in Gruppen und Klassen: diesmal neun Gruppen mit insgesamt 90 Klassen. Da sich die Nationen jeweils in der Querrichtung präsentierten, sollten sie als Wahrzeichen außerhalb der Halle, d. h. im Innenhof des Industriepalastes, eine architektonische Fassade im nationalen Baustil ihres Volkes oder ein bedeutendes Baudenkmal ihres Landes errichten. Auf diese Art und Weise entstand die »Rue des Nations«. Das Bild, das sich hieraus ergab, muß äußerst bizarr gewirkt haben, man stelle sich nur das englische Landhaus neben dem Palast aus Marokko und diesen wieder neben dem russischen Holzhaus vor.

Es ist müßig, auf dem Gebiet der Technik, wo die Maschine alle Lebensbereiche menschlicher Tätigkeit bestimmte, darauf einzugehen, wo und auf welchem Gebiet erstmalig neue Maschinen vorgestellt wurden. In den zeitgenössischen Berichten jener Zeit fällt jedoch auf, daß die Holzbearbeitungsmaschinen mit ihren nahezu allumfassenden Bearbeitungsmöglichkeiten im Schreiner- und Zimmermannsgewerk revolutionierend gewirkt haben müssen. Wiederholt wird auf die Universalität und Genauigkeit hingewiesen mit der gefräst, gehobelt, gesägt, gebohrt, ja selbst gebeizt und lackiert wurde.

Von gleicher Durchschlagkraft, zunächst für die Handwerksarbeit und die Kleingewerbemaschinen gedacht, dürfte der elektromagnetische Motor gewesen sein. Seine Entwicklung begann zu dieser Zeit, und er war noch mit vielerlei Mängeln behaftet, zumal seine Kraftübertragung noch zu geringfügig war. Allein seine Kleinheit und Geräuscharmut waren so überzeugend, daß seinem Reifeprozeß nichts im Wege stand. Welche Bedeutung, welche technische Revolution er wenig später auslösen sollte, ist uns allen hinlänglich bekannt, die moderne Zivilisation wäre ohne ihn undenkbar gewesen.

Zwei Neuheiten erweckten besonders das Interesse der breiten Öffentlichkeit, wir bedienen uns ihrer noch heute: die elektrische Beleuchtung und die Kälte- und Eismaschinen. Die Käl-

1 Trocadero-Palast;
2 Pont d'Iéna,
3 Industriepalast;
4 Eisenbahn

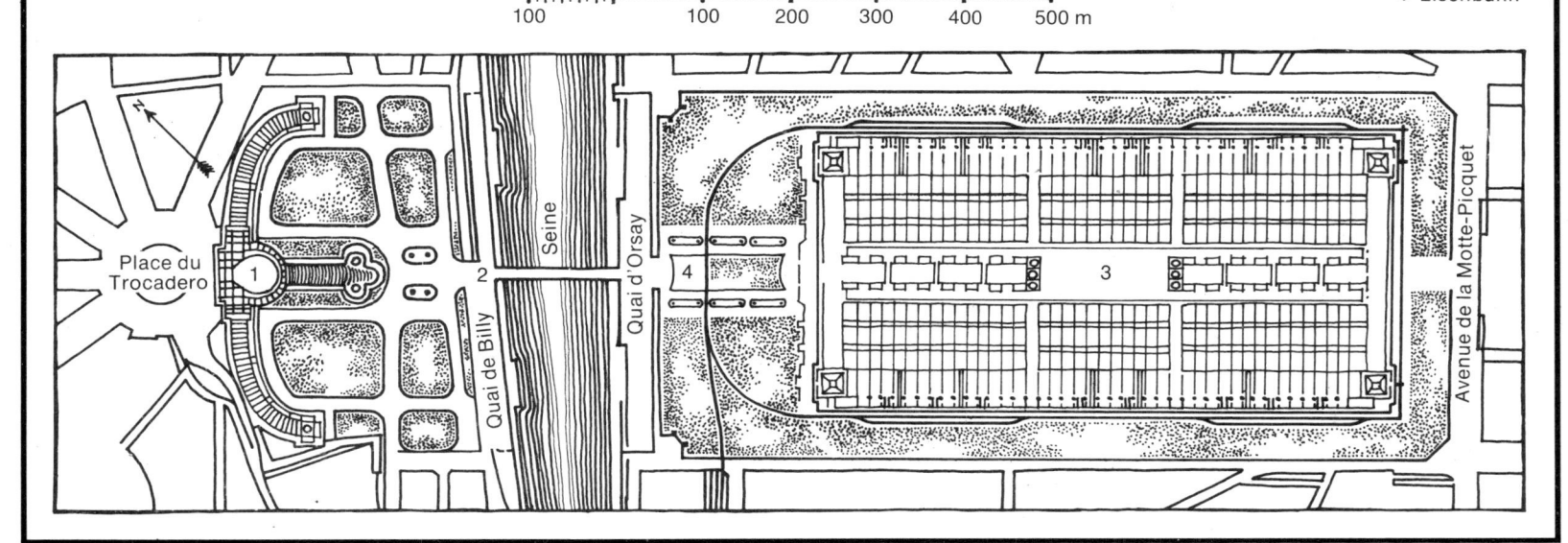

63 Vogelperspektive des Ausstellungsgeländes
Links der Trocadero-Palast mit seinen Freiflächen,
der Pont d'Iéna über der Seine und rechts das Marsfeld mit dem Industriepalast.

te- und Eismaschinen wirkten nach dem Prinzip unserer heutigen Kühlschränke, indem eine gesättigte Ammoniaklösung erhitzt bzw. erwärmt wird und somit der Umgebung Wärme entzieht.

Die Pariser Weltausstellung des Jahres 1878 wurde als die Geburtsstätte »eines großen Umschwungs im Beleuchtungswesen« angesehen. Die »Bougie électrique« – die elektrische Kerze – ist zwar keine Erfindung, die erstmals zur Weltausstellung gezeigt wurde, aber sie hatte ihre wesentliche Verbesserung durch den russischen Offizier Jablotschkow, gemeinschaftlich mit dem Franzosen Denayrouze, erfahren. Ihr Prinzip beruhte auf dem der Kohlebogenlampen. Tatsächlich wurden in Paris Straßen und Plätze auf diese Art beleuchtet, und anläßlich der Ausstellung strahlten in Paris 300 Straßenkandelaber ihr taghelles Licht in die nächtliche Stadt, vom Platz des Théâtre français bis zur Avenue de l'Opéra und dem Opernplatz. Ihren entscheidenden und endgültigen Durchbruch sollte die elektrische Beleuchtung ja bekanntlich erst mit der Erfindung der Edisonglühbirne erreichen.

Auf dem Gebiet der bildenden Kunst war neben einer Vielzahl von Künstlern, die ihre Zeit nicht überdauert haben, auch ein beträchtlicher Teil von Malern vertreten, die in die Kunstgeschichte eingegangen sind. Es sei hier nur an die vorimpressionistischen französischen Meister wie Corot, Courbet, Doré mit ihren Landschaften gedacht.

Deutschland, das ja nicht an der Pariser Weltausstellung teilnahm, schickte in letzter Minute wenigstens seine Künstler zur Repräsentation. Frankreich als »Grande Nation« behandelte die deutsche Kunstabteilung mit so großer Liebenswürdigkeit und Raumbevorzugung, daß eine gewisse Peinlichkeit durch das Fernbleiben auf anderen Gebieten von deutscher Seite nicht mehr zu überspielen war.

Aus Deutschland stellten Richter, Lenbach, Kaulbach, Achenbach aus. England brillierte mit seinen Aquarellisten, Österreich war durch Makart, den in Wien lebenden hervorragenden Aquarellisten von Alt, den Ungarn Munkácsy und den Polen Matejko vertreten. Aber auch Argentinien, Belgien, China, Griechenland, Guatemala, Italien, Japan, Peru, Portugal, Rußland, die Schweiz, Venezuela und die Vereinigten Staaten von Amerika stellten Ölgemälde und Aquarelle aus. Somit bekam die Kunstausstellung zunehmend internationales Gepräge. Die europäische Kunstszene wurde in ihrer Geschlossenheit aufgebrochen und erhielt von außen Anregungen und Impulse, die direkt oder indirekt verarbeitet wurden. Der sich später entwickelnde Jugendstil sollte z. B. nicht zuletzt starke Anregungen aus dem ostasiati-

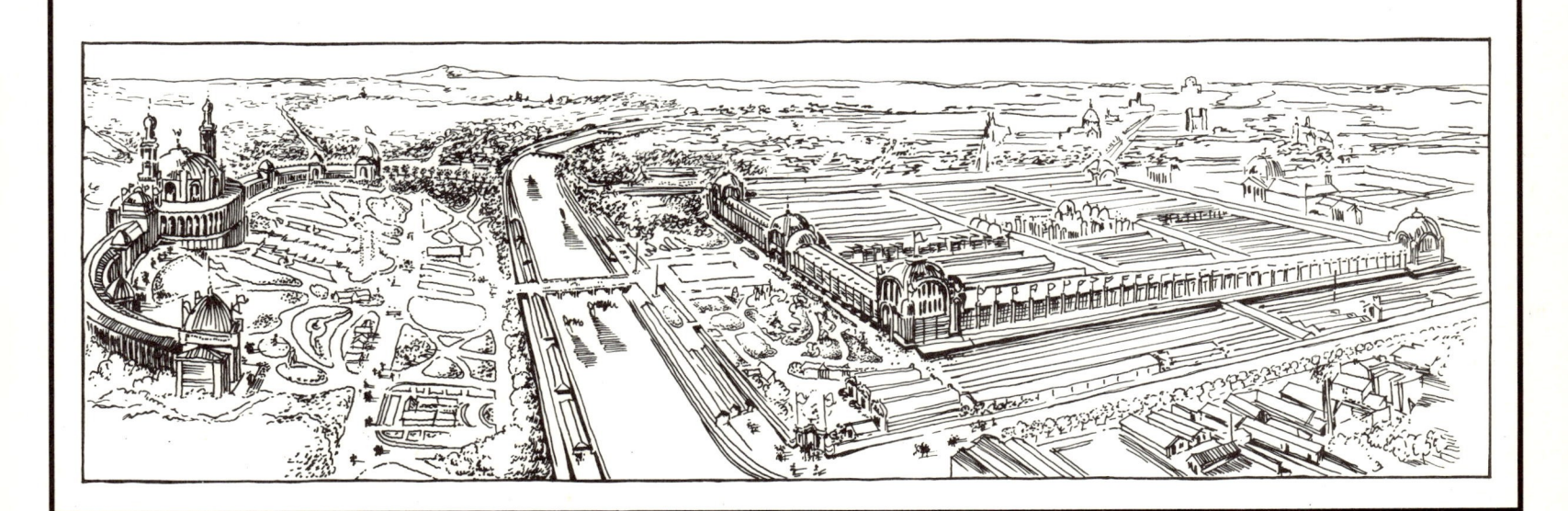

64 Industriepalast. Im Teilquerschnitt ist die enge Beziehung zum Industriepalast von 1867 zu erkennen; allerdings wurde diesmal ein rechteckiger Baukörper zugrunde gelegt, dessen Bauteile nach dem Abriß besser zu verwenden waren.

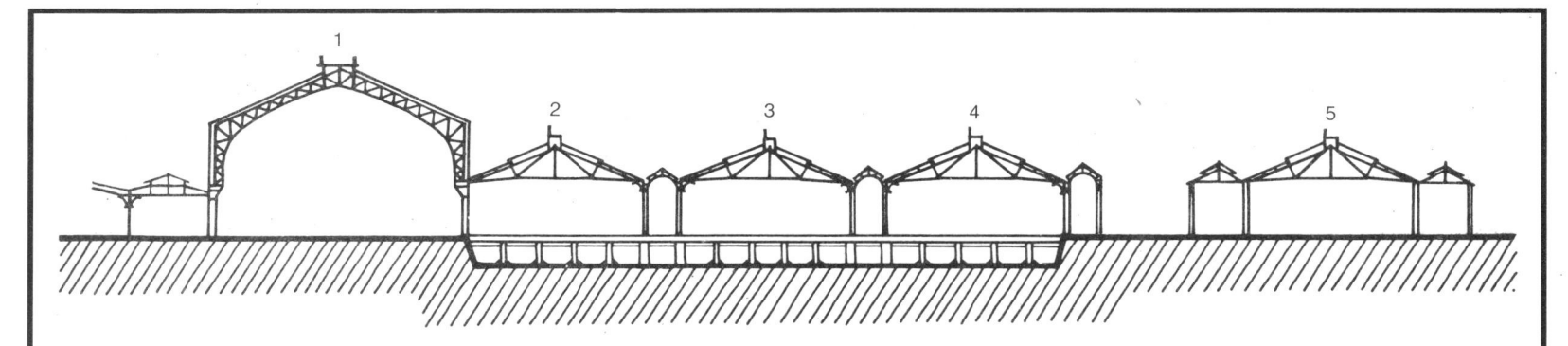

Die innen liegenden Hallen sind von gleicher Größe und Konstruktion, getrennt durch einheitlich überdachte »Straßen«. Auch hier nimmt die Maschinenhalle durch Größe und Abmessungen einen herausragenden Platz ein.

1 Maschinenhalle;
2 Rohmaterialien;
3 Fabrikate;
4 Kunst-Industrie;
5 Kunstausstellung

Das Gelände der Ausstellung

schen Raum, vornehmlich durch die flächig-linearen japanischen Farbholzschnitte und die Keramik Ostasiens erfahren.

Um das Bild der Weltausstellung abzurunden, sei noch folgendes erwähnt: Während der Zeit der Ausstellung fand eine Vielzahl wissenschaftlicher, wirtschaftlicher, soziologischer und politischer Kongresse statt. Die internationale Beteiligung war gewährleistet, Fachleute aus aller Welt stellten entweder selbst aus oder informierten sich. Auf Symposien und Kongressen, in Vorträgen und Fachgesprächen konnte man nicht nur Fertiges und Abgeschlossenes wahrnehmen, sondern Entwicklungen und Tendenzen verfolgen. Hervorragende Spezialisten vermittelten ihren Wissensstand und ihr Können auf dem kürzesten Weg einer breiten »Fachöffentlichkeit«.

Am 31. Oktober 1878 schloß die siebente Weltausstellung ihre Pforten. Wieder leerten sich die Hallen, und das riesige Gebäude, der Industriepalast, wurde in Staub und Schutt gelegt, einiges verkauft und wiederverwendet. Das damals größte Gebäude der Welt mußte weichen, um neuen ehrgeizigen Plänen Platz zu machen. Der Trocadero-Palast und seine Anlagen einschließlich der Wasserkünste blieben dem Pariser als Ort der Vergnügungen, Empfänge, Versammlungen und Konzerte bis in die dreißiger Jahre unseres Jahrhunderts erhalten.

Die Originalität bei der Wahl des Platzes liegt in der Einbeziehung der Seine mit ihren Ufern und den stark ansteigenden Hängen bis zum Trocaderohügel. Noch heute kann man sich von diesem Punkt aus einen Überblick über das Marsfeld und den größten Teil der Stadt Paris verschaffen und sich von seiner einmaligen Lage überzeugen, wenngleich an die Stelle des Trocadero-Palastes Weltausstellungsbauten aus dem Jahre 1937 gerückt sind und statt des großen Industriepalastes der Eiffelturm, umgeben von grüner Parklandschaft, den Blick bis zur École militaire freigibt. Der Trocadero-Palast, der mit seinen Räumen, Wandelhallen und Kolonnaden gleich zwei weit ausgestreckten Armen die gesamte Breite des Geländes umfaßte, bekrönte die ganze Anlage. Von ihm fielen stufen- und terrassenförmige Wasserkünste zum Seineufer hin ab. Rechts und links daneben waren weit angelegte Parkanlagen mit Bauten aus orientalischen Ländern, Musterbauten verschiedenster Baumaterialienfirmen u. a. zu sehen. Am Quai de Billy überspannte der 160,96 Meter lange, neugebaute Pont d'Iéna, an die siegreiche Schlacht Napoleons bei Jena-Auerstedt erinnernd, die Seine zum Quai d'Orsay. Von hier aus gelangte man durch Parkanlagen zum Haupteingang des Industriepalastes, dessen Ausdehnung sich unmittelbar bis an die Ecole militaire erstreckte. Dieses Gelände vom Trocadero-Platz bis zur Militärschule an der Avenue de la Motte-Picquet umfaßte etwa 70 Hektar, von denen rund 25 Hektar überbaut wurden. Der Kostenaufwand für dieses Unternehmen ist heute nicht mehr genau zu bestimmen, werden doch zeitgenössische Zahlen von 36 bis 55 Millionen Francs genannt und gehen damit beträchtlich auseinander. Eins ist jedoch gewiß, kaum ein Staat wäre in der Lage noch gegenwärtig gewillt für die eine oder die andere Summe, derart gewaltige, z. T. nur

65 Große Ehrenmedaille der Ausstellung

Das Ausstellungsgebäude auf dem Marsfeld

temporäre Einrichtungen und Anlagen zu bauen, abgesehen davon, daß hierfür heute auch keine Notwendigkeit besteht.

Der Industriepalast übertraf in seinen Dimensionen alles bisher von Frankreich Gebaute. Mit einer Breite von 346 Metern und 706 Metern Länge überbot er seinen Vorgängerbau um fast 100 000 Quadratmeter in der Grundfläche. Vom Grundriß her war er ein riesigen Rechteck. Man hatte Abstand genommen, erneut runde Grundrißformen zu wählen, weil sie in bezug auf Demontage und Wiederverwendung schwierig, ja fast gar nicht zu handhaben waren, und dieser Baukörper war ja von vornherein zum Abriß bestimmt. So hatte man mit der Wahl der Form schon einen entscheidenden Schritt in Richtung »Rentabilität« getan. Durch die Rechteckform hoffte man, den Schwierigkeiten in der Flächenaufteilung, die man mit dem le Playschen Plan von 1867 hatte, begegnen zu können. Dieses Mal wurden die Gruppen in der Querrichtung angeordnet, die Längsrichtung war den ausstellenden Ländern vorbehalten. Da aber somit das 1867 angewandte Prinzip beibehalten wurde, mußten die grundsätzlichen Schwierigkeiten in der Aufgliederung während der Durchführung wieder auftreten.

Die Gesamtplanung des Gebäudes wurde dem Architekten Hardy übertragen. Als Mitarbeiter standen ihm so bewährte Ingenieure bzw. Konstrukteure wie Eiffel, de Dion und der Architekt Duval zur Seite. Bis auf de Dion hatten die anderen unter der Führung von Krantz maßgeblichen Anteil an der Durcharbeitung und Ausführung des Industriepalastes zur Pariser Weltausstellung 1867 gehabt. Es waren erfahrene Fachleute, begabt mit dem Genie des Erfindermutes des vergangenen Jahrhunderts. Welche Rolle sie in der Ingenieurbaukunst spielten, wird im einzelnen bzw. in den nächstfolgenden Kapiteln noch zu erörtern sein.

Die Gliederung des Industriepalastes sah folgendermaßen aus: An der Nordseite, der Seine und dem Trocadero zugewandt, war das Hauptvestibül. Es nahm die Gesamtbreite des Bauwerks von 346 Metern Länge ein, seine Mitte wurde durch den kuppelgekrönten Haupteingang betont. Ein westlicher und östlicher Eckpavillon von 46 Metern Höhe gaben der gewaltigen Stirnseite ihren äußeren Abschluß und perspektivischen Halt. Auch an der gegenüberliegenden Seite, der Südfassade an der École militaire, spannte sich ein solcher Querriegel im Sinne des Hauptvestibüls, der an seinen äußeren Punkten Eckpavillons gleicher Ge-

Auf den Weltausstellungen wurde eine große Zahl an Ehrenmedaillen, Preisen und Diplomen verteilt. Die große Ehrenmedaille der Pariser Weltausstellung schuf der Malerfürst aus Wien: Hans Makart.

66 Blick in die Maschinenhalle mit ihren Transmissionen.

stalt erhielt. Zwischen diesen beiden Gebäudeteilen wurden – von außen nach innen – jeweils die Maschinengalerie, die Hallen der Rohmaterialien, Fabrikate und Kunstindustrie – die drei letztgenannten waren von gleicher Form und Konstruktion – angeordnet. Diese drei gleichgroßen Hallen waren durch 5 Meter breite überdachte Gänge miteinander verbunden. In der Mitte verblieb ein großer Innenhof mit einer lichten Weite von 65 Metern, der die Baulichkeiten für die bildende Kunst und den Pavillon der Stadt Paris aufnahm.

Einer Kritik, wie sie die Bauten von 1867 und 1873 erfuhren, entzog man sich von vornherein dadurch, daß man dem Gebäudekomplex eine eindeutige »Schauseite« in Form des Hauptvestibüls zubilligte. Das »Vestibule d'honneur« war dementsprechend gestaltet.

67 Baustile verschiedener Länder

Im Innenhof des Industriepalastes präsentierten sich in einer Fassadenreihe Baustile und -formen aus allen teilnehmenden Staaten. Unser Bild zeigt Gebäude aus England, Luxemburg, Marokko, San Marino und Siam.

Die Stützen des Bauwerks, die Traufpunkte und Bekrönungen waren mit reichem ornamentalem Schmuck und figürlichen Darstellungen versehen. Farbige Keramiken schmückten die Pfeiler und ebenso die Ausfachungen. Die Eisenteile wurden teilweise farbig gestaltet und entsprachen dem Schmuck- und Repräsentationsbedürfnis ihrer Zeit.

Der Konstrukteur des Hauptvestibüls war Eiffel. Giedion läßt an diesem Gebäudeteil mit seinen »Domes métalliques«, wie er die hervorgehobenen Eckpavillons und den Mitteleingang bezeichnet, nicht viel Gutes. Er bezeichnet dieses Vestibül als »aufgeblähte Wellblecharchitektur« und sagte hierzu: »Wenn man den dekorativen Schleim bei diesen Bauten wegkratzt und sich gewöhnt, sie unbefangen und eindringlich nach ihrem wahren Wesen zu befragen, so sieht man, daß ihr Körper bereits wesentliche Elemente des Bauens enthält, das man heute (1928! d. V.) als neu bezeichnet.« (9) Geradezu begeistert äußert er sich über das von Eiffel angebrachte Vordach, das sich entlang der gesamten Hauptfassade zog.

Derartige Vordächer, von ganz gleichen Konstruktionsprinzipien, finden wir von nun ab bis in unsere Zeit als Schaufenster- und Ladenstraßenüberdachung, Überdachungen von Laderampen, Fußgängerschutzdächer u. ä. Diese »kleinen Überdachungen« hatten ihre Vorläufer in den Kolonnaden, ganz so, wie wir sie im Trocadero-Palast noch im großen Stil vorfanden. Zur selben Zeit erbaut, klaffen Welten zwischen den gedanklichen Umsetzungen ein- und derselben Bauaufgabe. Hier die Idee von einem Ingenieur und Konstrukteur entwickelt, herausgefunden aus den Materialien Eisen und Glas, dort von den Architekten Davioud und Bourdais gleichsam einem historischen Baukatalog entnommen. Die Konstruktion wird Ausdruck und Gestaltung, bestimmt von ingenieurmäßig denkenden Bauleuten und nicht von Architekten.

An den Längsseiten, die von den beiden Maschinengalerien flankiert wurden, werden wir den konstruktiven Ausdrucks- und Gestaltungswillen noch weit einleuchtender und klarer verfolgen können. Die »Galeries des Machines«, die sich zwischen den nördlichen und südlichen Eckpavillons befanden, waren konstruktiv der Kernpunkt des Industriepalastes. Ihr Konstrukteur war de Dion, der in Frankreich als der eigentliche Erfinder von Trägern großer Spannweiten galt. Die Spannweite seiner Maschinengalerie betrug 35 Meter, die Höhe 25 Meter. Das Neuartige war, daß de Dion ohne zusätzliche Konstruktionsglieder wie Zugbänder, Widerlager u. ä., die den seitlichen Schub aufnahmen, auskam. Größere Spannweiten, aber unter Zuhilfenahme derartiger Bauteile, wurden zum Beispiel in England bereits im Jahr 1854 beim New-Street-Bahnhof zu Birmingham mit 64,60 Metern und im Jahr 1868 beim St.-Pancras-Bahnhof zu London mit 73,14 Metern in die Tat umgesetzt. In der Pariser Maschinenhalle zeichnete sich eine Tendenz ab, die zur Weltausstellung 1889 konsequent und logisch im Dreigelenkbogen von Duterts und Contamins Maschinenhalle enden wird. De Dions Konstruktion glich einem umgekehrten Schiffsbauch; damit war das Prinzip des Tonnengewölbes aufgegeben. Der Fachwerkträger wurde nicht mehr als eine starre durchgehende Konstruktion, sondern differenziert in seinen einzelnen Teilen behandelt. Die Tatsache, daß ein jeder Körper sich mit der Temperatur ausdehnt bzw. zusammenzieht, ja, förmlich mit den Temperaturschwankungen »lebt«, ist gerade beim Eisenskelett von eminenter Wichtigkeit. Ein Skelettbau läßt sich nicht wie ein Steinbau – daher auch der Begriff »Massivbau«, aus einem geschaffen – fest aneinanderketten und verbinden. Dies wußte man damals noch nicht mit Bestimmtheit, es wurde eher erspürt und erahnt. De Dion begann, dies bereits bis zu einem gewissen Grade zu berücksichtigen, indem er alle 60 Meter in Firsthöhe, beim Zusammenstoß beider Träger, ein System aus ovalen Löchern und Bolzen vorsah, um den Temperaturschwankungen Rechnung zu tragen. Die schmiedeeisernen Bogen-Fachwerkträger, die in einer Höhe von 7,50 Metern begannen, setzten sich auf im Fundament eingespannten Eisenstützen von rechteckigem Querschnitt ab. Durch stufenförmig angeordnete Gitterpfetten wurden die Fachwerkträger einerseits miteinander verbunden, und andererseits trugen die Pfetten die Wellblecheindeckung. Das Licht fiel seitlich über eine Höhe von 8,50 Metern ein.

Zusammenfassend können wir über den »Reifegrad« der Konstruktion sagen, daß wohl zum ersten Mal aus der überwölbten Dachkonstruktion alle auftretenden Kräfte ohne zusätzliche Hilfskonstruktion direkt in das Fundament abgeleitet wurden. Zum anderen bewirkte die seitliche Verglasung in Verbindung mit dem Eisen eine weitestgehende Entmaterialisierung, wie es der Verbindung Glas und Eisen ihrer Natur nach entsprach. Sowohl konstruktiv als auch ästhetisch befand man sich in einer Phase des Umbruchs. Die angebotenen Lösungen waren notwendige Schritte auf dem Weg zu einer Ingenieurästhetik, geboren aus der zwingenden Notwendigkeit, den innewohnenden Kräften des Materials die idealen Konstruktionsprinzipien abzulauschen.

Abschließend wollen wir hören, wie Giedion sich zu dieser Halle äußerte: »... mit dem Ansteigen der Fachwerke entstand eine neue, gestraffte Elastizität. Man begann zu erkennen, daß das Eisenskelett auch seinem Ausdruck nach etwas Neues darstellte und nach einem schwebenden Kräfteausgleich verlangte.« (10)

PARIS 1878

68 Blick vom Eiffelturm über den Pont d'Iéna zum Trocadero-Palast

PARIS 1878

69 Industriepalast

Eines der ältesten photographischen Zeugnisse vom Industriepalast.

70 Die amerikanische Freiheitsstatue, zu der Eiffel
das konstruktive Gerüst berechnete und konstruierte,
wurde der Öffentlichkeit im Ausstellungspark erstmalig vorgestellt.
71 Michael Thonet, der mit seinen geschwungenen Sitzmöbeln,
Tischen u. a. bereits 1851 Weltruf erlangt hatte, fand viele Kopisten.
1878 wurde sogar ein Gartenpavillon
aus gebogenem Holz entwickelt.

PARIS 1878

70/71 Aus dem Ausstellungsgeschehen

PARIS 1878

72 Mittlerer Teil und Haupteingang des Industriepalastes

Die Gesamtplanung des Industriepalastes unterlag dem Architekten Hardy.
Er hatte bewährte Mitarbeiter, so unter anderem
Gustave Eiffel (der das auf unserem Bild sehr deutlich erkennbare Vordach schuf), zur Seite.
Die kompromißlose, funktionelle Klarheit wirkt nach wie vor überzeugend.

DIE AUSSTELLUNGEN ZWISCHEN 1878 UND 1889

73 Sydney 1879/80. Ausstellungspalast

Dem Gartenpalast, so wurde der Ausstellungspalast auch genannt,
lag vom Grundriß her ein Kreuz von gleichlangen Seitenarmen zugrunde.
Im Kreuzungspunkt der Arme erhob sich eine mächtige Kuppel
mit einer Höhe von 64 Meter und einem Durchmesser von 30,70 Metern.
Die Endpunkte der Seitenarme wurden durch turmähnliche Bauten betont.

DIE AUSSTELLUNGEN ZWISCHEN 1878 UND 1889

74 Sydney 1879/80. Die deutsche Ausstellung

Blick in den deutschen Ausstellungsabschnitt.
Die sichtbare hölzerne Dachkonstruktion entsprach den herkömmlichen
Zimmermannskonstruktionen.

DIE AUSSTELLUNGEN ZWISCHEN 1878 UND 1889

75 Melbourne 1880/81. Ausstellungsgebäude

Perspektivische Ansicht des Hauptgebäudes.
An Größe und Monumentalität stand es europäischen
und amerikanischen Bauten nicht nach.

DIE AUSSTELLUNGEN ZWISCHEN 1878 UND 1889

76 Melbourne 1880/81. Aus dem Ausstellungsgeschehen

Blick in die Abteilung der Königlich-Sächsischen Porzellanmanufaktur zu Meißen

DIE AUSSTELLUNGEN ZWISCHEN 1878 UND 1889
Sydney 1879/80, Melbourne 1880/81, Antwerpen 1885, Melbourne 1888/89

In der Dekade zwischen den großen Pariser Weltausstellungen kam es zu einer Vielzahl von Ausstellungen, ja man kann davon sprechen, daß sie sich hastig aneinanderreihen. Es war »modern« geworden, Weltausstellungen abzuhalten, ganz gleich, wie zahlreich die Beteiligung war und welchen Nutzen sie letztendlich brachten. Das unumschränkte Bedürfnis nach Repräsentation, die Befriedigung eines gewissen Nationalismus, ein erquicklicher Höhepunkt im täglichen Volks- und Staatseinerlei mögen nicht unerheblich für ihre Durchführung gewirkt haben. Aus der im Anhang ersichtlichen Zeittafel wird deutlich, in welch engen Zeiträumen Weltausstellungen abgehalten wurden.

Blitzlichtartig sollen nur einige beleuchtet werden, mehr, sie erwähnt zu haben, als daß sie Besonderes zu bieten gehabt hätten. Wahrhaft entscheidend für die Entwicklung der Architektur blieben die großen Ausstellungen von Paris bis zum Jahr 1900. Paris sollte der zentrale Punkt bleiben, seine Ausstellungen waren ohne Beispiel und Konkurrenz.

Welcher Art die Weltausstellungseuphorie war, zeigt das Jahr 1888 sehr deutlich. Barcelona, Melbourne und Brüssel veranstalteten in einem Jahr gleichzeitig Ausstellungen. Man ist fast geneigt, von einer Panik zu sprechen oder vielleicht besser einer Epidemie, die diese Länder ereilte, ein Jahr vor der wohl bedeutendsten Pariser Weltausstellung im Jahr 1889.

Sydney 1879/80
International Exhibition Sydney

Anhand der Weltausstellung von Sydney wird klar, inwieweit das oben Erwähnte der Grundlage nicht entbehrt. Die Kommissare der englischen Kolonie Victoria in Australien, die ihr Land in Paris 1878 vertreten hatten, erbaten beim Parlament die Durchführung einer Weltausstellung. Das rasche Wachstum, der Reichtum und Wohlstand dieser Kolonie rechtfertige dies. Zum einen erwüchsen der eigenen, zum anderen den Nachbarkolonien erhebliche Vorteile durch den weltweiten Vergleich, das Interesse der eigenen Bevölkerung und vermehrten Fremdenzuzug und Verkehr. Als Ausstellungsort wurde Melbourne vorgeschlagen. Dieses Vorgehen der Kolonie Victoria rief die Eifersucht der Vertreter der älteren und größten Mutterkolonie, Neusüdwales, hervor, die sich augenblicklich mit einem derartigen Eifer auf die Vorbereitung einer Ausstellung stürzten, daß die Tochterkolonie gezwungen wurde, ihre geplante in Melbourne auf Ende 1880/81 festzulegen und Sydney den Vortritt zu lassen. Die Weltausstellung in Sydney fand vom Oktober 1879 bis zum März 1880 statt. Die terminliche Verschiebung im Vergleich zu den europäischen oder, besser, auf der nördlichen Halbkugel stattfindenden Ausstellungen hat den anderen jahreszeitlichen Rhythmus auf der Südhalbkugel zur Ursache.

Das Ziel beider Ausstellungen, sowohl der von Sydney als auch der von Melbourne, war nach den Worten des Ausstellungsdirektors der deutschen Abteilung, Professor Reuleaux, folgendes: »Der Verkehr Australiens war ungleich geringer, der Weg der weiteste, der Handel noch ganz in der Kindheit. Von einer einheimischen Industrie konnte kaum die Rede sein, geschweige, daß sie der europäischen und amerikanischen gewachsen wäre. Aber gerade das gab den Ausschlag. Die Weltausstellungen sollten die Aufmerksamkeit der Kulturwelt auf Australien lenken, denn man wollte neue Verbindungen anknüpfen, den Verkehr und Handel beleben, dem Lande neue Kräfte an Geld und Menschen zuführen, seine Leistungsfähigkeit vermehren. Es war mithin von vornherein mit vollem Bewußtsein das erzieherische Element der Weltausstellungen in den Vordergrund gestellt, es war der Nutzen betont worden, welchen die Kolonien für ihre eigene Entwicklung ziehen konnten...« (31)

Der Ausstellungsplatz in Sydney war gut gewählt worden. In der Nähe des Hafens lag er in einer reizvollen, leicht hügeligen Landschaft mit Parkcharakter. Auf leichter Anhöhe stand das Ausstellungsgebäude, dessen Grundriß von einem Hauptschiff und einem Querschiff gebildet wurde, gleich einem Kreuz mit zwei langen und zwei kürzeren Armen. Am Vierungspunkt, dort, wo sich die Gebäudeteile durchdrangen, erhob sich eine Kuppel mit dem

DIE AUSSTELLUNGEN ZWISCHEN 1878 UND 1889

77 Weltausstellungsgebäude zu Melbourne
Der Grundriß zeigt den Baukörper während der Ausstellung. Die überdachte Fläche betrug mehr als 84 000 Quadratmeter.
Die den Innenhof überdeckende Holzkonstruktion wurde nach der Ausstellung wieder abgetragen.

Durchmesser von 30,70 Metern und einer Höhe von 64 Metern. An den Endpunkten der Hallenschiffe befanden sich Türme von quadratischem Grundriß; sie gaben dem Gebäude ihren räumlichen Halt. Der Baukörper selbst war ganz aus Holz errichtet. Nach Beendigung der Ausstellung sollte er für ethnographische, mineralogische und technologische Sammlungen und für eine bleibende Kunstausstellung, die im Entstehen begriffen war, genutzt werden.

Aber schon kurze Zeit später wurde dieser Bau ein Raub der Flammen und mit ihm verbrannte ein Großteil der im Aufbau begriffenen Sammlungen.

Nachdem Sydney Melbourne den Rang abgelaufen hatte, wollte die Stadt Melbourne mit ihrer Kolonie Victoria erst recht nicht auf ihre Weltausstellung verzichten.

Das ungünstige Gelände, baumlos und eben,

Melbourne 1880/81
International Exhibition

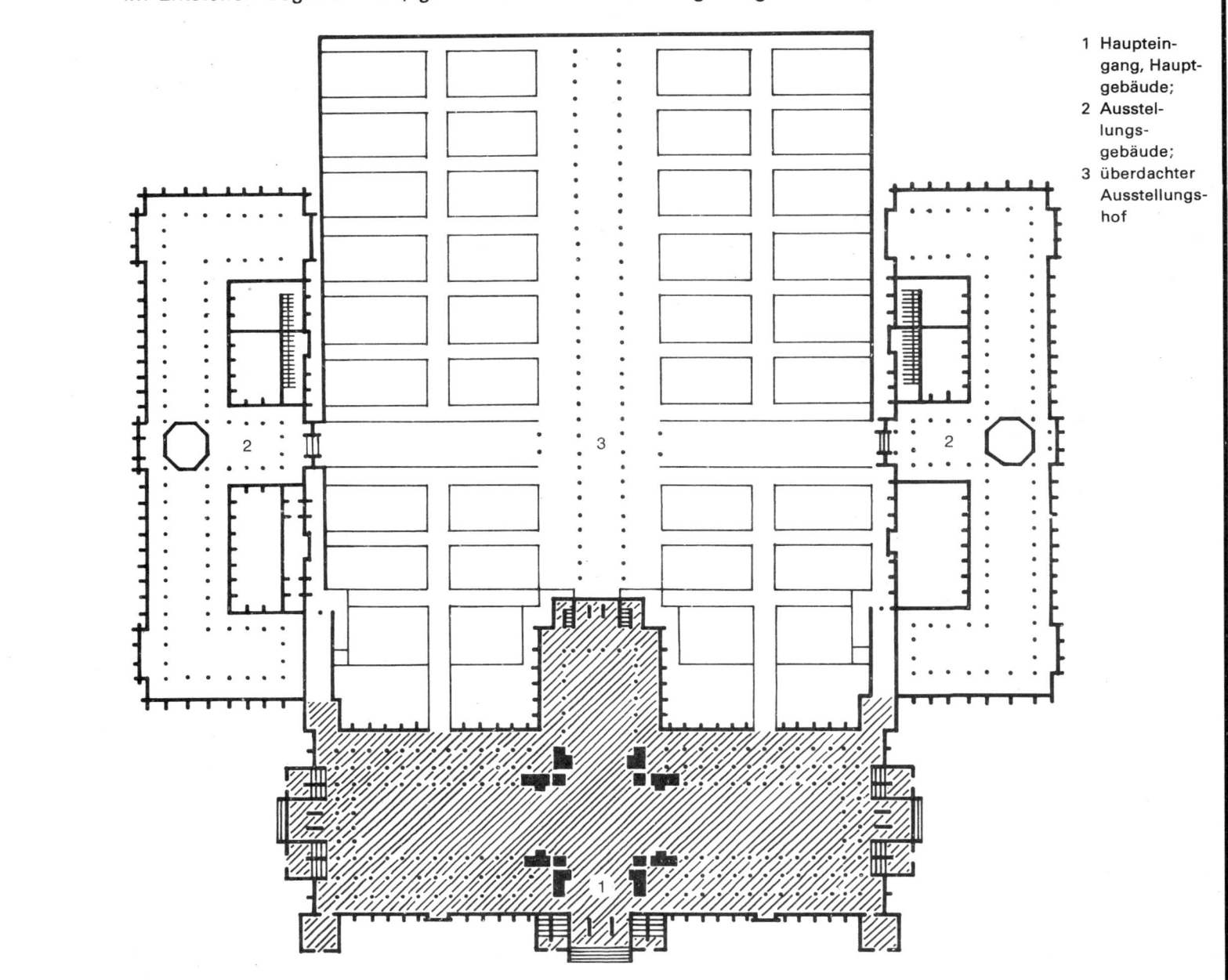

1 Haupteingang, Hauptgebäude;
2 Ausstellungsgebäude;
3 überdachter Ausstellungshof

war von allen vier Seiten durch Straßen begrenzt. Die Fläche des ganz in Stein ausgeführten Gebäudes betrug 84 298 Quadratmeter, eine spätere Nutzung durch die Stadt für Museums- und Ausstellungszwecke war vorgesehen. Die Grundrißform bestimmten 3 Bauten, die sich zu einem großen U-förmigen Ensemble gruppierten. Den riesigen Innenhof schloß man durch Holzkonstruktionen, die nach der Ausstellung wieder beseitigt wurden. 37 ausstellende Nationen mit 12 791 Ausstellern und 31 831 Exponaten nahmen an der zweiten australischen Weltausstellung teil. Auch bei dieser Ausstellung stand wieder im Vordergrund, die Möglichkeit der Bekanntschaft mit den ostasiatischen und südseeischen Naturprodukten und -vorkommen; ihr Bekanntwerden in Europa, ihre Nutzbarmachung für die Industrie und die Verbraucher waren für dieses Land eine Lebensnotwendigkeit.

Auf Grund des großen Zuspruchs wurde diese Ausstellung um einen Monat verlängert, 2,2 Millionen Besucher sahen die Exposition. Wenn wir uns die Einwohnerzahl dieses Kontinents von damals, nur knapp 2 Millionen Menschen, ins Gedächtnis rufen, so bezeichnete die Ausstellung von Melbourne einen wahrhaftigen Erfolg für jene kaum 100jährige Kolonie Englands.

Antwerpen 1885
Exposition Universelle d'Anvers

Kurz erwähnt sei auch die Weltausstellung von Antwerpen, die geschickterweise mit der Hafeneinweihung gekoppelt wurde. Das Ausstellungsgelände lag dementsprechend unmittelbar an dem neuen Hafenbecken am Quai Flamand und war verkehrstechnisch sehr gut erschlossen. Die Größe des Geländes betrug 22 Hektar und die der überbauten Fläche 10 Hektar. Ein zusammenhängender, architektonisch nicht gegliederter Baukörper, der in keiner Weise dem Bedürfnis nach Repräsentation nachkam, beherbergte die Ausstellungshallen: ein Komplex einfachster Nutzbauten, der konstruktiv in Eisen und Glas ausgeführt wurde. Die Eingangsdominante bildeten 2 Türme von 65 Metern Höhe aus Holz und Gips, Monumentalarchitektur in Stein vortäuschend. Die Pläne, die von dem Architekten Bordiau stammten, wurden ziemlich stark kritisiert, vor allem, weil ein Entrée, ein durchgebildeter Eingangsraum, im Bereich des Haupteinganges fehlte. Ferner mangelte es dieser Ausstellung an Übersichtlichkeit, weil sie nur nach Nationalitäten und nicht nach Gruppen geordnet war. Die Leistungen der Völker auf einem Gebiet zu vergleichen, war daher fast unmöglich, erschwert durch das Fehlen von Hauptachsen. Trotz alledem sprach man von einem finanziellen Gewinn der 14 472 Aussteller.

Abschließend in dieser Reihe sei eine weitere australische Weltausstellung genannt, die zweite, die Melbourne ausrichtete. Die einhundertjährige Wiederkehr der »ersten dauernden Niederlassung«, die Gründung als britische Kolonie durch den englischen Kapitän Arthur Philipp, der 1788 mit 900 Personen an der australischen Küste landete, war der äußere Anlaß, erneut eine Weltausstellung durchzuführen.

Melbourne 1888/89
Centennial International Exhibition

Der Ausstellungsplatz blieb der gleiche von 1880/81. Das auf ihm stehende massive Gebäude wurde zum zweiten Male als Ausstellungspalast genutzt. In seiner Gartenansicht beließ man es unverändert (Haupteingang). Rückwärtig wurde es annähernd auf die Größe des Pariser Weltausstellungsgebäudes von 1867, auf etwa 150 000 Quadratmeter, erweitert. Diese Anbauten wurden einschließlich ihrer Dachkonstruktion in Holz ausgeführt und boten weder etwas Neues noch sonst Bemerkenswertes.

PARIS 1889

Exposition Universelle

Die Pariser Weltausstellung von 1889 stand im Zeichen der Jahrhundertfeier der Erstürmung der Bastille am 14. Juli 1789. Kein geringerer Anlaß als das Gedenken an die französische bürgerliche Revolution, die »Freiheit, Gleichheit, Brüderlichkeit« auf ihre Fahnen geschrieben hatte, sollte die Welt zu einem friedlichen Wettstreit einen. War es doch die Große Französische Revolution, die den historischen Prozeß der Ablösung des Feudalismus und seiner Produktionsweise durch den Kapitalismus besiegelte. »Im Ergebnis der bürgerlichen Revolution entstand der bürgerliche Staat als Machtinstrument in den Händen der Bourgeoisie zur Sicherung der kapitalistischen Produktionsverhältnisse. Frei von den ökonomischen, politischen und geistigen Fesseln des Feudalismus setzte eine gewaltige Entwicklung in allen Bereichen des gesellschaftlichen Lebens ein. Das zeigte sich vor allem in der Entwicklung der Produktivkräfte.« (29) »Die Bourgeoisie hat in ihrer kaum hundertjährigen Klassenherrschaft massenhaftere und kolossalere Produktivkräfte geschaffen, als alle vergangenen Generationen zusammen. Unterjochung der Naturkräfte, Maschinerie, Anwendung der Chemie auf Industrie und Ackerbau, Dampfschiffahrt, Eisenbahnen, elektrische Telegrafen, Urbarmachung ganzer Weltteile, Schiffbarmachung der Flüsse, ganze aus dem Boden hervorgestampfte Bevölkerungen – welch früheres Jahrhundert ahnte, daß solche Produktivkräfte im Schoß der gesellschaftlichen Arbeit schlummerten.« (22) Kapital und Industrie, die diesen Entwicklungsprozeß hervorriefen, fanden – gestützt auf die Ausbeutung des Proletariats, ungleiche Entlohnung der Frauenarbeit, Kinderarbeit usw. – in den nationalen Ausstellungen ein geeignetes Mittel, das zur raschen Steigerung der Arbeitsproduktivität führte. Der sich im letzten Drittel des 19. Jahrhunderts herausbildende Monopolkapitalismus bzw. Imperialismus, der zur Konzentration von Produktion und Kapital führte, sah in den Weltausstellungen eine Möglichkeit seiner Machtkonzentration. Als Kulminationspunkt des Leistungsvermögens eines jeweiligen Landes waren die Veranstaltungen geeignet, weltweite Informationen zu erlangen und Fragen des Absatzes zu klären.

Mit der Ausstellung im Jahre 1889 sollte sich bereits eine Wende hinsichtlich des kommerziellen Anliegens abzeichnen. Wie oft in entwicklungsgeschichtlichen Abläufen zu beobachten, so zeigte sich auch hier, im absoluten Höhepunkt weltausstellungstechnischen Könnens, eine regressive Entwicklung an. Die Begriffe »liberté – égalité – fraternité«, auf den Weltausstellungsgedanken bezogen, appellieren moralisch an den weltverbindenden Gedanken des friedlichen und brüderlichen Nebeneinander im Sinne eines frühbürgerlichen Ideals. Doch diese übertragene Maxime hatte auf Grund der herrschenden Produktionsverhältnisse keine reale Basis mehr. Die moderne Industrie hatte sich ein neues Wirkungsfeld des Absatzes und Leistungsvergleichs geschaffen: die Fachmessen und -ausstellungen, so waren die Weltausstellungen im Prinzip bereits überlebt, dennoch sollte sich gerade diese »Grand Exposition« noch einmal zu einer Höhe aufschwingen, die baulich und in der Art ihrer Durchführung ohne Beispiel blieb.

Politisch und finanziell hatte sich Frankreich nach den Jahren 1870/71 so weit erholt und gefestigt, daß es in der Weltpolitik wieder einen erheblichen Einfluß ausübte. Seine Kolonien und Besitzungen trugen in immer stärkerem Maße dazu bei, Frankreich in die Rolle einer Weltmacht neben England einzureihen. Seine Rehabilitation seit dem deutsch-französischen Krieg wurde immer eindringlicher und stärker sichtbar. Das übrige Europa fühlte sich in seiner Gesamtheit unsicher und bedroht, bekundete dies durch seine Nichtbeteiligung an der Schaustellung. Nur die Schweiz wurde als offiziell teilnehmender Staat registriert. (42) Der weltbefriedende Gedanke war abgegriffen und im höchsten Maße ruinös geworden; Weltausstellungen hatten sich als nicht geeignet erwiesen, die Welt zu verbinden.

Die Ausstellung

Am 6. Mai 1889 eröffnete der damalige Präsident Carnot Frankreichs IV. Weltausstellung. 38 000 Aussteller beteiligten sich, davon ka-

78 Ausstellungsgelände. Lageplan der Bauten auf dem Marsfeld einschließlich dem Trocaderoteil. Außer dieser Fläche hatte man für die französischen Kolonien noch die Invaliden-Esplanade hinzugefügt, somit belief sich die Gesamtfläche auf 70 Hektar.

1 Trocadero-Palast;
2 Pont d'Iéna;
3 Eiffelturm;
4 Palast der »Schönen Künste«;
5 Palast der »Freien Künste«;
6 Haupteingangshalle;
7 Große Galerie;
8 Maschinenhalle

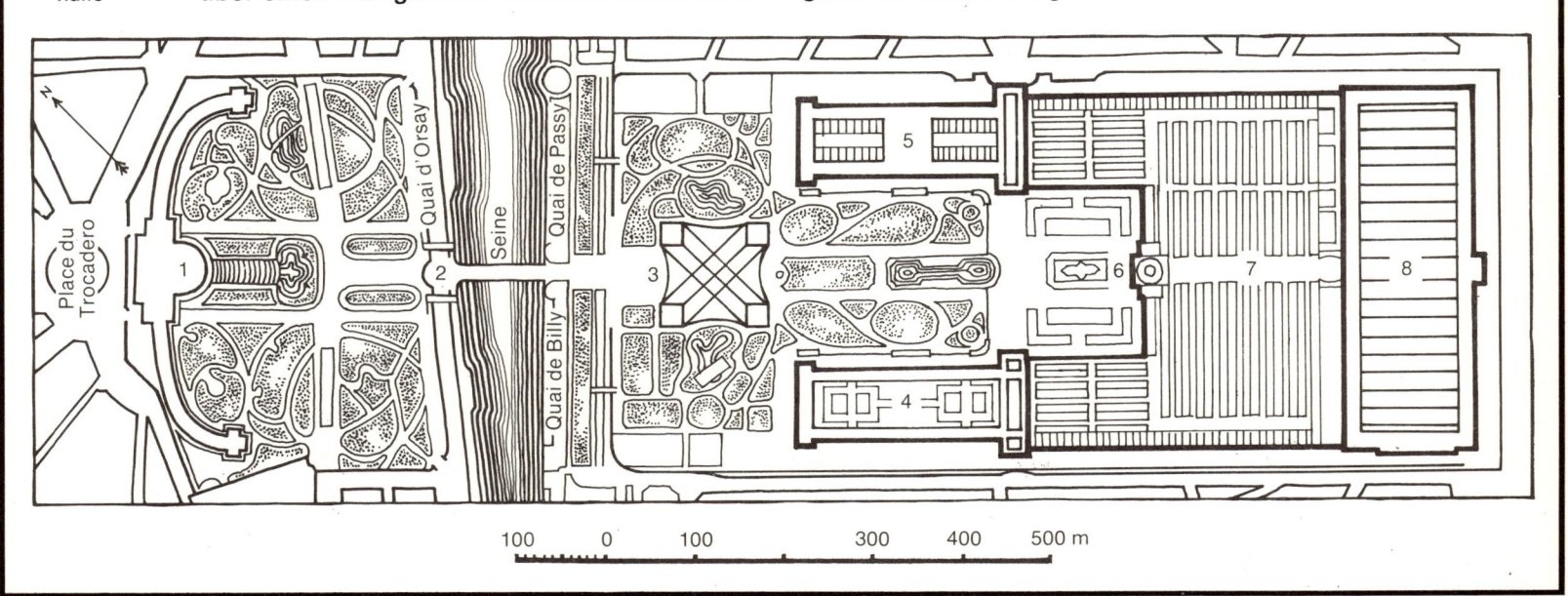

men nur 7 000 aus dem Ausland, zumeist privat.

Die Gesamtkosten der Weltausstellung beliefen sich auf 43 Millionen Francs. Die Einnahmen und der Erlös aus dem zum Abriß bestimmten Gebäude waren bei dieser Summe schon abgerechnet. Da ja die Ausstellung im Zeichen der einhundertjährigen Wiederkehr der französischen Revolution stand, hatte man die Bastille einschließlich des umgebenden Platzes und der Rue Saint-Antoine im Stil des Jahres 1789 rekonstruiert. Um das Bild zu vervollständigen, waren dort Leute angesiedelt worden, die die Aufgabe hatten, in historischen Kostümen das Straßenbild zu beleben, und die Häuser hatten Einrichtungen jener Zeit erhalten.

Noch eine historische Schaustellung bereicherte das Ausstellungsprogramm. Der Mitinitiator der Protestschrift gegen den Eiffelturm, Garnier, hatte die Idee, einen Überblick über den allmählichen Fortgang in der Entwicklung der Architektur zu geben. Er stellte dieses Ansinnen unter das Thema: Geschichte der Wohnung aller Zeiten und Völker – beginnend bei den einfachen Bauten der Naturvölker und endend bei einem Pariser Wohnhaus des 16. Jahrhunderts. Eine gute Idee, die auch starkes öffentliches Interesse erregte und sich nicht über einen mangelnden Besucherstrom beklagen mußte. Die Invaliden-Esplanade war mit landestypischen Gebäuden aus den französischen Kolonien bebaut. Menschen aus jenen fernen Erdteilen bevölkerten die Szenerie und stellten ihr handwerkliches Können und Geschick zur Schau. Aber auch arabische Reitergefechte, Schlangenschlucker und -beschwörer, Fakire, javanesisches Theater und Lotos-Prozessionen konnten besichtigt werden. Neugierde auf fremdländische Exotik wurde in einer künstlich geschaffenen detailtreuen Umgebung befriedigt.

An technischen Neuigkeiten wären der Edison-Phonograph, ein Wasserschienenfahrzeug, rollende Brücken und der Siegeszug der Elektrik in allen Bereichen der Industrie und des Beleuchtungswesens zu nennen, neben einer Unzahl von Weiterentwicklungen, die für einzelne Zweige durchaus von Bedeutung waren, jedoch nicht das Interesse einer breiten Öffentlichkeit genossen. Im illustrierten Prachtalbum, das im Nachgang zur Weltausstellung veröffentlicht wurde, hieß es zum Edison-Phonographen: »Unter allen Ausstellern in der Maschinenhalle war Edison, der von seinem Etablissement bei New York alle seine Erfindungen hergesandt hatte, der besuchteste. Während alle übrigen Apparate die Aufmerksamkeit der Fachleute in Anspruch nahmen, drehte sich das ganze Interesse des großen Publikums um den

79 Vogelperspektive des Marsfeldes mit dem Eiffelturm,
den Palästen der Freien und Schönen Künste, der Haupteingangshalle und der Maschinenhalle

Phonographen, deren sechs zugleich in Thätigkeit vorgeführt wurden. Jeder Phonograph gestattet wiederum sechs Personen zugleich, sich an den von der Wachswalze producirten Gesangs- oder Musikstücke zu ergötzen, das gar manchmal einem oder andern Zuhörer zu lauten Beifall hinriß, der beste Beweis für die sprechende Ähnlichkeit der Wiedergabe.«

Die Girardsche Gleit- oder Wasserbahn wurde auf der Invaliden-Esplanade vorgeführt und vom Publikum rege in Anspruch genommen. Sie ist seinerzeit von den Fachleuten als die »großartigste Erfindung der Neuzeit« deklariert worden. Um sie aus der Vergessenheit herauszulösen, sei ihr technisches Prinzip kurz erläutert. »Die Wagen, anstatt auf Rädern, ruhen auf Füßen, einfachen Eisenstücken, deren vorspringender Rand die flachen Schienen genau passend umschließt. Die Reibung zwischen diesen Gleitern und den Schienen... wird durch eine Lage Wasser, welche kaum einen Millimeter dick ist, fast ganz gehoben. Das Wasser, welches durch eine spezielle Röhrenleitung durch das Innere der Gleiter mittels Pressung entweicht, hebt die Gleiter und somit den ganzen Waggon respective den ganzen Zug. Dieses Wasser strömt aus einem Reservoir, welches im Waggon selbst angebracht ist und welches eine hinreichende Menge ... enthält; komprimierte Luft bewirkt das Entweichen des Wassers.

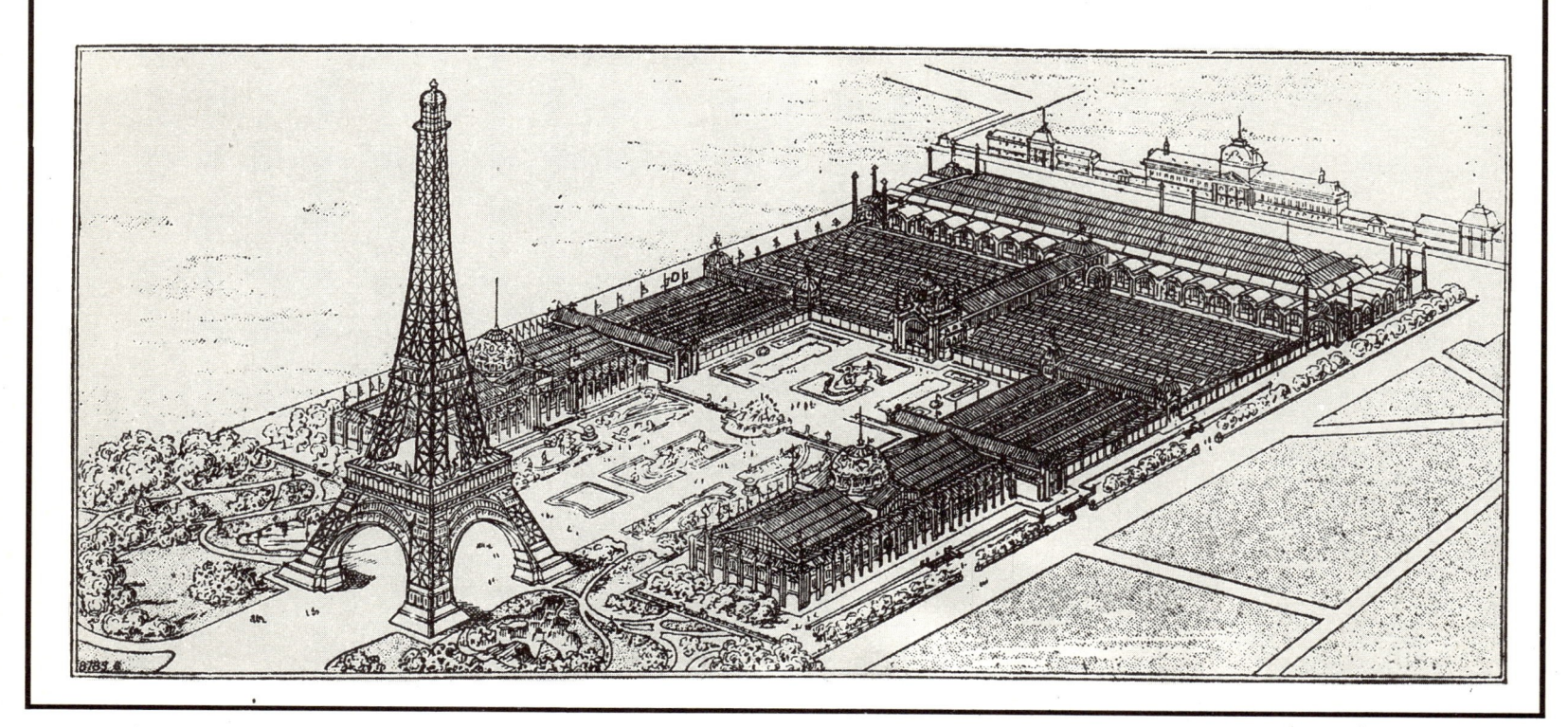

Ist der große Zug gehoben, handelt es sich darum, ihn in Bewegung zu setzen. Die Bewegung wird herbeigeführt und unterhalten durch sogenannte Propeller (Ausströmer), welche auf dem ganzen Schienenwege angebracht sind und welche aus einer besonderen Leitung ihr Wasser erhalten ... Das Wasser dringt aus der seitlichen Öffnung der Propeller und stößt auf Schaufeln, welche unter den Waggons angebracht sind; auch das Wasser dieser Leitung untersteht dem Druck von komprimierter Luft ... Durch speziellen Mechanismus ist der erste Waggon des Zuges im Stande, den Propeller zu öffnen, wie der letzte Waggon denselben mechanisch schließt. Die ganze Gleit- oder Wasserbahn ist nichts anderes als eine Art Schiffahrt mit großer Schnelligkeit auf einem äußerst flachen Wasserbett; weder Dampfkraft noch Elektrizität sind zur Bewegung des Zuges notwendig und das verbrauchte Wasser ist verhältnismäßig gering...« (15)

In der Maschinenhalle hatte man zur besseren Übersicht über die Exponate rollende Brücken – pont roulant électrique – installiert, eine Art Hallenkran, der sich auf Schienen über eine große Breite durch die gesamte Halle bewegte. Von hier oben konnten alle Maschinen auf dem Boden von den Besuchern beobachtet werden. An stark frequentierten Tagen beförderten die mit Hilfe von Elektromotoren betriebenen beiden Brücken bis zu 100 000 Menschen.

Die wohl bedeutendste aller Weltausstellungen schloß ihre Pforten am 31. Oktober 1889. Als Kronzeuge aus dieser Zeit steht unverändert in alter Pracht und Würde die große »Tour Eiffel«.

Ausstellungsgelände und Gliederung

Waren es zur Weltausstellung 1878 70 Hektar Ausstellungsfläche, so wurde sie diesmal um weitere 20, als auf 90 Hektar, vergrößert. Der Drang nach immer ausgedehnteren Flächen war ja bereits seit den ersten Ausstellungen deutlich zu verfolgen.

Im Mittelpunkt stand wie gewohnt das Marsfeld – der Champ de Mars –, wo auch die bedeutendsten Bauwerke konzipiert wurden. Auf ihm waren der Eiffelturm, die Paläste der »Schönen und Freien Künste«, die Große Galerie und die Maschinenhalle vereint. Die Maschinenhalle begrenzte das Marsfeld zur Militärschule hin. Ihr vorgelagert war die »Große Galerie« mit der »Haupteingangshalle«. Rechts und links von der »Großen Galerie« bildeten die Hallen der »Schönen Kunst« und der »Freien Kunst« hufeisenförmig einen Innenhof. Vor diesem Innenhof, gleichsam im Mittelpunkt der Ausstellung, erhob sich der Eiffelturm über die Dächer von Paris. Auf dem anderen Ufer der Seine stand der Trocadero-Palast aus dem Jahre 1878 mit seinen wohlgestalteten Freiraumanlagen. Neu hinzu kamen die »Esplanade des Invalides«, die sich zwischen dem Hôtel des Invalides und der Seine, etwa in Höhe des alten Weltausstellungsgebäudes von 1855, erstreckte und der Quai d'Orsay, entlang des Seineufers. Der Quai d'Orsay verband mit einer Vielzahl von Fußgängerbrücken und -wegen die Ausstellungsteile Marsfeld und Invaliden-Esplanade. Die Invaliden-Esplanade war den französischen Kolonien vorbehalten.

Die Maschinenhalle

Bevor wir auf die Maschinenhalle im einzelnen zu sprechen kommen, sei noch einmal auf das Problem großer Spannweiten hingewiesen. »Was... technisch die meisten Schwierigkeiten machte, wie von jeher in der Wölbetechnik, das war die Aufnahme des Horizontalschubs, den man, wie das Kräftespiel im Bogenträger selbst, rechnerisch noch nicht genau erfassen konnte.« (8) Diesem Problem versuchte man auf verschiedene Art und Weise beizukommen, entweder durch starke Widerlager und Seitengalerien, die den entsprechenden Gegendruck ausüben (Pariser Industriepalast 1855), oder Zugbänder. Die letzteren konnten von unterschiedlichster Anordnung sein. Ein Prinzip wurde bereits bei der Pariser Maschinengalerie 1867 beschrieben, ein anderes, das wohl geläufigste, spannte Zugseile in den lichten Innenraum. Beim St.-Pancras-Bahnhof zu London, wo die weitgespannten Bogen bis zum Boden reichten, wurde sogar ein Zugseil unterhalb der Gleise eingezogen, um den Horizontalschub abzufangen.

Die nachfolgende Tabelle gibt einen ungefähren Überblick über Hallen großer Spannweiten, die jedoch, bis auf die Maschinengalerie* von 1878 von de Dion, nicht ohne zusätzliche Konstruktionsglieder auskamen.

New-Street-Bahnhof zu Birmingham	1854	64,00 Meter
Palais de l'Industrie	1855	48,00 Meter
Crystal-Palace zu Sydenham – London	1862	31,70 Meter
Charing-Cross-Bahnhof zu London	1863	50,60 Meter
Cannon-Street-Bahnhof zu London	1865	58,02 Meter
Maschinengalerie zu Paris	1867	35,00 Meter
St.-Pancras-Bahnhof zu London	1868	73,15 Meter
St.-Enoch-Bahnhof zu Glasgow	1877	60,35 Meter
*Maschinengalerie zu Paris	1878	35,00 Meter
Centralbahnhof zu Glasgow	1879	65,07 Meter
Bahnhof Alexanderplatz zu Berlin	1883	37,50 Meter
Schlesischer Bahhof zu Berlin	1884	54,34 Meter
Hauptbahnhof zu Frankfurt am Main	1888	56,00 Meter
Maschinenhalle zu Paris	1889	110,60 Meter

80 Maschinenhalle
Die Zeichnung gibt einen Eindruck von dem technologischen Prozeß des Aufrichtens des Dreigelenkbogens der Maschinenhalle.
Die aus vier Teilen bestehenden Binder wurden an Ort und Stelle montiert und aufgerichtet.

Interessant hierbei ist, daß unter Zunahme der Spannweite nicht die bisher bekannten Konstruktionsprinzipien in ihrer Dimensionierung stetig zunehmen und den Gesetzen allgemeiner Algebra folgen, sondern, daß beim Erreichen eines bestimmten Punktes die Quantität in eine höhere Qualität umschlägt. Nicht eine zunehmende Verkomplizierung kennzeichnet den geistig tätigen Menschen, sondern sein Denken führt ihn zu neuen und einfachen, oftmals genialen Lösungen. Hier heißt diese geniale Lösung: Dreigelenkbogen. Inwieweit diese Schöpfung eine Eigenleistung bzw. Parallelentwicklung französischen Ingenieurgeistes zu der des deutschen Fachkollegen Schwedler ist, sei dahingestellt. Konrad Gatz schreibt hierzu: »Die Leistung Contamins besteht darin, daß er ihre technischen und formalen Möglichkeiten ausgeschöpft hat.« (8)

Die Maschinenhalle ist das Produkt des Architekten Dutert und des Ingenieurs Contamin. Sie nahm die gesamte Breite des Marsfeldes ein und bildete den Abschluß zur École militaire. Ihre Spannweite betrug 110,60 Meter, die Gesamtlänge der Halle maß 423 Meter und der Scheitelpunkt, die Höhe der Halle, lag bei 45 Metern. Zwanzig Binder bildeten das Grundskelett. Die Idee und die gewaltigen Abmessungen bildeten »den Höhepunkt aller Bemühungen im Eisenbau des 19. Jahrhunderts«. (16)

Der Binder – ein Dreigelenkbogen – war ein zweiteiliger Gitterträger mit einem Querschnitt von 3,50 × 0,75 Metern. Die beiden Fußpunkte wurden gelenkig gelagert. Der Firstpunkt, der mit einem Bolzen verbunden war, nahm die Bewegungen durch Temperaturschwankungen auf. Sämtliche Horizontalkräfte wurden direkt in die Fundamente abgeleitet bzw. aufgenommen. Jeder Fußpunkt des Binders übertrug eine seknrechte Last von 412 Tonnen und einen waagerechten Schub von 115 Tonnen. Untereinander waren die Binder durch Fachwerkträger verbunden, auf denen die Dachkonstruktion aufsetzte. Sparren und Pfetten aus Eisen trugen die Dachhaut, die im Mittelteil mit 2 Meter langen und 5 Millimeter starken Glasscheiben verglast – vier Fünftel des Gesamtdaches – und in den Randbereichen – ein Fünftel – mit Wellblech eingedeckt war. Die Stirnseite der Halle und ihre Seiten waren ebenfalls zwischen schmalgliedrigen Eisenprofilen verglast. Schädlich führt hierzu aus: »Alle an den überlieferten Steinbau geknüpften ästhetischen Vorstellungen sind gleichsam auf den Kopf gestellt. Mit der punktförmigen Auflagerung der

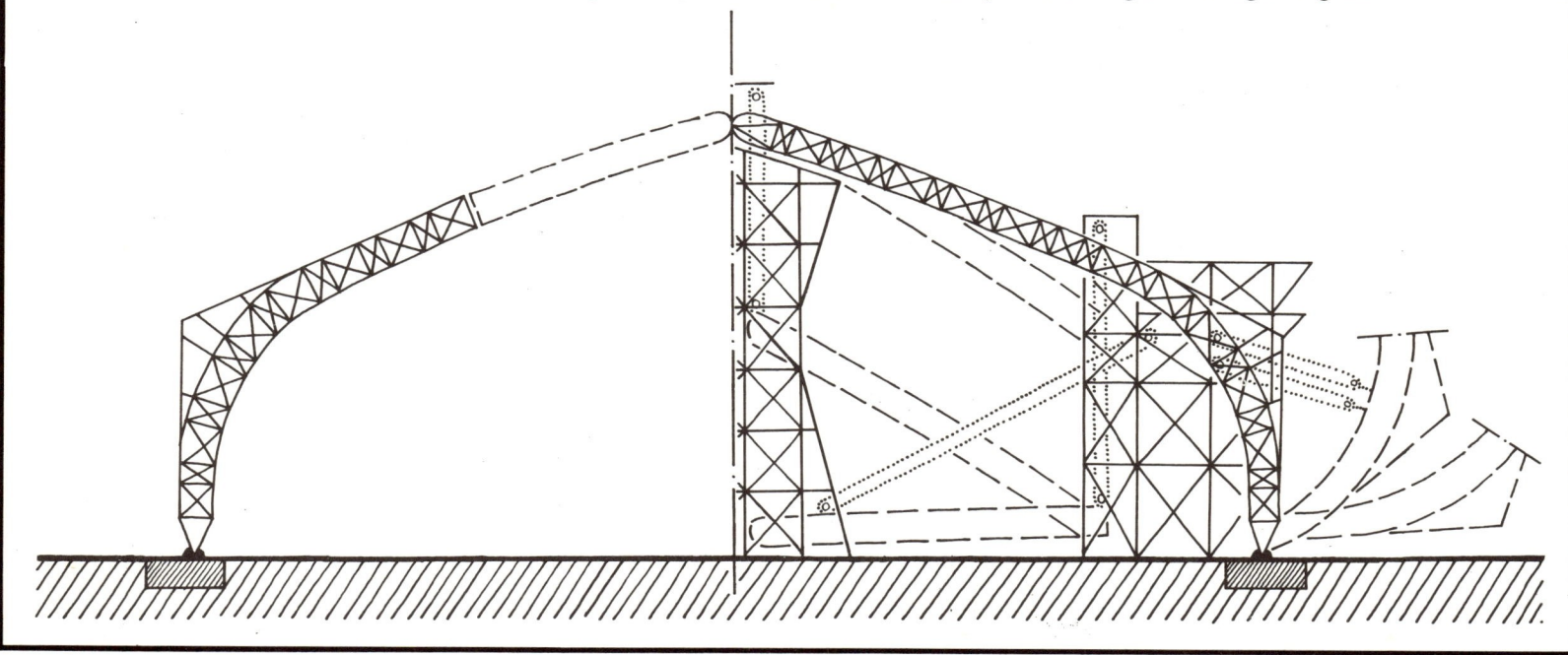

PARIS 1889

81–83 Maschinenhalle

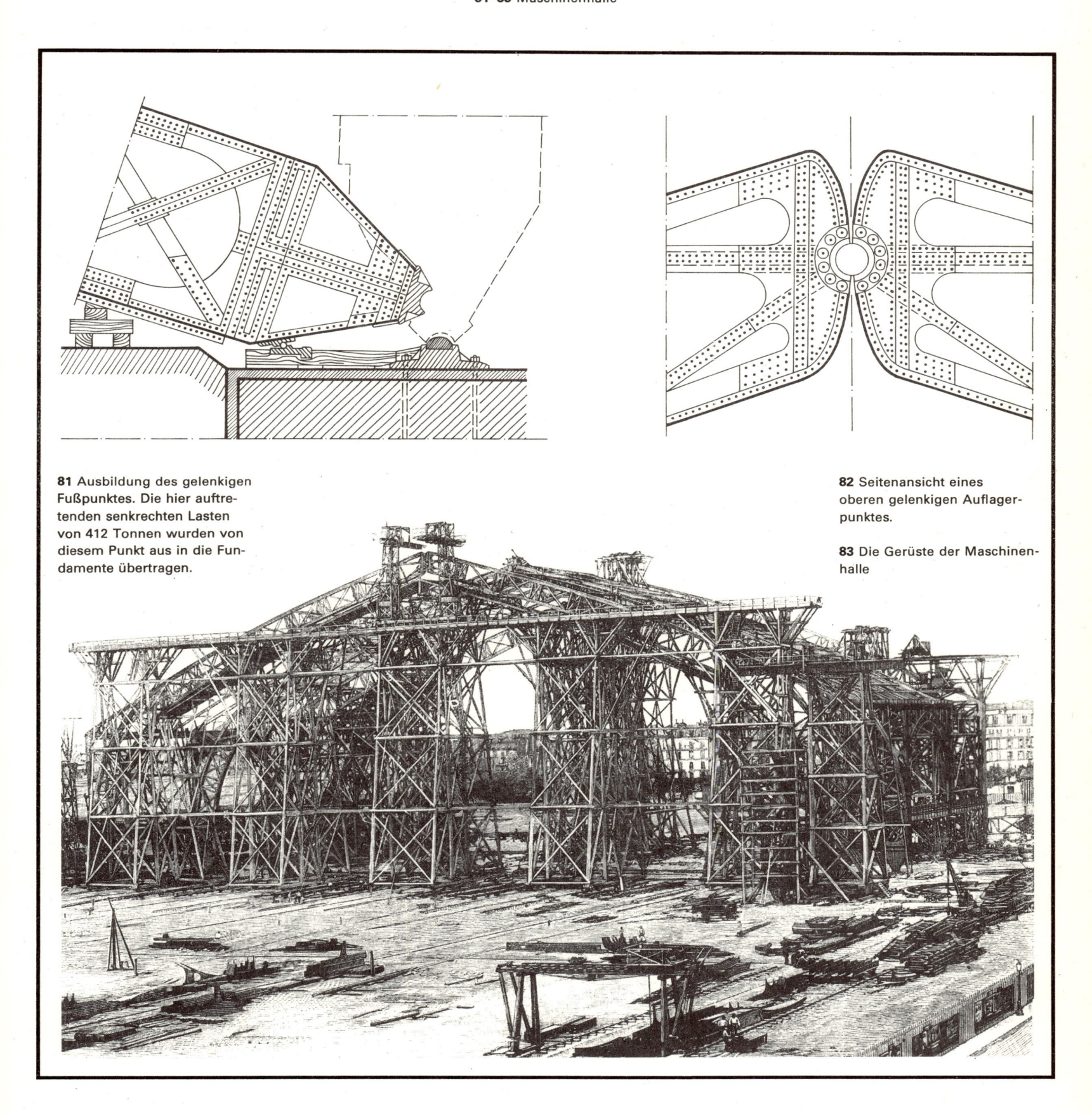

81 Ausbildung des gelenkigen Fußpunktes. Die hier auftretenden senkrechten Lasten von 412 Tonnen wurden von diesem Punkt aus in die Fundamente übertragen.

82 Seitenansicht eines oberen gelenkigen Auflagerpunktes.

83 Die Gerüste der Maschinenhalle

84/85 Maschinenhalle
Außenansicht und perspektivische Innenansicht. Die Zeichnung
der Innenansicht weist im Bereich des Stützfußes noch eine andere Konstruktion aus.

Hier stehen Binder auf Rollenpaaren, statisch ist dies jedoch nicht erforderlich. Bei der weiteren Durcharbeitung kristallisierte sich dann ein gelenkiger Fuß heraus.

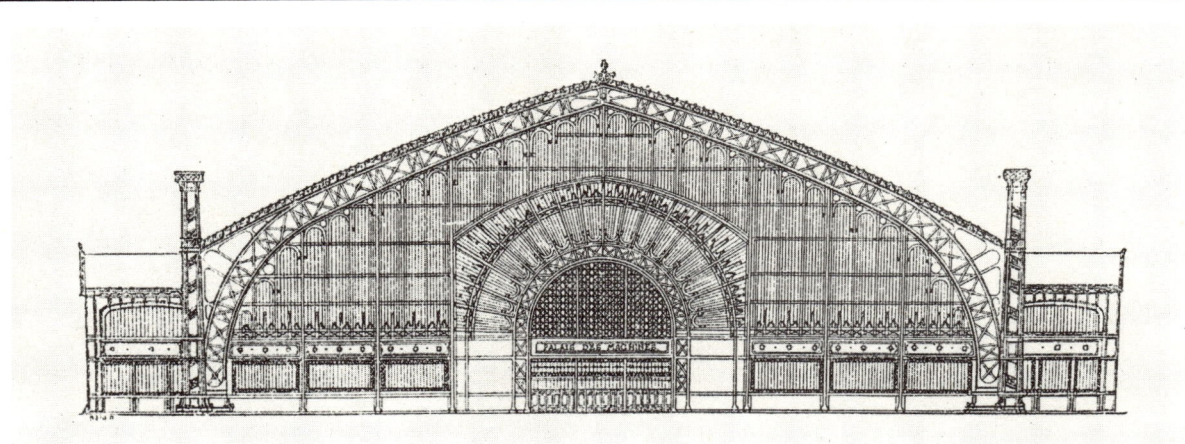

großen Massen, mit dem scheinbar schwebenden Gewölbe und der Transparenz der ganzen Konstruktion sind, ähnlich wie in verwandten Bahnhofshallen, neue ästhetische Wirkungsgesetze postuliert, die begreiflicher Weise nicht alle Betrachter sogleich als legitime Mittel der Architektur akzeptieren. Die Architektur lebt aus den eigenen Gesetzen der vollendet durchgebildeten und sichtbar gelassenen Eisenkonstruktion.« (34)

Die sichtbar gelassene Eisenkonstruktion erfuhr im Gegenlicht noch eine weitere Ausmagerung, die fast zu ihrer optischen Auflösung führte. Ein derart ungewöhnlicher Eindruck dürfte auch auf uns heute noch faszinierend wirken. Das gewohnte statische Gefühl verhält sich genau umgekehrt. Der Steinbau hat seine stärksten Mauern im unteren Bereich und verjüngt diese nach oben, gleich einer Pyramide mit breiter Basis spitzt er sich zu. Oder denken wir an die Steinmassen eines gotischen Domes, dessen Filigranität nach oben hin immer mehr zunimmt und im Turmhelm seinen krönenden Abschluß erhält. Bei dieser Halle ist jene Erdenschwere verschwunden. Gleichsam an dem Punkt, wo die Halle mit ihren Lasten und Kräften auf der Erde aufsetzt, ist ihre Konstruktion von den äußeren Abmessungen her am geringsten gehalten, verbleibt sie fast in einem schwerelosen Zustand. Ihre Binder sitzen gleich Bleistiftminen auf. Im eleganten Bogen spannen sie sich nach oben und halten das ungeheure Spiel der Kräfte im Gleichgewicht. Jegliche Andeutung von Stütze und Last ist verschwunden, »es fehlt die Möglichkeit abzutasten, wo Last und Stütze ineinander übergehen«. (9)

In der Gesamteinschätzung der 46 500 Quadratmeter überdeckenden Halle ist ein weiterer Gesichtspunkt interessant, den Giedion in seinem Buch »Bauen in Frankreich« 1928 veröffentlichte: »Es handelt sich um kein in sich ruhendes Bauwerk. Es könnten mehr Träger, es könnten weniger Träger aneinandergereiht sein, ohne daß damit Entscheidendes geändert wäre, denn der ästhetische Sinn dieser Halle liegt in der spürbaren Verbundenheit und im Durchdrungensein vom Außenraum, in einer neuen Unbegrenztheit und Bewegung.« Am Schluß seiner Betrachtungen heißt es dann: »Das Eisenskelett hat seine Gestaltung gefunden. Die Konstruktion wird Ausdruck.«

Mit dieser Gestaltfindung ist ein Endpunkt im Hallenbau des 19. Jahrhunderts erreicht. Konstruktiv und ästhetisch wurde eine ihm entsprechende, vollendete Form gefunden. Im 20. Jahrhundert soll das Eisen noch einmal eine ihm durchaus gemäße Form im Skelettbau der Wolkenkratzer und in den räumlichen Tragwerken finden. Der Abriß der Maschinenhalle im Jahre 1910 war für die Geschichte der Ingenieurbaukunst ein Verlust, so wie der Abbruch des Kristallpalastes von 1851.

Der Turm von 1 000 Fuß – der Eiffelturm

Man muß die Vorgeschichte kennen, um die Realisierung dieses Turmes würdigen zu können. So wie sich die Menschheit seit ihrem Bestehen mit der Idee des Fliegens auseinandergesetzt hat, beschäftigte sie sich im gleichen Maß mit dem Turmbau. Das Lösen von der Erdenschwere, gleichsam über den »Dingen« zu stehen und die freie Luft in großer Höhe zu atmen, ist von altersher ein Menschentraum. Der Mensch hatte immer wieder versucht, in große Höhen zu bauen. So ist es nicht verwunderlich, daß man gerade im 19. Jahrhundert, das den Sieg über die Materie davonzutragen beginnt, sich mit aller Vehemenz dem »großen Turmbau« zuwendet. Schon der Engländer Trevethick wollte anläßlich der Erinnerung an die Parlamentsreform eine Riesensäule von 1 000 Fuß Höhe errichten. Burton schlug anläßlich des Abbaues und der Wiederverwendung der Teile vom Kristallpalast einen 47geschossigen Turmbau von 1 000 Fuß (304,80 Meter) Höhe vor. Diesen sowohl kühnen als auch abenteuerlichen Vorstellungen fehlten allerdings die technischen und konstruktiven Voraussetzungen, sie auch nur annähernd zu realisieren. Ein weiterer Vorstoß in dieser Richtung wurde zur Weltausstellung in Philadelphia unternommen. Es sollte ein Gedächtnisturm für die Unabhängigkeitserklärung errichtet werden, der Centennial Tower. Pläne hierzu wurden von Clarke, Reeves & Co. erarbeitet. Sie sahen einen Kegelstumpf mit einem unteren Durchmesser von 45 Metern und einem oberen von 12 Metern vor. Das konstruktive Grundgerüst waren schmiedeeiserne Hohlprofile, die einen röhrenförmigen Ständer bildeten. Horizontale Ringe und eine kreuzweise Verspannung in den Zwischenfeldern gaben dem Turm seinen Halt, gleich einem Raumfachwerk. Ein Eisenrohr mit einem Durchmesser von 9 Metern in der Mitte des Turmes sollte die Treppen und Aufzüge aufnehmen.

Auch in Paris beschäftigte man sich im Zuge der Weltausstellung von 1878, die ja als Geburtsstätte »eines großen Umschwungs im Beleuchtungswesen« angesehen wurde, mit einem Beleuchtungsturm, einer zu errichtenden »Sonnensäule«. Sie sollte eine Höhe von 360 Metern erreichen und große Beleuchtungskörper tragen. Ansonsten sollte der Turm als ein ständiges Museum für die Elektrizität eingerichtet werden und auf dem Champ de Mars stehen.

Doch auch diese Pläne wurden wieder verworfen und gerieten in Vergessenheit. Ehrgeiz, Können und Unternehmertum vereinigten sich in Gustave Eiffel, der für die Weltausstellung 1889 ein Projekt reifen ließ, dem nichts Utopisches anhaftete, da Eiffel ein wagemutiger Ingenieur mit einem großen Reichtum an praktischen Erfahrungen war.

Mit den Ingenieuren Nougier und Koechlin, die einen ersten Vorentwurf lieferten und Angestellte seines Büros waren, wurde das Eiffelturmprojekt erarbeitet. 12 000 Zeichnungen waren notwendig, um, im Grunde genommen, jedes einzelne Teil, jede Eisenverstrebung zweidimensional darzustellen. Man sehe sich die Fotos daraufhin genau an, in den verwirrenden und chaotisch wirkenden Eisenverstrebungen ein System zu erkennen, das der ordnende menschliche Geist zu beherrschen in der Lage ist. Eiffel äußerte sich zu den in äußerster Präzision gefertigten Entwürfen: »Diese Entwürfe brachten ernste Schwierigkeiten. Die Teile, die zusammengefügt werden sollten, bestanden alle aus schrägen Ebenen mit verschiedenen Neigungen und waren fast alle unterschiedlich geformt.

Für jedes Einzelteil fertigte man Zeichnungen an und berechnete mit größter Genauigkeit, welche wiederum die geläufige Anwendung von Logarithmen erforderte, die Lage für die verschiedenen Nietenlöcher, durch die man die Verbindung mit den anschließenden Teilen erreichte.

Sämtliche Toleranzen dieser Löcher wurden mathematisch auf etwa $1/10$ Millimeter genau berechnet. So ermöglichte man eine vollkommene Vorfertigung der einzelnen Stücke außerhalb der Baustelle und eine einfache Montage am Ort.« Welche Präzision innerhalb der Fertigung erreicht wurde, zeigt der Umstand, daß der Zusammenschluß der vier Turmfüße ohne Komplikationen erfolgte. Erst bei einer Höhe von 57,50 Metern mußte das erste Nietloch geändert werden. Insgesamt wurden 1 050 846 Nieten von Hand eingeschlagen, 7 Millionen Löcher waren in den Eisenteilen, die zusammengesetzt den Turm von 1 000 Fuß ergaben.

Statisch wurde er von seinen Konstrukteuren mit einer Windbelastung von 400 Kilogramm pro Quadratmeter ausgelegt, das entspricht einem Winddruck von der Stärke eines Orkans. Die Form des Turms trägt diesen mathematisch-statischen Untersuchungen Rechnung, breitgelagerte Basis mit sich nach oben verjüngendem Querschnitt (Momentenverlaufskurve aus der Windbelastung).

Die Gründung des Turms war folgende: Jeder einzelne Fußpunkt erhielt ein eigenes Betonfundament, das heißt 4 × 4, also 16 Fundamentstützpunkte. Diese Fundamentklötze wurden durch Quadrate von 26 Metern Seitenlänge gebildet, so daß eine Bodenpressung, aus dem Gewicht des Turmes sich ergebend, von nur knapp 2 Kilogramm pro Quadratzentimeter auftritt. Auf der Seineseite gründete man die Fundamente 14 Meter, auf der anderen 9 Meter tief. Als zusätzliche Sicherung bei einer eventuellen Senkung der Fundamente wurde in jedem Fundamentblock die Unterbringung einer Wasserdruckpresse von 800 Tonnen Tragkraft vorgesehen. Wenn dies jedoch noch nicht ausreichen sollte, hatte man die Möglichkeit, zusätzlich Stahlkeile unterzuschieben. Jeder Fuß des Turmes setzt sich aus vier genieteten Kastenträgern zusammen, die untereinander derart verbunden sind, daß sie durch horizontale und diagonale Verstrebungen einen räumlichen Gitterträger ergeben. Die quadratische Grundfläche des Turmes hat eine Seitenlänge von 129,22 Metern. In einer Höhe von 57,63 Metern befindet sich die erste Plattform mit 65 Metern im Quadrat. Auf dieser Plattform waren vier große Restaurants, 12 Verkaufsstände, die Bücher, Zeitungen, Photographien, Souvenirs u.a. anboten. Außerdem hatten auf dieser Galerie 6 000 Personen Platz. Diese Auf- und Anbauten fielen anläßlich der Pariser Weltausstellung von 1937 einer Purifizierung zum Opfer. Die gewaltigen Bögen unter dieser ersten Galerie zwischen den Füßen des Turmes übernehmen keinerlei statische Funktionen, sie sind eine schmückende Zutat und erinnern noch daran, daß Eiffel ursprünglich diesen Turm auf vier Brückenbogen errichten wollte.

Von der ersten Galerie aus, wo der Turm endgültig jeglichen Schmuck verliert, »sich von allem dekorativen Ballast befreit und seine konstruktive Freiheit gewinnt«, (40) nähern sich seine Füße, die sich zu Pylonen aufschwingen, asymptotisch bis zur zweiten Plattform. Sie befindet sich in einer Höhe von 115,73 Metern und ist ebenfalls ein Quadrat, aber von nur 30 Meter Seitenlänge. Auf ihr war ein kleines Büfett untergebracht. Von diesem Aussichtspunkt nä-

PARIS 1889

86 Palast der »Freien Künste«. Blick von der Galerie in das Längsschiff und den Kuppelbau.
Wie die Maschinenhalle und der Eiffelturm, waren die Paläste
der »Freien Künste« sowie der »Schönen Künste« reine Eisenkonstruktionen.

87 Uff! Die erste Plattform des Eiffelturms ist auch über Treppen zu erreichen.

hern sich die vier Pfeiler immer stärker an, bis sie in einer Höhe von 190 Metern miteinander verschmelzen. Die dritte Plattform liegt 276,13 Meter über dem Terrain und hat noch eine Aussichtsplattform von 16,50 × 16,50 Meter, die durch vier vorkragende Balkons gebildet wird. Bei guter Sicht genießt man hier eine Aussicht von 140 Kilometer Weite.

Von dieser Galerie führt eine Wendeltreppe zu den damaligen Laboratorien, die astronomischen, physikalischen, meteorologischen, biologischen und mikrographischen Studien der Luft vorbehalten und der Öffentlichkeit nicht mehr zugänglich waren. Gustave Eiffel hatte sich zeitweise hier oben wohnlich eingerichtet und sich aerodynamischen Studien hingegeben. Über diesen Räumlichkeiten befindet sich der Leuchtturm, der die Farben der Trikolore, Blau-Weiß-Rot, in den nächtlichen Himmel strahlt. Auf der Kuppel des Leuchtturms ist eine kleine Terrasse von 1,40 Metern Durchmesser, der höchstbegehbare Punkt des Turmes, nur die Fahnenmastspitze überragt ihn um wenige Meter.

»Erobert« wird dieser Turm zu Fuß über 1792 Stufen oder mit den acht, davon vier mit Druckwasser betriebenen, Fahrstühlen. Täglich konnten 4 200 Personen in die luftige Höhe der dritten Plattform befördert werden.

Eiffel äußerte sich über das fertiggestellte Projekt mit den Worten: »Nur durch den Fortschritt der Wissenschaften und der Ingenieurkunst sowie der eisenschaffenden Industrie, die das Ende unseres Jahrhunderts charakterisieren, können wir die uns vorangegangenen Generationen überholen. Durch die Konstruktion dieses Turmes, die durch die moderne Industrie bestimmt und durch diese allein ermöglicht wurde, habe ich deshalb zum Ruhme der modernen Wissenschaften und zur größeren Ehre der französischen Industrie einen Triumphbogen errichten wollen, der ebenso eindrucksvoll sein sollte wie die, die von früheren Generationen für die Sieger errichtet worden sind.«

In einer Bauzeit von nur 2 Jahren und 2 Monaten (28. Jan. 1887 bis 31. März 1889) war das Denkmal der Zeit und des beherrschenden Baumaterials, des Eisens, gesetzt worden. Mit ihm wurden – und darin liegt auch seine historische Größe – die Raumgrenzen aufgelöst. Es gibt kein Innen und kein Außen, alles ist innen, alles außen. Wir erleben an ihm eine technische Ästhetik. Gustave Eiffel selbst: »Sind nicht die wahren Bedingungen der statischen Kräfte immer gleich den geheimen Bedingungen der Harmonie? Das erste Prinzip der architektonischen Ästhetik verlangt, daß wesentliche Züge eines Bauwerkes durch völlige Anpassung an seine Funktion bestimmt werden.«

Hans Voss faßt in seinem Buch »Epochen der Architektur« die Bedeutung seinerseits wie folgt zusammen: »Als raumumspannendes ... Gebilde ist der Turm beispielhaft geworden. Er sprengt die Dimensionen, wie sie seit der Entdeckung der Zentralperspektive der Renaissance als menschlich faßbar galten ... Darin liegt seine Bedeutung für die Kunst des 20. Jahrhunderts, mit ihm geht das Zeitalter des Eisenbaus zu Ende, und es beginnt wenige Jahre später die Epoche des Stahlbetonbaues.«

Die Zeitgenossen reagierten aber weniger euphorisch als wir heute, die wir von einer gleichsam höheren Sicht, rückschauend eine historische Einordnung und Würdigung der Bedeutung dieses Bauwerkes für die moderne Bewegung des 20. Jahrhunderts mühelos vornehmen können; im Gegenteil, es kam zu einem flammenden Protest führender Intellektueller und Künstler Frankreichs. An einer Protestnote, die unter der Führung von Garnier (1825–1898), dem Erbauer der Grand Opéra von Paris – einem vielfach nachgeahmten Vorbild des europäischen Neobarock – zustande kam, beteiligten sich der Maler und Bildhauer Meissonier (1815–1891), der Komponist Gounod (1818–1893), die Schriftsteller Maupassant und Zola. Da hieß es unter anderem: »Wir Schriftsteller, Maler, Bildhauer, Architekten und leidenschaftliche Liebhaber der bisher unangetasteten Schönheit von Paris protestieren im Namen des verkannten französischen Geschmacks mit aller Kraft gegen die Errichtung des unnötigen und ungeheuerlichen Eiffeltur-

PARIS 1889

88 Edison-Phonograph
89 Gleit- oder Wasserbahn von Girard

Die auf eine Wachswalze übertragenen Musikstücke konnten erstmalig einem breiten Publikum akustisch vorgeführt werden.

Das Prinzip dieses Personenbeförderungsmittels beruhte auf dem Dahingleiten mit Hilfe eines Wasserfilms.

mes im Herzen unserer Hauptstadt, den die oft von gesundem Menschenverstand und Gerechtigkeitsgefühl inspirierte Spottlust der Volksseele schon den Turm zu Babel getauft hat. Wird die Stadt Paris sich wirklich den überspannten, den geschäftstüchtigen Phantastereien einer Maschinenkonstruktion – oder eines Konstrukteurs – anschließen, um sich für immer zu schänden und zu entehren?«

Alphand, Generaldirektor der Ausstellung, an den das Schreiben gerichtet war, nahm nichts von den einmal gefaßten Plänen zurück, zumal zu diesem Zeitpunkt die Gründungsarbeiten des Turmes abgeschlossen waren. Alphand schuf die großen Parks unter dem bekannten Haussmann (1809–1891), der an der Rekonstruktion und Modernisierung des Straßennetzes der Stadt Paris gearbeitet hatte. Er stellte sich weitblickend als Ingenieur und Landschaftsarchitekt dem epochemachenden Bauwerk nicht in den Weg, und was wäre die Stadt heute ohne diesen Turm, wieviele Lieder und Chansons, Gedichte, Geschichten, Filme, Bilder und Anekdoten verdanken ihm ihre Existenz? Doch, um sich mit ihm zu identifizieren, ihn gefühlsmäßig richtig zu erfassen, mußten noch fast zwei Jahrzehnte vergehen, dann wurde er zu dem Symbol, das er für Paris geworden ist.

End- und Ausgangspunkt einer Entwicklung

Stellen wir uns die Frage nach dem End- oder Ausgangspunkt einer Entwicklung, so steht die von Dutert und Contamin erbaute Maschinenhalle ebenso wie der Eiffelturm an einem Endpunkt der Entwicklung des Eisenbaues. Die Einraumhalle mit dem Dreigelenkbogen stellte das Ende des Bemühens weitgespannter Eisenkonstruktionen in der zweiten Hälfte des vergangenen Jahrhunderts dar. (Vergleiche hierzu Industriepalast 1855, Maschinengalerie 1867 und 1878). Die Übernahme dieses Konstruktionsprinzips bis in unsere Tage zeugt von der Richtigkeit einmal gewonnener Erkenntnisse. Der Eiffelturm leistete seinen kunsthistorischen Beitrag in der Auflösung der Raumgrenzen zwischen Innen und Außen sowie der raumbildenden Perspektive. Wie jeder Endpunkt, so stellt er auch gleichzeitig einen Ausgangspunkt in Aussicht. Ohne das Aufzeigen »reinster Konstruktionen« und das Anerkennen einer neuen Ästhetik hätte das Bauen nur schwerlich aus der Sackgasse des Historizismus herausgefunden. Die Wegbereiter einer neuen Architekturauffassung, die sich bereits vor dem ersten Weltkrieg herauskristallisierte, erkannten dies deutlich.

Hermann Muthesius (1861–1927), der Begründer des Deutschen Werkbundes, der sich sehr ausführlich mit der Entwicklung der fortschrittlichen Landhaus-Architektur Englands auseinandergesetzt hatte, bezeichnete diese Ingenieurbauten als »glänzende Leistung«. In einem Aufsatz, der im Jahrbuch des Deutschen Werkbundes 1913 erschien, hieß es unter der Überschrift »Das Formproblem im Ingenieurbau«: »Fast stets kam man darauf hinaus, daß das Eisen zu dünn sei, um ästhetische Wirkungen herbeizuführen, ein Urteil, das unter der Voraussetzung gefällt wird, daß zu ästhetischer Wirkung unbedingt die Massigkeit gehöre. Offenbar aber liegt hier ein Trugschluß vor, indem ein Gewohnheitsideal für ein absolutes Ideal gehalten wird. Das Gewohnheitsideal ist dadurch entstanden, daß die bisherigen Generationen mit Materialien bauten, die massiv wirkten, nämlich in Stein und Holz; hätten ihnen dünngliedrige Metallstäbe zur Verfügung gestanden, so würde heute wahrscheinlich die Dünngliedrigkeit als das Normale und Ideale angesehen, die Massigkeit aber als unästhetisch verurteilt werden.« (30)

Mit diesem Urteil wurden Vorbehalte ausgeräumt. Die Auffassung und der Einfluß von Muthesius als Leiter des Deutschen Werkbundes waren es, die in Deutschland der modernen Architekturentwicklung den Weg ebneten. Nicht zu vergessen sind hierbei aber auch Behrens, Max und Bruno Taut, Poelzig u. a., in Frankreich Perret und T. Garnier, in Holland Berlage und de Klerk.

PARIS 1889

90 Haupteingangshalle
Dieser üppig dekorierte Baukörper aus Guß-, Schmiedeeisen und Blech
stand im Widerspruch zum Eiffelturm und der Maschinenhalle, jedoch nicht zu seiner Zeit.

PARIS 1889

91 Innenansicht der Haupteingangshalle

Die feierliche Eröffnung am 6. Mai 1889
fand durch den damaligen Präsidenten Carnot statt.

PARIS 1889

92 Eiffelturm
Historische Aufnahme.

Die Aufbauten der ersten Plattform fielen der Weltausstellung des Jahres 1937 zum Opfer
und wurden durch der Zeit entsprechende Aufbauten ersetzt.

Folgende Seiten:
93 Blick in die von Contamin und Dutert entworfene und konstruierte Maschinenhalle,
die zu den bedeutendsten Eisenkonstruktionen des 19. Jahrhundets gehörte.
Das bisher gewohnte statische Bild wurde faktisch umgekehrt.
94 Leicht und schwerelos wirkt diese in riesigen Abmaßen errichtete Halle;
nicht unwesentlich unterstützt wird dieser Eindruck durch das lichtdurchflutete Dach.
Im Vordergrund ist die elektrische rollende Brücke – pont roulant électrique – zu sehen,
auf der die Besucher längs durch die Halle fahren konnten,
um die Exponate gleichsam von oben zu besichtigen.

PARIS 1889

93 Maschinenhalle

PARIS 1889

94 Maschinenhalle

95 Eiffelturm. Der Fuß des Eiffelturms. Der Abstand der Füße untereinander beträgt über 100 Meter. Die quadratische Fläche eines Fußes beträgt 26 Meter, die lichte Höhe des Bogens 50 Meter. Jedes Fundament hat den Druck von über 2 250 Tonnen aufzunehmen.
96 Gustave Eiffel (1832–1923)

Eiffel studierte von 1852 bis 1855 an der »École centrale des arts et manufactures« Chemie. Danach widmete er sich naturwissenschaftlich-technischen Studien und war in verschiedenen Konstruktionsbüros tätig. Während dieser Zeit beschäftigte er sich mit Brückenbauten. 1865 gründete Eiffel eine eigene Maschinenfabrik für Brückenbauten, in der auch später der Eiffelturm gebaut wurde. 1890 überließ er seine Fabrik einer Aktiengesellschaft. Seine wichtigsten Bauten: die große Brücke bei Bordeaux, Viennado-Castello-Viadukt und Dourobrücke in Portugal, Garabit-Viadukt und Brücke bei Thonet in Frankreich, Pester Staatsbahnhof, Kaufhaus Bon Marché Paris, Unterkonstruktionen der amerikanischen Freiheitsstatue und der Eiffelturm.

PARIS 1889

97 Eiffelturm. Acht Fahrstühle ermöglichten einen bequemen »Aufstieg«;
davon fuhren vier von ebener Erde ins erste Galeriegeschoß, zwei weitere zur zweiten Galerie in 115 Meter Höhe.
Von der zweiten Galerie brachten zwei Fahrstühle die Besucher in eine Höhe von 276 Metern.

PARIS 1889

98 Eiffelturm. 12 000 Zeichnungen waren notwendig, um diese gigantische Konstruktion zu realisieren.
Über eine Million Nieten mußten von Hand eingeschlagen werden,
ihre Paßgenauigkeit wurde auf $1/10$ Millimeter berechnet.

CHICAGO 1893

World's Columbian Exhibition

Das Ausstellungsgelände

Die Weltausstellung zu Chicago im Jahre 1893 stand im Zeichen der 400jährigen Entdeckung Amerikas durch Columbus. Sie sollte den glanzvollen Schlußpunkt einer 400 Jahre währenden Geschichte sein und die staatliche und wirtschaftliche Entwicklung des Landes aufzeigen. In die Historie der Weltausstellungen ging sie als die »Columbische zu Chicago« ein.

Die Ausstellung erhielt Maße, wie bisher noch keine: Mit 278 Hektar hatte sie die dreifache Fläche der Pariser Weltausstellung von 1889 und war im wahrsten Sinne als »amerikanisch« zu bezeichnen. Die Ausstellung erreichte damit Dimensionen, in denen im engbebauten Europa man nicht zu denken gewöhnt war. Amerika war zu jener Zeit noch das Land der »unbegrenzten Möglichkeiten«, nach europäischen Vorstellungen ein Land von unendlicher Größe. Das Ausstellungsgelände war in zwei Abschnitte eingeteilt, den Jackson-Park mit 251 Hektar für die Exposition und der Midway Plaisance mit 27 Hektar für Vergnügungs- und Erholungszwecke.

Während sich die Pariser Ausstellung inmitten der Stadt direkt an das Publikum wandte, lag die Chicagoer 11 Kilometer von der Stadt entfernt. Man hatte ein unbebautes, sumpfiges

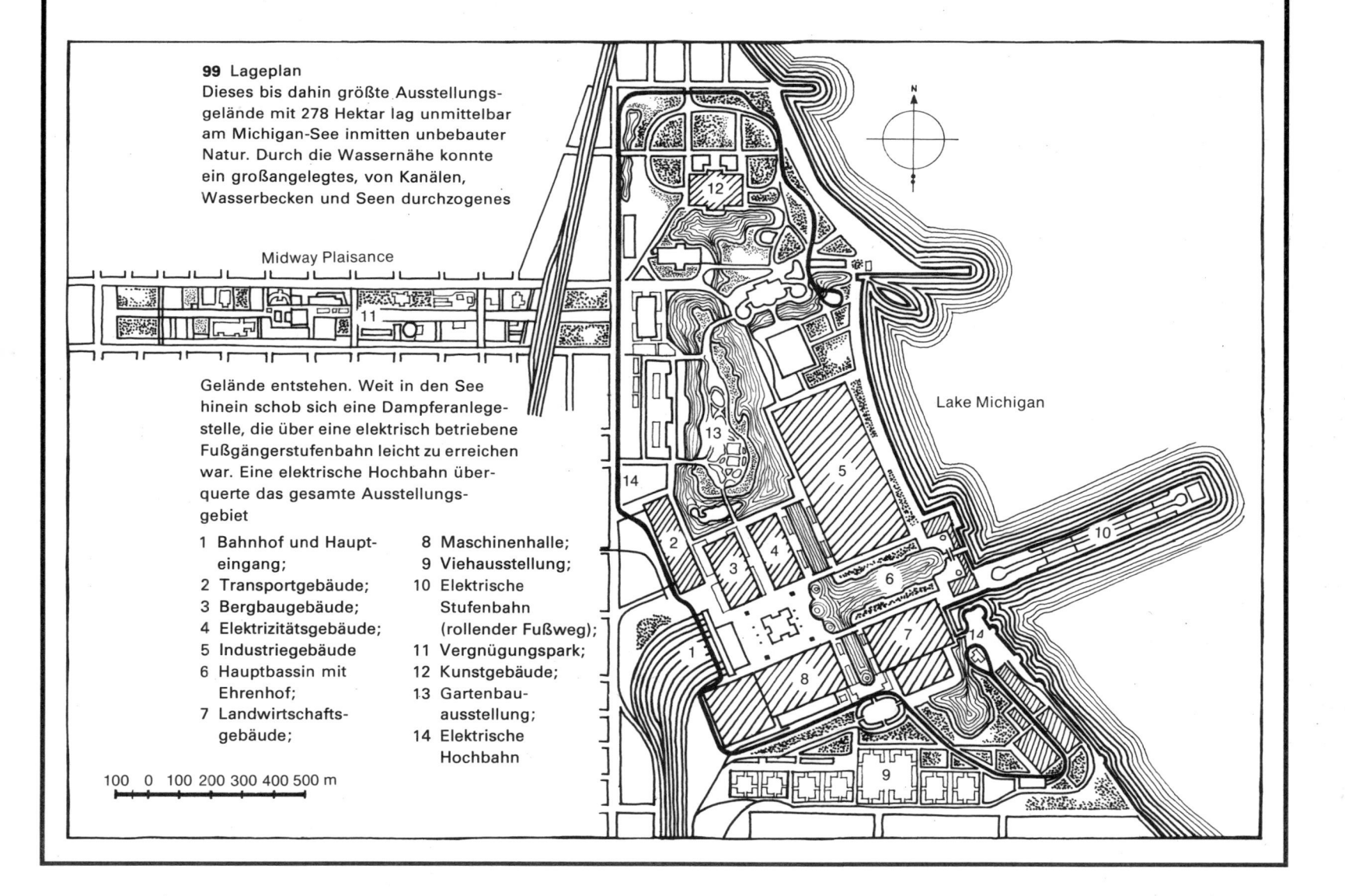

99 Lageplan
Dieses bis dahin größte Ausstellungsgelände mit 278 Hektar lag unmittelbar am Michigan-See inmitten unbebauter Natur. Durch die Wassernähe konnte ein großangelegtes, von Kanälen, Wasserbecken und Seen durchzogenes Gelände entstehen. Weit in den See hinein schob sich eine Dampferanlegestelle, die über eine elektrisch betriebene Fußgängerstufenbahn leicht zu erreichen war. Eine elektrische Hochbahn überquerte das gesamte Ausstellungsgebiet

1 Bahnhof und Haupteingang;
2 Transportgebäude;
3 Bergbaugebäude;
4 Elektrizitätsgebäude;
5 Industriegebäude;
6 Hauptbassin mit Ehrenhof;
7 Landwirtschaftsgebäude;
8 Maschinenhalle;
9 Viehausstellung;
10 Elektrische Stufenbahn (rollender Fußweg);
11 Vergnügungspark;
12 Kunstgebäude;
13 Gartenbauausstellung;
14 Elektrische Hochbahn

CHICAGO 1893

100 Ausstellungsgelände. Die Vogelperspektive zeigt im Vordergrund das Industriegebäude, den größten Bau der Ausstellung, mit dem Konstruktionsprinzip der Pariser Maschinenhalle von 1889. Die Amerikaner umgaben dieses Gebäude mit einem Massivbau. Vergleiche zum Pariser Weltausstellungsbau von 1855 drängen sich geradezu auf.

Gelände am Michigan-See ausgesucht, um sich ungehindert in der Landschaft und am attraktiven See ausbreiten zu können.

Der Jackson-Park mit seinen Ausstellungsbauten wurde durch den Michigan-See in einer Länge von knapp 3 Kilometern begrenzt. Diese Wassernähe nutzte man erstmalig auf einer Weltausstellung derart geschickt aus, daß das gesamte Gelände mit Kanälen, riesigen Wasserbecken und Seen durchzogen werden konnte. Diese Wasserflächen standen mit dem Michigan-See direkt in Verbindung und bildeten 4 Hauptkomplexe: das nördliche Wasserbecken, die Lagune, das Haupt-Bassin und das südliche Wasserbecken. Das Zentrum wurde von dem Haupt-Bassin gebildet, in dem eine 22 Meter hohe vergoldete Kolossalstatue, von dem Bildhauer French entworfen und die Republik symbolisierend, stand. Diesem Haupt-Bassin schloß sich ein Ehrenhof an, der zum Michigan-See hin mit riesigen Kolonnaden und zwei seitlich angrenzenden Gebäuden abschloß. Nördlich hiervon lagen der Industriepalast und das Elektrizitätsgebäude, westlich, auf einem großen freien Platz, das Verwaltungsgebäude, und südlich begrenzten die Maschinenhalle und das Landwirtschaftsgebäude dieses städtebauliche Ensemble, das ganz in europäischem Historizismus versank.

Um die große Lagune, in ihrer Mitte lag eine Insel, das sogenannte »Wooded Island«, gruppierten sich das Gebäude der Fischerei, der Frauenpavillon, das Gartenbaugebäude, die Hallen des Transportwesens und Bergbaus

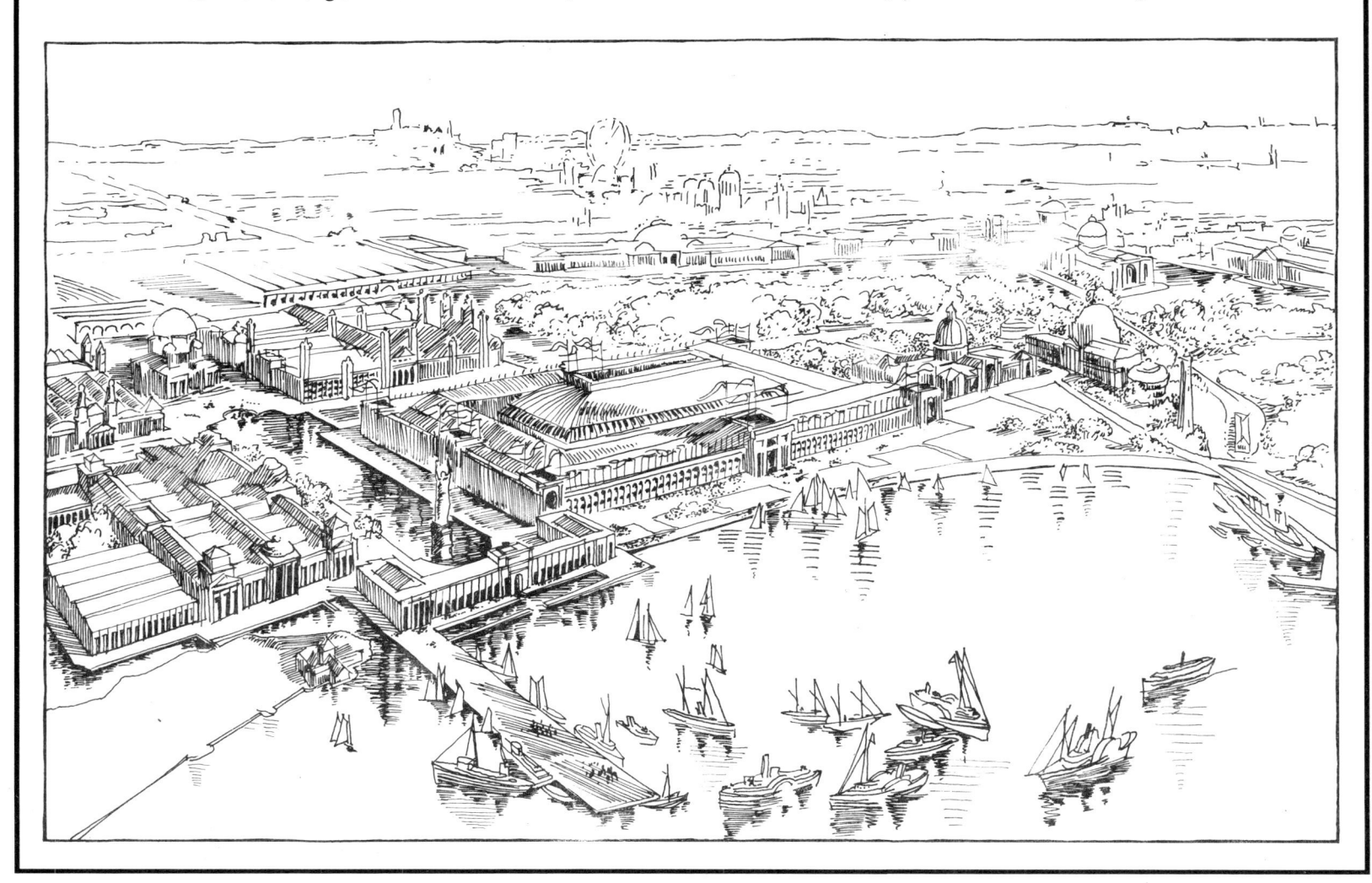

101 Blick nach Süden über die Lagune
Rechts im Vordergrund das Elektrizitätsgebäude, dahinter die
Maschinenhalle, links daneben das Gebäude der Landwirtschaft.

Die »Weiße Stadt« am Michigan-See ist als die größte »gypsumtown« in die Geschichte eingegangen. Venezianische Gondeln und original italienische Gondolieri sollten der Ausstellung einen romantisch verklärenden Zug verleihen.

sowie eine Konzerthalle. Die bewaldete Insel wurde für Gartenbauausstellungszwecke genutzt.

Das nördliche Wasserbecken, das eine Art Nebenzentrum bildete, erhielt seine Hauptbetonung durch den großen Kunstpalast. In freier Anordnung entfalteten sich die 40 Gebäude der Bundesstaaten. Um das südliche Becken vereinten sich die Gebäude der Lederindustrie, Forstwirtschaft, Molkerei, der anthropologischen Ausstellung und die weitgedehnten Flächen der Viehausstellung.

Erschlossen wurde das Gelände des Jackson-Parkes durch die Eisenbahn und einen Bahnhof, der die Besucher direkt im Ausstellungszentrum entließ. Der Vergnügungspark – »Midway Plaisance« – war ebenfalls über den Schienenweg der Illinois-Central-Bahn leicht erreichbar und stand darüber hinaus mit dem Ausstellungspark direkt in Verbindung.

Die Gesamtplanung lag in den Händen der Firma Olmstead & Co. in Brooklyn; Burnham und Root erarbeiteten den größten Teil der architektonischen Entwürfe und übernahmen die allgemeine Leitung.

Die Ausstellung und ihre Gebäude

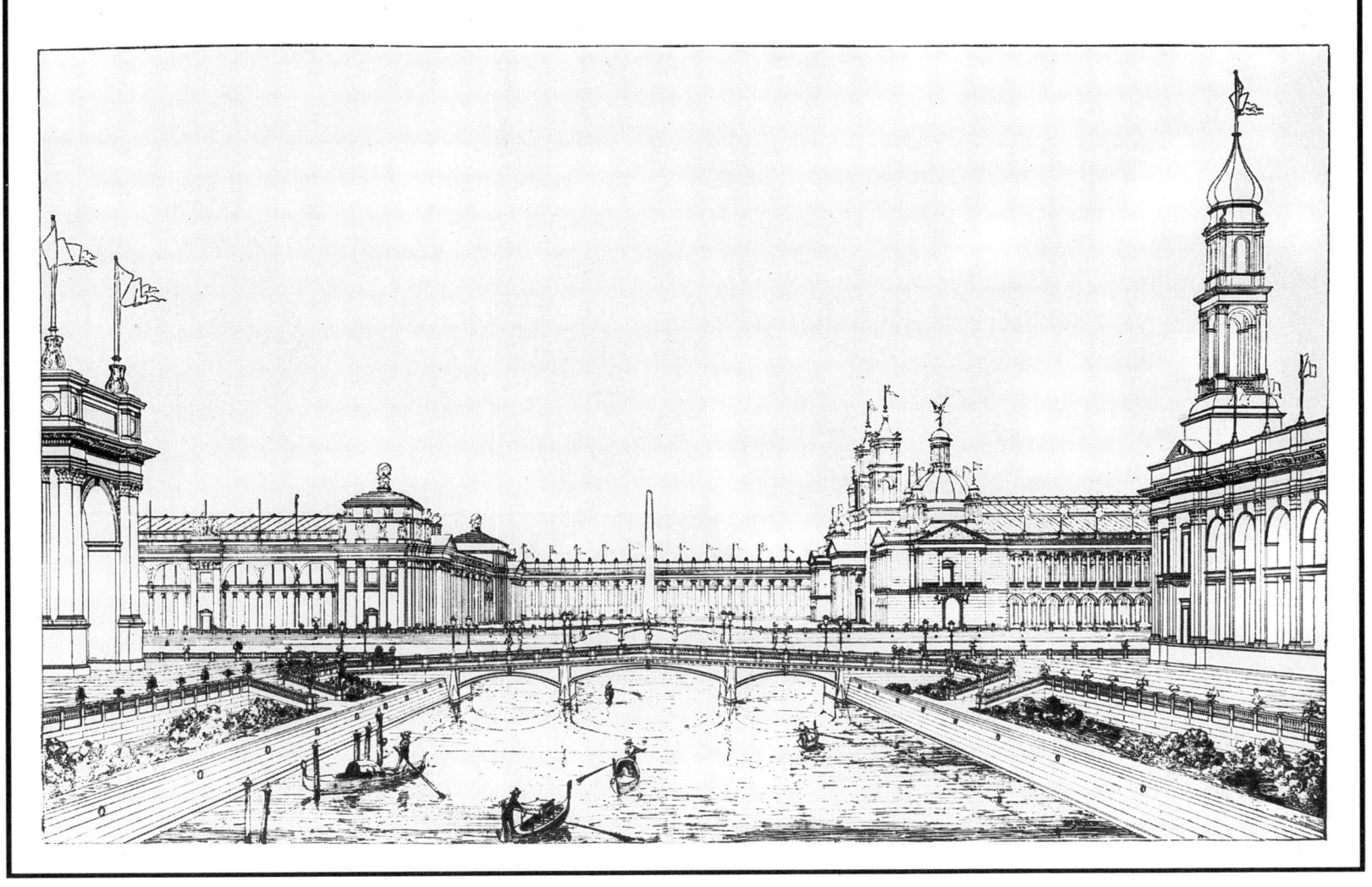

Im Gegensatz zur letzten Pariser Weltausstellung war die internationale Beteiligung sehr stark. 50 000 Aussteller – davon 24 000 aus Amerika – aus 50 Ländern nahmen an der »Columbischen« Weltausstellung teil. Man schuf Hallen von ungekannten Ausmaßen, wenngleich in ihnen sensationelle Neuerungen auf technischem Gebiet nicht demonstriert werden

102 Elektrizitätsgebäude. Die nach außen historizistischen, von ungeheuren Abmessungen getragenen Ausstellungshallen waren im Inneren roh und unverkleidet in ihrem Holz- oder Eisenskelett belassen worden. Den Amerikanern war es einzig und allein auf die Wirkung der Fassade angekommen.

konnten, da zu der Zeit eine Entwicklung in die Breite, die der allumfassenden Elektrizitätsanwendung, stattfand. Die überdachte Grundfläche der Ausstellungshallen – etwa 81 Hektar – stellte alle bisherigen Weltausstellungen in den Schatten. Der Vergleich zu den anderen Ausstellungen (wiedergegeben in der folgenden Tabelle) läßt die Größenentwicklung, Amerikas »Großraumdenken«, deutlich werden:

1851:	London	8,4 Hektar
1855:	Paris	9,9 Hektar
1862:	London	9,5 Hektar
1867:	Paris	14,9 Hektar
1873:	Wien	16,2 Hektar
1876:	Philadelphia	30,3 Hektar
1878:	Paris	22,5 Hektar
1879:	Sydney	6,0 Hektar
1880:	Melbourne	8,9 Hektar
1888:	Melbourne	14,3 Hektar
1889:	Paris	21,2 Hektar
1893:	Chicago	81,0 Hektar

Die größte der Hallen war die Industriehalle mit 514,18 × 239,87 Metern. Ihr Mittelschiff mit einer Spannweite von 112,16 Metern war nach dem gleichen Konstruktionsprinzip errichtet wie die Maschinenhalle zu Paris. Die Dreigelenkbinder wurden im Abstand von 15,24 Metern gesetzt, ihr Auflagerpunkt war aber bei weitem nicht so elegant gelöst wie 1889 in Paris. Auch zwängte man das konstruktive Gerüst der Halle in einen allseitig umgebenden Massivbau ein, so daß von der Schönheit der Konstruktion nach außen hin nichts mehr zu sehen war. Die Eingänge wurden zu Triumphportalen stilisiert, die an die Constantin-, Septimius Severus-, Titus- und Trajan-Bogen erinnerten und deren Motive trugen. Die anderen Ausstellungshallen und Pavillons wurden konstruktiv als Holz- oder Eisenfachwerk errichtet, ohne jedoch neuartige nennenswerte ingenieurtechnische Leistungen aufzuweisen. Die Behandlung der Fassaden erfolgte ausnahmslos in Gips und Jute, Stuck, der Werkstein vortäuschte. Stilistisch waren sie dem Historizismus verpflichtet.

Ausgenommen hiervon sei das Transportgebäude von Adler & Sullivan. Louis Henri Sullivan (1856–1924) gehörte zu den bedeutendsten amerikanischen Architekten des ausge-

CHICAGO 1893

103 Transportgebäude. Das von dem Pionier der modernen amerikanischen Architektur, Sullivan, errichtete Transportgebäude, von Sachlichkeit und Klarheit gekennzeichnet, blieb die einzige Architekturleistung auf dieser Ausstellung.

henden 19. Jahrhunderts. Er war einer der führenden Köpfe der Chicagoer Schule und Wegbereiter des neuzeitlichen Bauens. Dieser Schule war es zu verdanken, daß die Stahlkonstruktion im Bauwesen eine breite Anwendung mit der Entwicklung des Wolkenkratzers fand. Zwei interessante verkehrstechnische Dinge gab es auf dieser großangelegten Weltausstellung: Die elektrische Hochbahn (über 5 Kilometer Länge) und die elektrisch betriebene Stufenbahn „Rollende Gehsteige", ca. 600 m) erschlossen zusätzlich das weitläufige Gelände.

Kritik und Folgen

Die Gipsstadt, die sich die Architektur aus der Vergangenheit zum Vorbild nahm, geriet in ein Kreuzfeuer der Kritik von ungekanntem Ausmaß bis in unsere Tage. Diese Ausstellung schlug allen Bemühungen, aus dem ausweglosen Historizismus herauszufinden, entgegen. Führende Geister der modernen Bewegung in Amerika, England, Frankreich und Deutschland sahen sich in ihren Erwartungen betrogen. Als wirklich tragisch sollten sich die Auswirkungen in Amerika erweisen, das sich bis in die Anfänge der dreißiger Jahre unseres Jahrhunderts von dieser Formvorstellung nur schwerlich lösen konnte. »Die Weltausstellung in Chicago von 1893 hatte die großen Fortschritte des Architekten Sullivan im Bau moderner, hochgeschossiger Geschäftshäuser zunichte gemacht und war laut Dorfles in die ›gotisch-assyrisch-babylonisch-hellenistische Maskerade‹ zurückgefallen.« (11) Sullivan schätzte zum damaligen Zeitpunkt die Auswirkungen auf Amerika sehr klar ein, indem er voraussagte, daß »der Schaden, den das Land durch die Weltausstellung in Chicago erlitt, ein halbes Jahrhundert andauern wird«.

In den Ländern Europas zeigte man sich enttäuscht, wenngleich hier der Einfluß weniger spürbar wurde. Der belgische Ingenieur und Architekt Vierendeel charakterisierte sehr treffend, daß »die Konstruktionen nur Imitation von dem waren, was wir in Europa seit langem kannten. Wir erwarteten Besseres, viel Besseres von der wohlbekannten Verwegenheit, Initiative und Originalität der Amerikaner. Wir wurden zutiefst enttäuscht. In einer neuen Welt wagten sie sich nicht an Neuerungen heran. Sie zweifelten an sich selbst.« (38) Hermann Muthesius äußert sich in ähnlich drastischer Weise in seinem Aufsatz über Stilarchitektur und Baukunst: ». . . Amerika hatte, das in Chicago zum Erstaunen der Welt, die gerade von dort etwas Neuzeitliches erwartete, nichts Besseres zu tun gewußt . . ., als das bekannte antike Maskenkleid über die Eisengerippe seiner Ausstellungshallen zu hängen. Mochte das Märchenbild, das so geschaffen war, noch so bezaubernd sein, für den Kunstfortschritt konnte diese rückblickende Leistung mit nicht mehr als Null angesetzt werden.« (30)

Es stellt sich natürlich heute die Frage, ob zu dem damaligen Zeitpunkt die Weltausstellungen noch immer dieses Prüffeld sein wollten. Ist das ursprüngliche Anliegen, ihr moralischer Gehalt, noch der gleiche wie vordem, oder haben die Amerikaner nicht vielmehr den Show-Charakter als erste 1893 bereits klar erkannt, ein Theater veranstaltet, das Millionen von Besuchern anlocken und begeistern sollte? Hier für das Auge des Publikums, dort für das Geschäft

104 Maschinenhalle. Der Bruch zwischen dem machtvollen Äußeren und dem schemenhaften Inneren wurde damit entschuldigt, daß die Hallen nur für die Dauer der Ausstellung errichtet seien, das gleiche betraf die Wahl des Materials Gips.

der Industrie, der es letztlich gleichgültig war, in welchem Zustand sich die Hallen befanden, in denen sie ausstellten, vorausgesetzt, daß Licht, Wasser, Strom, Druckluft für die Funktionstüchtigkeit der Maschinen vorhanden waren.

Giedion gibt den Ansatzpunkt jener Überlegungen, indem er schreibt: »Auf der Chicagoer Weltausstellung glaubten die Architekten, sie hätten den schöpferischen Geist der Medici wieder erweckt, und für den Besucher der Prärie, die nie einen Renaissancebau gesehen hatten, bedeutet das den Glanz von Florenz.« (10) Glaubten es die Architekten wirklich oder wird es ihnen unterstellt? Hans Kramer, genauer Kenner dieser Ausstellung und zeitgenössischer Chronist, schreibt: »Sie (die Amerikaner, d. V.) hatten sich nach langen eingehenden Erwägungen gesagt, daß selbstverständlich kühne Überspannungen mächtiger, großer Räume fest und sicher zu bewirken seien, wozu Eisen, Stahl und Rechenkunst alle Mittel boten, daß aber damit nur ein Eindruck auf den überlegenen Verstand möglich sei, die Empfindung dagegen erst durch die äußere Bauform geweckt werden könne; diese letztere aber, so entschied man, könne für das kurze Halbjahr der Benutzung der Bauten durch ein Ersatzmittel des Steins, durch eine den edlen Baustoff nur vorstellende Masse erreicht, durch Gipsnachbildung ersetzt werden. Zu was man sich entschlossen, war im Wesen dasselbe, was wir in großen Theatern durch Dekorationen bei Steinbauten ausführen, zu den auch bei uns Meister obersten Ranges ihre Hand leihen.« (19)

Das klingt einleuchtend und nachdenkenswert. Doch die »Tragödie« bestand nur darin, daß man von der Bühne der »World's Columbian Exhibition« mit dieser Architekturauffassung auf den »Bauplatz Amerika« wechselte.

ANTWERPEN 1894 UND BRÜSSEL 1897

Exposition International d'Anvers
und Exposition Internationale

Belgien veranstaltete in rascher Folge zwei Ausstellungen. Die Weltausstellung zu Antwerpen fand an der gleichen Stelle wie 1885 statt, in unmittelbarer Nähe der Hafenanlagen. Die Ausstellungsfläche hatte man jedoch auf mehr als das Doppelte vergrößert, sie betrug etwa 46 Hektar. Eine große Anzahl kleinerer Gebäude und Sonderveranstaltungen kamen hinzu, die fast ausschließlich den überseeischen und afrikanischen Ländern und Kolonien vorbehalten blieben. Eine internationale Kunstausstellung und ein Teil des alten Antwerpen aus dem 16. Jahrhundert waren bereichernde Faktoren dieser Ausstellung. Von der Pariser Weltausstellung 1889 hatte man die Idee der Nachbildung historischer Stadtbauten übernommen. Das Ergebnis galt in der Art der Ausführung als einzigartig.

Ein weiterer Gesichtspunkt läßt diese Weltausstellung erwähnenswert erscheinen: Das ausstellungsfreudige, aber relativ kleine Land Belgien unterwarf sich zunehmend der Ökonomie im Ausstellungswesen. Man setzte typisierte Bauelemente ein. Die konstruktiven Verbindungselemente waren so ausgelegt, daß nahezu ohne Bohrungen und Verschraubungen ausgekommen werden konnte. Somit war ein ganz beliebiges Wiederzusammensetzen der Konstruktionsteile möglich. Der Vorteil bewies sich darin, daß ein sehr großer Teil der Bauelemente leihweise auf der Berliner Gewerbeausstellung 1896 und auf der Brüsseler Ausstellung 1897 verwendet werden konnte.

Die Weltausstellung in Brüssel 1897 fand auf einem wenig ausgedehnten Gelände statt, wo schon die unterschiedlichsten Ausstellungen durchgeführt worden waren, dem architektonisch streng gegliederten Parc du Cinquantenaire. Als Hauptgebäude wurde das Palais du Cinquantenaire, das anläßlich der fünfzigjährigen Unabhängigkeitsfeier Belgiens errichtet worden war, genutzt. Geschickt ein- und angebaute Gebäudeteile ließen eine veränderte Nutzung für Ausstellungszwecke zu. Das Hauptgebäude sowie alle weiteren massiv ausgeführten Bauten wurden nach der Weltausstellung nicht abgerissen. Diese bildeten den Anfang einer neuen Prachtstraße nach dem Vorort Tervueren.

Den Hauptanziehungspunkt der Brüsseler Weltausstellung bildete das neuerrichtete Kolonialmuseum mit der Ausstellung des belgischen Kongostaates. Diese hatte eine Gruppe junger Künstler, die von gemeinsamen Zielen getragen waren, gestaltet. Namen wie van de Velde, Hankar, Serrurier und Hobé zeigen, daß sie ausnahmslos dem Jugendstil verpflichtet waren. Der Erfolg dieser Ausstellung war so groß auf Grund der erstmalig durchgestalteten Gesamtdekoration, daß diese Art der Auffassung späteren Unternehmungen als Vorbild galt.

PARIS 1900

Exposition Universelle

Frankreich hielt an seinem 11jährigen Ausstellungszyklus fest und bereitete, erstmalig auf lange Sicht, jene Weltausstellung vor, die das 19. Jahrhundert beschließen und das 20. eröffnen sollte. Bereits vom 12. Juli 1892 stammt der Beschluß, im Jahre 1900 eine Weltausstellung durchzuführen. Am 9. September 1893 wurde deren Leitung bekanntgegeben, ihr Generaldirektor war Alfred Picard. Das Anliegen der Ausstellung sollte sein, die Fortschritte der Kunst, der Wissenschaft und der Technik innerhalb des letzten Jahrzehnts herauszustellen. Ergänzt wurde dieser Themenkreis durch retrospektive Abteilungen und eine Jahrhundert-Ausstellung, die die Spitzenleistungen vornehmlich auf dem Gebiet der Kunst und Wissenschaft zeigen sollte.

Charakteristisch für diese Ausstellung wurde eine große Zahl von Kongressen der Wissenschaftler unterschiedlichster Fachrichtungen, Techniker, Handels- und Sozialpolitiker, Künstler und Literaten aus aller Welt. Die Kongresse, die den damaligen Stand auf dem jeweiligen Wissensgebiet analysierten und den Weg einer zukünftigen Entwicklung vorbereiten halfen, wurden zum Wahrzeichen dieser Pariser Weltausstellung.

Die Ausstellung

Am 14. April 1900 eröffnete der damalige Präsident Loubet die Ausstellung im großen Festsaal der Maschinenhalle, eine Ausstellung mit einer Unzahl leerer Paläste. In zeitgenössischen Berichten sprach man davon, daß so gut wie nichts in den Ausstellungshallen zu sehen war, man sei kaum beim Auspacken gewesen. Für den Pomp genügten die Fassaden! Picard, Generaldirektor der Ausstellung, zeigte bei seinem Rundgang durch die Weltausstellung ein Potemkinsches Dorf, gewissermaßen die Illusion einer Weltausstellung. Zwei Monate später bot sich den Ausstellungsbesuchern – es war ja so Usus geworden – dann endlich ein komplettes Bild; das Billett war nun seinen vollen Preis wert.

105 Zeitgenössischer Stich: Zwölf Stunden vor der Eröffnung der Weltausstellung.

106 Phantastisches Projekt von Leclerc für die Überbauung des Marsfeldes anläßlich der Ausstellung 1900

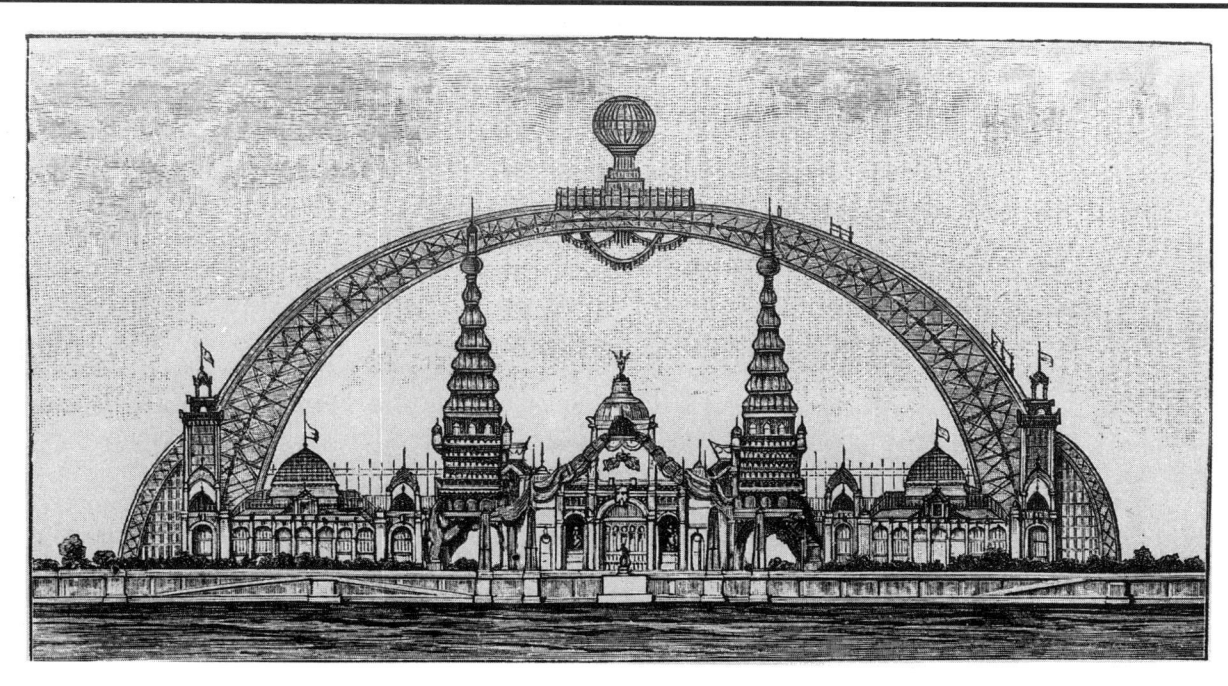

100 000 Aussteller stellten in 18 Gruppen mit insgesamt 121 Klassen ihre Exponate aus.

Die Gruppe 11 bezeichnete laut Katalog die Kunstausstellung, für die mit den beiden Palästen eine gewaltige Ausstellungsfläche geschaffen worden war. Die Kunstausstellung war in zwei zeitliche Phasen untergliedert. Zum einen wurden die Entwicklung und der Fortschritt der Künste Frankreichs und der ausstellenden Nationen in dem Jahrzehnt von 1889 bis 1900 vorgestellt, zum anderen behielt sich Frankreich noch eine Jahrhundertausstellung vor, die die bedeutendsten Maler der jeweiligen Epoche zu würdigen wußte. Beginnend mit der klassizistischen Strömung (David) wurden die Meisterwerke der romantischen (Delacroix), spätklassizistischen (Ingres), realistischen (Daumier, Gavarni, Millet, Courbet, Corot – letzterer tendierte schon stark zu den Impressionisten), naturalistischen (Roll, Raffaëlli, Fantin-Latour) und impressionistischen (Monet, Renoir, Sisley, Degas, Pissarro) in einer breit angelegten Ausstellung gezeigt. Kritiken und Angriffe ihrer Zeitgenossen waren vergessen. Sie waren rehabilitiert und standen fest in den Reihen der großen französischen Künstler.

Auf dem Gebiet der Plastik bildeten die Werke Rodins den Glanzpunkt der französischen Ausstellung. Ein außerhalb der Ausstellung erbauter Pavillon, den sich Rodin nach der Weltausstellung in seinem privaten Grundstück als Atelier wiederaufbauen ließ, bot einen umfassenden Überblick über sein gesamtes Schaffen an der Place de l'Alma. Auch im großen Palais war ein Teil seiner bedeutendsten Werke ausgestellt. »Man hat sich endlich erinnert, welches Genie Frankreich in diesem für die gesamte moderne Kunst unendlich bedeutungsvollen Künstler besitzt, und die Gelegenheit wahrgenommen, es der Welt zu beweisen«, schrieb man in einem Artikel über die Kunstausstellung.

Deutschland war mit Künstlern aus den verschiedensten Malerschulen vertreten. Aus München sah man die Werke von Lenbach, Frauenporträts und sein »Selbstbildnis mit Kind« sowie das »Mommsenbild«, Stuck, Uhde, Slevogt, Defregger, Leibl; Berlin war durch Menzel, Liebermann mit dem bekannten Bild »Frau mit den Ziegen« und Leistikow vertreten; die Dresdner Maler waren mit Kühl, Bantzer, Baum und Stremel, uns heute nicht mehr so geläufige Namen, zur Ausstellung erschienen; aus Frankfurt waren die Werke von

Thoma und Trübner zu sehen, beide stellten ihr Selbstporträt aus, Trübner das bekannte in der Rüstung; Kalckreuth aus Stuttgart zeigte »Die beiden gebeugten Alten«. Unverständlicherweise fehlten Namen wie Kollwitz und Klinger sowohl bei den grafischen Künsten als auch Klinger in der Plastik.

Klimt stand im Mittelpunkt der österreichischen Kunstausstellung. Das Porträt einer »Dame in Rosa« übte eine große Anziehungskraft auf die Besucher aus. Neben Klimt waren Bilder von Moll und dem auf fast allen Weltausstellungen vertretenen Historienmaler Matejko. Orlik, seit 1887 in München lebend, zeigte in der österreichischen Abteilung Holzschnitte.

Die Schweiz war mit Hodler vertreten. Rußland schickte die Werke seines bedeutendsten lebenden Malers, Repin. Von ihm waren drei Männerporträts ausgestellt. An dieser Stelle wollen wir es mit der Aufzählung bewenden lassen, obwohl nahezu alle europäischen Länder und auch die überseeischen Nationen sich an der Kunstausstellung beteiligten.

»Um 1900 wird Wien noch einmal europäisches Zentrum auf dem Gebiet der Jugendstil- und frühfunktionalistischen und sachlichen Reformbestrebungen in Architektur und Kunstgewerbe.« (20) Dies äußerste sich auf der Weltausstellung. In einer Retrospektive war zu lesen: »Zum erstenmal erscheint die moderne, gewerbliche Kunst Wiens auf dem Weltmarkt, in so geschlossener Form, daß der Eindruck so günstig wie denkbar ausfällt.« (23) Wien bot in seiner Gesamtheit einen perfekten »Sezessionsstil«.«. Joseph Maria Olbrich zeigte einen mit Sezessionsstilformen durch und durch gestalteten Raum eines Luxusdampfers, Raum und Möbel bildeten eine komplette Einheit. Das gleiche traf für den kleinen Raum zu, den er für die Darmstädter Kolonie entworfen hatte. Josef Hoffmann stattete einen Saal aus, in dem die Wiener Kunstgewerbeschule ihre Erzeugnisse zeigte, der von gleicher Qualität war wie die von Olbrich gestalteten Räume. Aber auch in Deutschland sollte der Sezessionsstil, hier unter dem Namen Jugendstil bekannt, sich rasch

107 Elektrische Eisenbahnen wurden bereits 1900 ausgestellt und für den Gütertransport eingesetzt.

108 Das Gerät zur Mikrophotographie wurde von Carl Zeiss, Jena, ausgestellt.

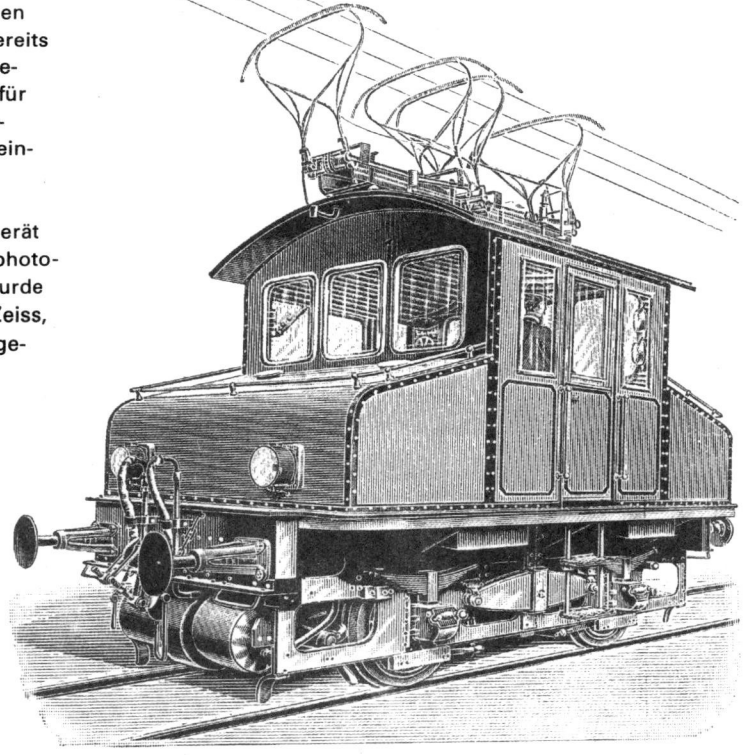

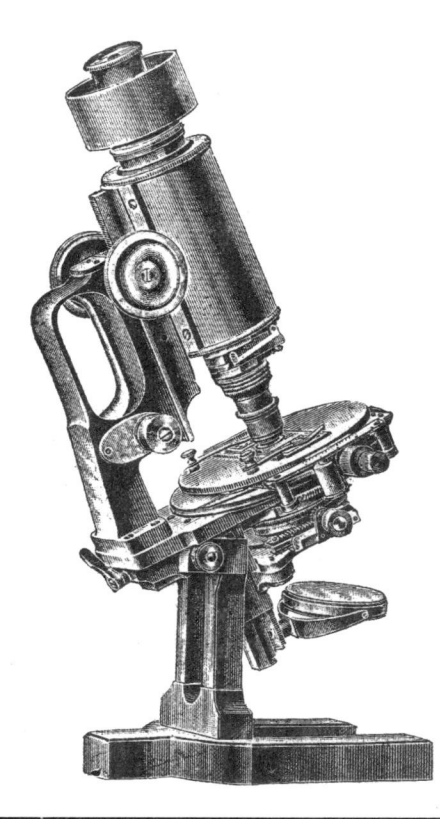

109 In einem retrospektiven Band zur Ausstellung hieß es hierzu: Kamera für Jäger, Radfahrer und Touristen.

110 Wrack-Gruppe aus dem großen Aquarium. Auf der Weltausstellung des Jahres 1900 wurden in großer Zahl Kuriositäten und Illusions-Kabinette den Schaulustigen und Unterhaltungsuchenden geboten.

109/110 Kuriositäten und Illusionskabinette

durchsetzen. Die »Vereinigten Werkstätten« in München zeigten einzelne Möbel und komplette Interieurs, die von Künstlern wie Riemerschmid, Paul und Pankok entworfen worden waren. Sie zählten zu den Besten, die Deutschland damals in Anwendung des neuen Stils aufzuweisen hatte. Aber nicht nur im Schreinergewerbe, auch auf den Gebieten der Metallschmuckbearbeitung, Keramik, Textilindustrie, Buchgestaltung, des Glases zeigte sich der Einfluß des Jugendstils und ließ das Kunsthandwerk und -gewerbe in einem Maße erblühen, wie es nie wieder erreicht werden sollte.

Frankreich, das diese Bewegung »Art-Nouveau« nannte, stand in seinem Können und Geschmack auf dem Gebiet des Kunsthandwerks ebenfalls auf einem Höhepunkt und leistete Vorbildliches. Die berühmten Vasen von Gallé, Sèvres oder Fréres haben bis zum heutigen Tag nichts von ihrem Wert und ihrem Kunstreichtum eingebüßt und stellen in den europäischen Museen Kostbarkeiten ersten Ranges dar.

Nicht allein die Gebiete von Glas und Keramik wurden von der neuen Formensprache und ihren Ausdrucksmöglichkeiten ergriffen, auch die Juweliere, Goldschmiede, Emailleure u. a. bedienten sich dieses Formenkanons. Die Möbelgestaltung nahm davon weitaus zögernder Kenntnis, stand sie doch nach wie vor, wenn auch in verblassendem Zeichen, unter dem Einfluß der Zeit von Ludwig XIV., XV. und XVI. Es gab Ansätze und gute Beispiele einer neuen Auffassung von de Feure, Colonna und Gaillard, die im Bingschen Pavillon eine komplett eingerichtete Wohnung mit allen künstlerischen ihnen zur Verfügung stehenden Mitteln ausgestalteten. Jene Wiener Leichtigkeit, spielerische Grazie eines Hoffmann und Olbrich, ließen die französischen Entwürfe, die eine gewisse Schwere des Mobiliars und Befangenheit der Wandbehandlung besaßen, nicht erkennen.

Neben der Kunst wartete die Technik auf der Weltausstellung ebenfalls mit einmaligen Dingen auf, die das Interesse des Publikums erweckten. So stellte zum Beispiel Frankreich sein

»Riesenfernrohr« als »Clou« der Ausstellung im Palais de l'Optique aus. Der Durchmesser des Fernrohres betrug 1,25 Meter bei einer Brennweite von 60 Metern. Die dafür benötigten Linsen wurden in einem äußerst komplizierten Verfahren hergestellt. Die Flintglaslinse wog 360 Kilogramm und die Crownglaslinse 230 Kilogramm. Beide benötigten für ihren Abkühlungsprozeß 2 Monate, um jegliche Schlierenbildung auszuschließen. Sie stellten das Werk höchster Präzision und bewunderungswürdigen Könnens dar. Dieses Riesenfernrohr ließ den Mond mit 5,60 Metern Durchmesser wahrnehmen.

Einen breiten Raum nahm die Eisenbahnausstellung ein. Fast alle europäischen Länder, zusätzlich Amerika, stellten eine große Anzahl ihrer Schienenfahrzeuge aus, die von Rangier- und Schnellzuglokomotiven, mit einer Geschwindigkeit von 120 Kilometern pro Stunde ausgelegt, bis zu elektrischen Eisenbahnen reichte. Auch fehlten die entsprechenden Personen- und Schlafwagen nicht. Luxuszüge mit Salons, Speisesälen, Schlafkabinetten, Toiletten-, Massage- und Storträumen bildeten den Höhepunkt des Reisekomforts für Aristokraten und Regierungsoberhäupter. Deutschland hatte als Attraktion ein Stück der Wuppertaler elektrischen Schwebebahn aufbauen lassen, die als ein Gegenstück zu den Bestrebungen der U-Bahnen – Métropolitain – angesehen wurde. Die aufwendigen Erschließungen unter der Erde und ihre Realisierung (Sumpfgebiete, Flußunterschreitungen etc.) rechtfertigten damals solche Überlegungen.

Die Automobile begannen auf sich aufmerksam zu machen. Sie hatten bereits einen eigenen Salon. Es wurden motorisierte Zwei-, Drei- und Vierradmobile in einer unsäglichen Fülle gezeigt. Die Franzosen stellten einen Petroleummotor aus, der kaum größer als eine Zigarrenkiste war und der 1½ Pferdestärken entwickelte. Aber auch Lastkraftwagen mit einer Tragfähigkeit von 10 Tonnen wurden der Öffentlichkeit gezeigt und begannen dem Pferdegespann Konkurrenz zu bieten.

Etwas, das die Zeit vor 1900 charakterisierte und eine ihrer wichtigsten Erfindungen darstellte, war die Fotografie. Sie hatte sich bis zu diesem Zeitpunkt bereits zu einer erstaunlichen Höhe und Perfektion entwickelt, so daß man selbst heute in Ausnahmefällen Apparate aus dieser Zeit in Fotoateliers und Werkstätten findet, die noch ihren Dienst tun. Deutschland war mit seinen berühmten Zeiss-Jena-Objektiven in der Fotoindustrie führend und in seiner Solidität dem Konkurrenten Amerika, der billigere, aber weniger gute Objektive auf den Markt brachte, überlegen. Im gleichen Atemzug sind die neuen photochemischen Reproduktionsverfahren wie Photogravuren, Autotypien, Dreifarbendrucke, Kohledrucke etc. zu nennen, die eine Revolution in der Vervielfältigungstechnik im Gegensatz zum Holz- und Kupferstich darstellten.

Auch auf dieser Ausstellung mangelte es nicht an Kuriositäten. So zeigte ein gewisser Herr Janet unter Glas angelegte Ameisenhaufen. Der erstaunte Weltausstellungsbesucher konnte dem munteren Treiben der Tiere zuschauen und sich seinen meditativen Betrachtungen hingeben. Illusionskabinette wurden auf der Ausstellung reichlich angeboten: Ein künstliches Wrack in einem Riesenaquarium sollte den Besucher das Gruseln lehren; eine Schiffssektion ließ die »Reisenden« durch Schaukelbewegungen in den Zustand einer Seereise versetzen und seekrank werden; an anderer Stelle erlebte das Publikum aus dem Waggon heraus eine Reise durch das ferne Sibirien. Das Weltreisepanorama – le Tour du Monde – ließ innerhalb weniger Minuten Spanien, Griechenland, die Türkei, Ägypten, Indien, China und Japan auf einem 2 Kilometer langen Gemälde vorüberziehen. Folkloregruppen der jeweiligen Länder belebten die Szenerie und tanzten vor den Augen der Besucher, vollführten Zauberkünste und trugen vieles andere zum Erstaunen und zur Erheiterung bei.

Verkehrstechnisch wurde die Ausstellung durch mehrere Einrichtungen erschlossen: Die Hochbahn, mit dem Prinzip einer höherliegenden stromführenden Schiene, lief durch das gesamte Ausstellungsgelände als Ringbahn.

PARIS 1900

111 Hygiene-Ausstellung. Das »Märchenschloß« der Hygiene-Ausstellung zeigt, mit welch üppig wucherndem Gipsdekor fast alle Bauten dieser Ausstellung überzogen waren.

PARIS 1900

112 Blick von der ersten Plattform des Eiffelturms
113 Das Panorama der Stadt Paris vom Eiffelturm

114–116 Aus dem Ausstellungsgeschehen

112 Das Marsfeld mit dem Wasserschloß und Elektrizitätspalast. Dahinter die Maschinenhalle aus dem Jahre 1889.
113 Die beidseitige Bebauung des Seineufers bis zur Invaliden-Esplanade und der Große sowie Kleine Kunstpalast sind gut sichtbar. Die beiden Gartenpaläste stehen am nördlichen Seineufer und sind an ihren gewölbten Dächern deutlich zu erkennen.

114 Die österreichische Ausstellung präsentierte einen perfekten Sezessionsstil, der durch seine Geschlossenheit in Kunsthandwerk und -gewerbe einer der künstlerisch wertvollsten Beiträge gewesen sein dürfte.
Unser Bild zeigt den von Josef Hoffmann gestalteten Ausstellungsraum der Wiener Kunstgewerbeschule.
115 Das transsibirische Panorama. Durch den Blick aus einem Eisenbahnwaggon »durchfuhr« man ganz Sibirien. Mit Hilfe von bemalten Schiebewänden und reichlich Phantasie wurde man durch die Scheinwelt befördert.
116 Schnitt durch das Illusionskabinett »Seereise«.
Die Besucher konnten auf einer Schiffssektion, wo durch sanfte Schaukelbewegungen die perfekte Illusion gezaubert wurde, eine simulierte Seefahrt unternehmen.

PARIS 1900

117 »Trottoir roulant«
118 Haupttor der Ausstellung. »La Porte Monumentale« wurde das aus Eisen gefertigte Haupttor der Weltausstellung genannt. Es entstand an der Place de la Concorde. Der Entwurf stammte von dem Architekten René Binet.

Die rollenden Gehsteige mit einer Gesamtlänge von 3,5 Kilometern verbanden das Marsfeld, die Invaliden-Esplanade und das südliche Seineufer. Sie verfügten als elektrische Stufenbahn über 2 Fahrgeschwindigkeiten, eine Bahn mit 4 und eine mit 8 Kilometern pro Stunde. Als eine in sich geschlossene Ringbahn konnte das gesamte Ausstellungsgelände tangential umfahren werden.

Drei zu einem Dreieck verbundene Bögen von 30 Metern Höhe und 20 Metern Breite trugen als oberen Abschluß eine Kuppel mit einer Grundfläche von 500 Quadratmetern. Die Minarette, die das Haupttor flankierten, waren 35 Meter hoch. Über 3 000 farbige Glühlampen schufen des Nachts eine »feenhafte Beleuchtung«.

PARIS 1900

119 Kleiner Kunstpalast

Die neuzeitliche Aufnahme gibt ein unverfälschtes Bild.
Lediglich Mode und Autotypen unterlagen seither einem häufigen Wandel.

120 Wasserschloß. Ein Aquarell von Thiel zeigt das Wasserschloß mit dem dahinterliegenden Elektrizitätspalast bei Nacht.
121 Innenansicht des Elektrizitätspalastes

Das Zusammenwirken bizarrer Raumarchitektur und Tausender Beleuchtungspunkte, die ihr Licht in zahlreichen Spiegeln steigerten, schuf den Eindruck einer großartigen Illusion.

122 Festsaal

Der 25 000 Menschen Platz bietende Festsaal
wurde in die Maschinenhalle von 1889 hineingebaut. Der fast 90 Meter im Durchmesser
große Baukörper war kuppelartig überdacht.
Die feingliedrige Eisenkonstruktion ist jedoch nur noch
im Bereich der Stützen und der Kuppel spürbar, alles andere kaschierte man
mit üppigen Gipsformen und dekorativer Malerei
(Aquarell von Garen).

PARIS 1900

123 Haupteingang des Großen Kunstpalastes

Der kubische Dachaufbau stammt aus jüngster Zeit
und gibt zur historischen Fassade einen befremdenden Kontrast.

PARIS 1900

124 Lageplan. Der Plan läßt das ständige Bemühen erkennen, die Ausstellungsfläche zu vergrößern. Die Seineufer werden zum Bindeglied zwischen dem Champ de Mars mit Trocaderoteil und der Esplanade des Invalides. Diese ist bis zur Avenue des Champs Élysées, durch die Avenue Nikolas II., verlängert worden.

1 Trocadero-Palast;
2 Eiffelturm;
3 Hauptgebäude;
4 Wasserschloß mit dahinterliegendem Elektrizitätspalast;
5 Festsaal in der Maschinenhalle;
6 Halle der Land- und Seestreitkräfte;
7 Gartenbauhallen;
8 Länderpavillons;
9 Großer Kunstpalast;
10 Kleiner Kunstpalast;
11 Gebäude verschiedenster Industriezweige;
12 »trottoir roulant« – rollende Gehsteige

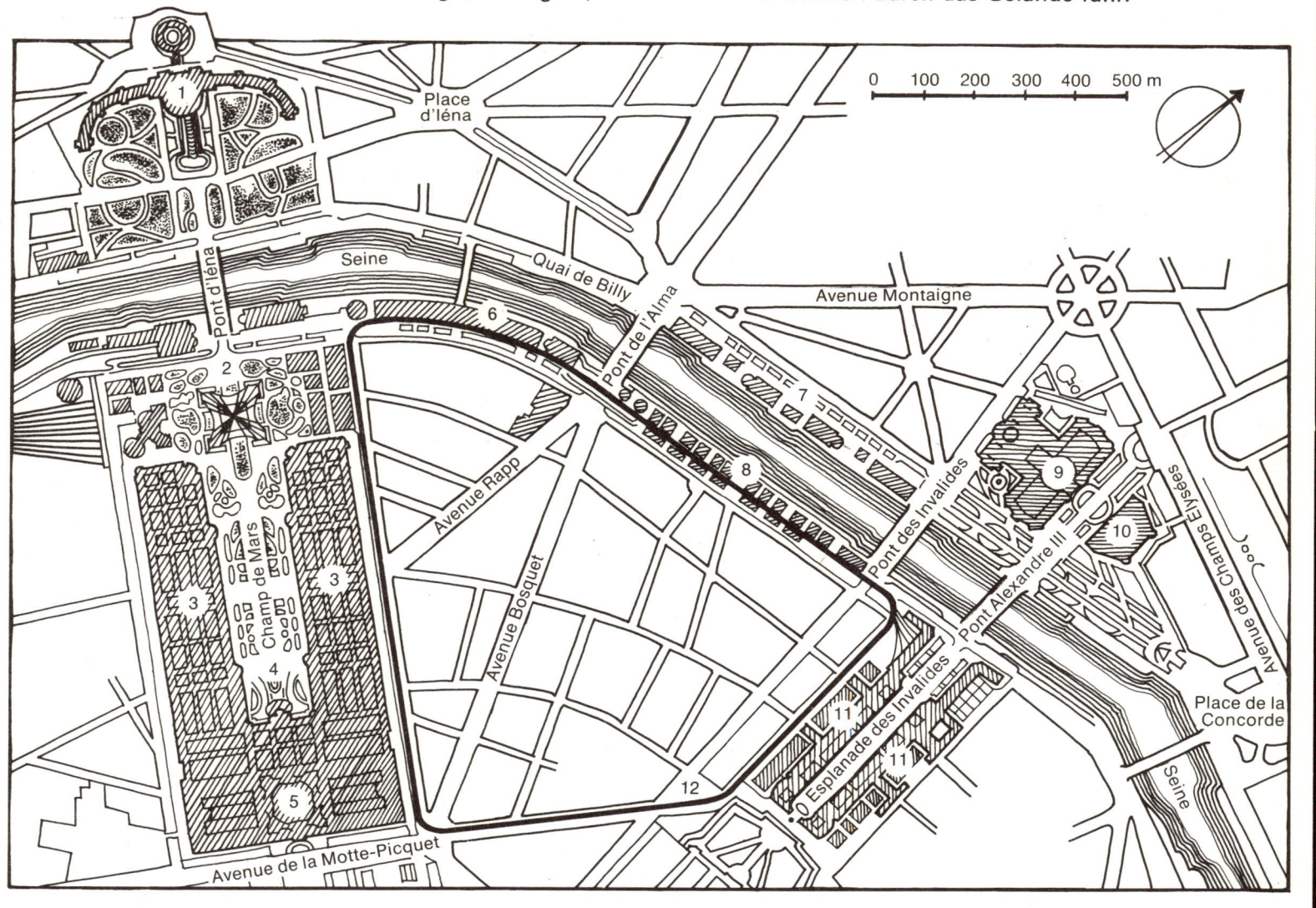

Sie verband das Marsfeld mit der Invaliden-Esplanade und führte am Seineufer zurück zum Marsfeld. Parallel zu dieser war der 3,5 Kilometer lange »trottoir roulant«. Der Trottoir roulant oder auch die Stufenbahn bestand aus einer festen Plattform, einer mit 4 Kilometer pro Stunde und einer mit 8 Kilometer pro Stunde laufenden Bahn. Diese wurden der Kuriosität und der Bequemlichkeit wegen in starkem Maße von den Ausstellungsbesuchern benutzt. Der Rekord lag bei der Beförderung von 160 000 Menschen an einem Tag. Stufenlose Transportbänder brachten die Personen zu dem hochgelegenen rollenden Fußweg. Benutzer der »rollenden Gehsteige« beklagten, daß sich die einzelnen Paletten ziemlich geräuschvoll und vibrierend durch das Gelände bewegt hätten. Auch wünschte man sich aus Gründen der Bequemlichkeit auf der kilometerlangen Strecke Sitzmöglichkeiten.

Als verkehrstechnische Neuheit wären noch die Rolltreppen zu nennen. Sie wurden erstmals auf dieser Ausstellung von der amerikanischen Company Otis aus New York vorgestellt. Ihnen prophezeite man schon damals eine große Zukunft, die wir heute guten Gewissens bestätigen können. Als kleinste »verkehrstechnische Einheit« wäre noch ein Angestelltenheer zu nennen, das für wenige Centimes die Besucher in Rollstühlen durch das Gelände fuhr.

Das Ausstellungsgelände

Wie bei jeder Weltausstellung, stand auch diesmal das Problem des zu vergrößernden Geländes. Sich mitten im Herzen von Paris auszubreiten, kostete einige Überlegungen, denn es mußte eine beträchtliche Erweiterung der Fläche erreicht werden unter Respektierung altehrwürdiger, historischer Bausubstanz. Das Marsfeld und der Teil, auf dem der Trocadero-Palast stand, bildeten traditionsgemäß den Hauptausstellungskomplex. Die 1889 erstmalige schüchterne Einbeziehung des Seineufers wurde diesmal zum verbindenden Element mit einer Vielzahl von Ausstellungsgebäuden zwischen dem Champ de Mars und der Esplanade des Invalides bzw. dem Trocadero-Palast und den beiden Kunstpalästen. Die Attraktivität dieses Ausstellungsgeländes braucht wohl nicht besonders betont zu werden.

In Verlängerung der Esplanade des Invalides schuf man die Avenue Nicolas II., die auf den Champs Élysées endet. Um die Avenue Nicolas II. mit den beiden Kunstpalästen errichten zu können, wurde der zur Weltausstellung von 1855 gebaute Industriepalast abgebrochen. Die beiden Kunstpaläste wurden als ständige Bauten vorgesehen und stehen noch heute. Im Zuge der Flächenerweiterung wurden zwei Brückenbauten nötig, der Pont Alexandre III. und die Fußgängerbrücke zum Pont d'Iéna. Auf die letzte werden wir später noch einmal Bezug nehmen. Die Bauten der Esplanade des Invalides wurden nach Beendigung der Ausstellung abgerissen, war doch ihr Pomp nur eine Staffage aus Gips und Leinwand, aus Stuck. Ebenfalls abgerissen wurden die Bauten an den Seineufern und einige Hallen am Champ de Mars.

Es gab noch ein fernabgelegenes Ausstellungszentrum im Park von Vincennes, das aber auf Grund seiner ungünstigen Lage und verkehrstechnischen Erschließung ein Schattendasein führte, denn nur wenige Besucher machten sich die Mühe, es aufzusuchen. Nehmen wir alle Ausstellungsflächen zusammen, so betrug die Gesamtgröße 108 Hektar.

Ausstellungsgebäude

Die Maschinenhalle, der Trocadero-Palast und der Eiffelturm waren stehen geblieben. Die Maschinenhalle wurde in ihrem Mittelteil in eine Festhalle für 25 000 Menschen umgewandelt. Dieser Einbau stammte von Raulin, mit seiner kuppelartigen Überdeckung hatte er einen Durchmesser von fast 90 Metern. Schild bezeichnete in seinem Buch »Zwischen Glaspalast und Palais des Illusions« diesen gewaltigen Rundbau als ein »beachtenswertes Raumgebilde mit einer kühnen Eisenkonstruktion«. Sein konstruktives Gerüst war, von der optischen Wirkung her, sehr grazil. Die ausgesprochene Leichtigkeit hatte ihre Ursache darin, daß der in einem Baukörper errichtete Saalbau keinerlei Windbelastungen ausgesetzt war. Ein Moment, das die Dimensionierung und seine Statik grundsätzlich beeinflußte und sichtbar veränderte.

Der Eiffelturm konnte sein Gesicht bewahren, wohl nicht zuletzt deshalb, weil er sich im Privatbesitz von Gustave Eiffel befand, der den Turm 1889 zu vier Fünfteln aus eigenen Mitteln finanziert hatte. Erst 1909 wurde er Staatseigentum.

Als Glanzpunkte der Ausstellung wurden das Wasserschloß und der dahinter liegende Elektrizitätspalast auf dem Marsfeld angesehen. Beides geeignet, Illusionen und Emotionen der Ausstellungsbesucher aufleben zu lassen. Aus einer Höhe von 29 Metern stürzte aus dem Wasserschloß – Chateau d'Eau – Wasser in ein 11 Meter tiefer gelegenes 1. Becken. Von dort verteilte es sich in die verschiedenen darunterliegenden größeren und kleineren Bassins und bildete Fontänen, Strudel und Wasserfälle. 1 300 Liter Wasser wurden von dieser Wasserkunst in der Sekunde verbraucht. Phantastische Menschen- und Tiergestalten bevölkerten die künstlichen Felsen und Grotten. Am Abend wurden die Konturen der Anlage durch elektrische Lampenreihen erleuchtet. Auch die Fassade des Elektrizitätspalastes wurde dann durch Tausende elektrische Lampen illuminiert. Der Elektrizitätspalast, der die gesamte Breite des Wasserschlosses einnahm und dieses noch an Höhe übertraf, sah in der perspektivischen Wirkung am Tag und mit dem Beleuchtungseffekt in der Nacht wie »Plauener

125 Elektrizitätspalast. Montage des »tausendfach funkelnden Sterns« über dem Elektrizitätspalast. Er wurde mit einer Unzahl farbiger elektrischer Glühlampen bestückt und verwandelte das Ausstellungsgelände abends, im Zusammenspiel mit anderen Illuminationspunkten, in ein Lichtermeer.

Spitze« aus, die man über dem »Chateau d'Eau« befestigt hatte. Ein fast 10 Meter hoher, dreidimensionaler Stern mit einer Symbolfigur überragte diese Feerie der Nacht, das Monstrum des Tages.

Das Wasserschloß wurde von Paulin und der Elektrizitätspalast von Hénard geschaffen. Hinter der schwellenden und quellenden, von Ornamenten überzogenen Fassade, die einzig und allein die Besucher in eine Traumwelt zu versetzen hatte, verbarg sich bereits ein neuer Baustoff, der Eisenbeton, der heute unter dem Begriff Stahlbeton geläufig ist. Paulin kommt nicht das Verdienst des Erfinders und auch nicht des Erstanwenders zu, aber seine erstmalige Anwendung als »bildsames plastisches Material«, wie es Schild in seinem schon oben erwähnten Buch heraushob. Der Eisenbeton wurde von dem Franzosen Hennebique in den neunziger Jahren des vergangenen Jahrhunderts in großem Umfang bei Industrie-, Verkehrs-, Gesellschafts- und Wohnbauten eingesetzt.

An der neugeschaffenen Avenue Nicolas II. entstanden der Große Kunstpalast, für die zeitgenössischen Künste aller Völker, und der Kleine, der retrospektiven Sammlung von französischer Kunst und Gewerbe dienend. Letzterer wurde nach der Weltausstellung von dem städtischen Gewerbemuseum übernommen, während der Große der Vielfachnutzung zugeführt wurde, die von den jährlichen Salons bis zu Zirkusveranstaltungen, Blumen- und Fahrradausstellungen reichte.

Der »Stil« – besser das historizistische Gemisch –, der dem Großen Kunstpalast nach außen hin aufgesetzt wurde, stammte aus der Zeit Ludwig XVI., die Säulenordnung war ionisch, und mit figürlichen Darstellungen und Vasenschmuck verfuhr man großzügig. Was den zeitgenössischen Kritikern auffiel, war das Additive, additiv in der Behandlung der Fassadenabwicklung. Jede der vier Seiten wurde von einem anderen Architekten entworfen und erstellt. Das Innere des Gebäudes war eine reine Eisenkonstruktion, die von massiver Architektur umgeben wurde. Der Zwiespalt zwischen Eisen und Stein trat offensichtlich zutage und fand nur wenig Zustimmung. Man bezeichnete ihn im Gegensatz zum Kleinen Kunstpalast als »groben, großen Nachbar«, als «traditionslosen Gesellen der dritten Republik, der das reiche Erbe mit plumpen Händen zerstört«. (23) Der Einfluß Chicagos von 1893 war nicht zu übersehen. Frankreich erschrak vor den eigenen Pionierleistungen und fiel in eine historizistische Phase zurück.

Der Kleine Kunstpalast wurde von dem Architekten Girault entworfen. Auch Girault entnahm seine Formensprache dem Stil der Zeit Ludwigs XVI. Der Bau war einheitlich in seiner Gestaltung und zurückhaltender gegliedert, ohne ihn baugeschichtlich aufwerten zu wollen. Er wurde zwar in einer milderen, dennoch sehr treffenden Form kritisiert: »Der kleine Palast repräsentiert das alte Frankreich, das aristokratische mit dem angeborenen Geschmack und seiner nie versagenden Eleganz, die altmodisch, aber nie reizlos werden kann.« (23) Altmodisch und dennoch nicht reizlos stand er schon damals vor dem Publikum; wenn wir ihn heute betrachten, urteilen wir mit ähnlicher Milde und weisen ihm seinen Platz als Dokument der Zeitgeschichte zu.

Nach der Garnierschen Idee von 1889, »Wohnungen aller Zeiten und Länder« zu zeigen, hatte man dieses Mal die des Malers und Zeichners Robida aufgegriffen, entlang des nördlichen Seineufers auf einer Länge von über 300 Metern, Alt-Paris aus vier Jahrhunderten aufzubauen. Als dieses »alte« Paris an den Ufern erstrahlte, wurde eine Diskrepanz zwischen den Zeichnungen und der Ausführung deutlich. Das Alt-Paris stand makellos und geleckt vor den Augen seiner Betrachter. Man fühlte sich unwohl, ja fast betrogen und mied letzten Endes den künstlichen Ort, dem jegliche Patina und somit Lebensechtheit und -nähe fehlten. Hier empfand man übermächtig jene Kulisse, die in den anderen Bauten und Hallen nicht minder vorhanden war, nur war ihr zeitlicher Abstand geringer.

Zwei Bauten zeigten auf der Jahrhundertwendeausstellung noch relativ klar ihr konstruktives Gerüst. Dies waren die Eingangspforte an der Place de la Concorde von Binet und die Riesengewächshäuser für Gartenbau und Baumzucht von Gautier. Sie hatten bei weitem nicht die konstruktive Klarheit ihrer Vorgänger von 1889, Maschinenhalle und Eiffelturm, aber sie zeigten ihre reine Konstruktion in Verbindung mit Glas bzw. das Haupteingangstor nur in Eisen. Sie hielten höchstens wach, was in Frankreich schon geleistet worden war, aber fielen selbst in Zierat und Schmuckgebilde zurück.

Neben dem Eisenbetongerüst des Wasserschlosses gab es eine wesentlich bedeutendere Leistung aus Beton, die aber am Rande des Geschehens lag: die Fußgängerbrücke in der Nähe des Pont d'Iéna. Ihre Spannweite betrug 14 Meter und war in Eisenbeton nach der von Hennebique entwickelten Bauweise errichtet worden. Rippenbögen im Abstand von 2,70 Metern überspannten die gesamte Breite, ihre Abmessungen verjüngten sich zum Scheitel hin. Untereinander wurden die in Längsrichtung verlaufenden Bögen durch kleine Querbalken im Abstand von 2,50 Metern miteinander verbunden. Über die Bögen verlief die ebene, kreuzweise armierte Deckenplatte der Brücke. Der Stich des Brückenbogens betrug 1:23. Das Brückenwiderlager bestand ebenfalls aus einer Eisenbetonplatte, die durch einen Hauptbalken und zwei Nebenbalken verstärkt wurde, damit der gesamte Druck aufgenommen werden konnte.

Alle Teile dieser Brücke waren konsequent in Eisenbeton ausgebildet und wurden nach ihren statischen Berechnungen dimensioniert. Die Konstruktion ergab ihre Form. »Die Einheit von Konstruktion und Form war erreicht, eine neue Möglichkeit, ein Prinzip des Bauens ausgeschöpft.« (35) Zaghaft und vorsichtig kündigt sich der neue Baustoff an, der für das 20. Jahrhundert, ganz besonders für die erste Hälfte, charakteristisch wurde und heute aus dem modernen Baugeschehen nicht mehr wegzudenken ist.

Abgesehen von den beiden Ansätzen im Betonbau, die von der Öffentlichkeit damals nicht weiter beachtet wurden, unterlagen die Gebäude der Jahrhundertwendeausstellung heftiger Anschuldigungen. Die Bauten wurden von Hautecour als »fieberhafter Traum von Architekten« und »Paläste von Nougat und Schlagsahne« bezeichnet. Eine chaotische Formenfülle, Stilanklänge aller Zeiten und Länder tummelten sich in einer Unzahl kleiner und großer Bauten und verliehen diesen karnevalistische Züge. Die alte Formenwelt versank in Dekadenz, die neue wurde noch nicht beherrscht, die Ingenieurbaukunst noch nicht anerkannt; ihr kamen Zweckfunktionen, nicht die der Repräsentation zu.

Hermann Muthesius schrieb in einem Aufsatz über die Pariser Weltausstellung von 1900 vernichtende Worte und bezeichnete die »Bauten ohne Sinn und Verstand, ohne Geschmack und mit Verzicht auf jedes höhere Ziel, lediglich für die Menge als wüste Orgie errichtet, für die sie (die Architekten, d. V.) die schreiendste Anhäufung von ausschreitenden Formen gerade gut genug hielten«. (25)

Erich Schild arbeitete dies in seinem Buch »Vom Glaspalast zum Palais des Illusions« eindeutig heraus. Er verwies darauf, wie ein ehemals ernstes Ansinnen im Illusionspalast endete, den es tatsächlich unter dieser Bezeichnung auf der 1900er Ausstellung gegeben hatte. Nicht mehr Maschinen und Technik begeisterten die Menge, sondern illusionistische Darstellungen wie Wasser-, Licht-, Illusions-, Reise- und Fahrspiele. Nicht mehr der Wissenshungrige strömte durch die Pforten, sondern der, der unterhalten sein wollte. In einer scheinbaren Welt des Friedens – Mitteleuropa erlebte seinen letzten Krieg 1871 – gab man sich gern der »Illusion des Überreichen und Schönen, des scheinbar Kostbaren und Gesicherten« (35), nicht zuletzt auch in der Architektur hin. Mit dieser Ausstellung wurde klar, daß sich die ursprüngliche Idee der Weltausstellung moralisch verschlissen hatte.

Mag der Gedanke einer sterbenden Ausstellung überspitzt, extrem sein, so entbehrt er nicht einer gewissen Realität. Die Weltausstellung alten Typs, so wie sie seinerzeit Prinz Albert ins Leben gerufen hatte, war tot oder erstarb. In der Folgezeit gab es noch einige Ausstellungen bis zum ersten Weltkrieg, doch verloren sie zunehmend an Glanz. Zwischen den beiden Weltkriegen und auch noch danach bildeten sich neue Ideen heraus, die die alten Weltausstellungen in thematische und kulturelle Lehr- und Leistungsschauen – im allumfassendsten Sinne – verwandeln sollten und ihre Existenz als Exposition rechtfertigten. Die Industrie begann, sich der Weltausstellung mehr und mehr zu entledigen. Sie hatte sie nicht mehr nötig. Die Kommunikationsmittel waren andere geworden, die Länder rückten mehr und mehr zusammen, die Entfernungen verringerten sich mit der Geschwindigkeit moderner Verkehrs- und Nachrichtenmittel. Messen und Ausstellungen berücksichtigten den kommerziellen Aspekt weit mehr, man suchte und besuchte fachspezifische Industrieausstellungen. Der harte Konkurrenzkampf bot keinen Platz für Emotionen. Umfragen und Analysen aus dieser Zeit ergaben, daß bei vielen Ausstellern unterschiedlichster Gebiete die geringen Erwartungen nicht erfüllt wurden.

Die Leistungen auf dem Gebiet der Architektur und Baukunst waren Totgeburten. Die Eisenkonstruktionen hatten sich mit einer Gipshülle der Stilepochen vergangener Jahrhunderte wie mit Flitterkram behängt. Es galt, prächtig zu sein und zu scheinen. Doch an neuer Pracht fehlte es, man besaß sie nicht. Üppigkeit korreliert nicht mit Zeit und Geld. Die Devise »time is money« prägte das Industriezeitalter und drückte allem Zukünftigen seinen Stempel auf. Letztmalig hatte sich in Europa ein derartig theatralischer Historismus in solcher Geschlossenheit innerhalb der Ausstellungsarchitektur gezeigt. Der künstlerische Umwandlungsprozeß war nicht mehr aufzuhalten. Die Anfänge zeigten sich bereits vor dem ersten Weltkrieg und fanden ihre Verbreitung nach 1918.

Exposition est morte

DIE AUSSTELLUNGEN ZWISCHEN 1900 UND 1914

St. Louis 1904, Lüttich 1905, Brüssel 1910, Gent 1913

In den Jahren zwischen 1900 und dem ersten Weltkrieg fanden noch 7 Weltausstellungen statt. Außer der amerikanischen in St. Louis von 1904 verliefen sie ruhiger, im kleinen Rahmen und mit zuweilen mäßiger Teilnahme. Man sprach direkt von einer »Weltausstellungsmüdigkeit«. An ihnen teilzunehmen, lag mehr im politischen als wirtschaftlichen Interesse. So zum Beispiel in Gent 1913. Innerhalb von acht Jahren veranstaltete das relativ kleine Belgien die dritte Weltausstellung. Deutschland verweigerte zunächst seine Beteiligung. Bei Bekanntgabe der deutschen Nichtbeteiligung setzte Frankreich alles in Bewegung, um besonders in der Flamenstadt Gent seinen Einfluß geltend zu machen. Gab es doch in Belgien ständig Kompetenzschwierigkeiten zwischen den französisch und flämisch sprechenden Teilen. Frankreichs großartige Vorbereitungen änderten Deutschlands Entscheidungen zu Teilnahme und Unterstützung der politischen Bestrebungen der flämischen Bevölkerung.

Die Jahre zwischen 1900 und 1914 waren gekennzeichnet von den zunehmenden politischen Spannungen, die in dem unglückseligen Krieg von 1914 bis 1918 endeten. Das wirtschaftliche Interesse für Weltausstellungen erlahmte immer stärker. Die Welt- und Absatzmärkte waren aufgeteilt, und deutsch-nationale Kräfte des Großkapitals drangen auf gewaltsame Veränderung.

Auf dem Gebiet der Kunst und Architektur begannen sich die neuen Strömungen, frei von Stilen und Historizismen, zu entfalten und entsprechendes Gehör zu verschaffen. In Amerika waren es Wright (1867-1959) und Sullivan (1856-1924), die ihre Ideen in die Tat umsetzten, in Holland Berlage (1856-1934), der die Ideen von Wright nach Holland trug, in Italien die Futuristen um Sant'Elia (1888-1916) und Marinetti, der Sant'Elias zukünftige Architekturen popularisierte, und in Frankreich Garnier (1869-1948) und Perret (1874-1956), in Deutschland der Deutsche Werkbund unter der Führung von Muthesius und solche bedeutenden Architekten wie Behrens (1868-1940), Poelzig (1868-1936), Tessenow (1876-1950), Hoffmann (1870-1956), Riemerschmid (1868-1957), Gropius (1883-1969) u. a. Die weitestgehende Verkrustung und scheinbare Ausweglosigkeit bis zu den Jahren um 1900 wurden in der Folgezeit auf einer internationalen Ebene aufgebrochen – nicht zuletzt auch durch die Strömungen des Jugendstils – und halfen, die Moderne vorzubereiten, die nach dem ersten Weltkrieg ihren weltweiten Siegeszug antreten sollte.

Im Ausstellungsbau zeigten sich wenig neue Tendenzen. Lediglich Deutschland übernahm die ermutigende und sich frei von jeglichen Stilen bewegende neue Haltung. In Gent 1913 tat sich kompromißlos und überzeugend der bereits neue entstandene Baugedanke, vom Deutschen Werkbund getragen, kund.

St. Louis 1904
Louisiana Purchase Exposition

Mit dieser Weltausstellung der Kontraste und unbegrenzten Möglichkeiten, wie die Amerikaner sie selbst einschätzten, wollten sie alles an Größe und Massenwirksamkeit bisher Dagewesene übertreffen und in den Schatten stellen. Die Riesenanlage sollte Staunen und Begeisterung vornehmlich der Amerikaner erwecken. Was sie wohl auch tat. Allerdings brachte sie an Qualität nichts Neues, nur ihre Quantität wuchs ins Unermeßliche. Wie in Chicago vor elf Jahren dominierten griechisch-römische Stuckpaläste, die in ihrem Inneren die geschickte Zimmermannsarbeit nicht verbargen, die man in allen Riesenscheunen bewundern muß. Die Welt mag nie wieder eine derartige riesenhafte Gipsstadt gesehen haben. Das genutzte Gelände hatte die 500-Hektar-Grenze überschritten.

Das Ausstellungsgelände lag westlich von der Stadt im Forest-Park, in einem leicht hügeligen Terrain, das nach einheitlichem Plan in Fächerform städtebaulich gegliedert wurde. Im Gegensatz zu Chicago, wo sich mehrere Zentren um die Wasserbecken gruppierten, orientierte man auf einen großen, einheitlichen Mittelpunkt, die Festhalle. Hier fand die feierliche Eröffnung am 30. April statt. Am 1. Dezember 1904 schlossen sich die Tore dieser amerikanischen, flächenmäßig größten Ausstellung der Welt.

DIE AUSSTELLUNGEN ZWISCHEN 1900 UND 1914

126 St. Louis 1904. Lageplan. Die flächenmäßig größte Ausstellung wurde durch ein umfangreiches Verkehrssystem erschlossen. Zwischen Haupteingang und Festhalle bzw. dem Kunstausstellungsgebäude breiteten sich die wichtigsten Bauten fächerförmig aus.

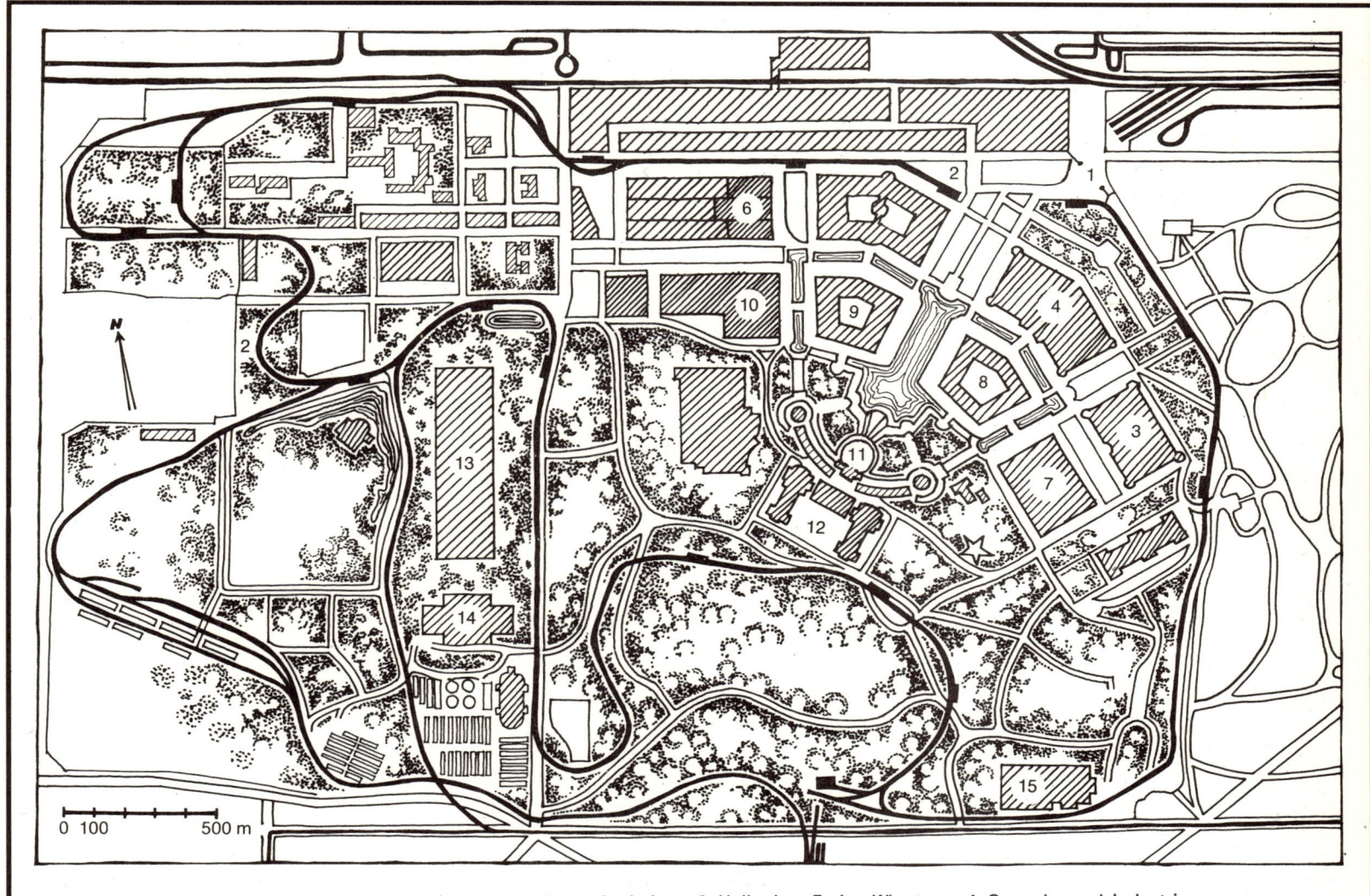

1 Bahnhof und Haupteingang; 2 Ausstellungsringbahn; 3 Halle der »Freien Künste«; 4 Gewerbe und Industrie; 5 Kunstgewerbe; 6 Verkehrswesen; 7 Hüttenwesen; 8 Erziehung und Sozialwissenschaften; 9 Elektrizitätshalle 10 Maschinenhalle; 11 Festhalle mit Wasserspielen; 12 Kunstausstellung; 13 Ackerbauhalle; 14 Gartenbaugebäude; 15 Ausstellungshotel

LÜTTICH 1905
Exposition Universelle

In Lüttich wurde aus Anlaß des 75jährigen Unabhängigkeitsjubiläums des belgischen Staates eine Weltausstellung unter dem Protektorat des belgischen Königs veranstaltet.

Die landschaftliche Umrahmung — an den Ufern des Zusammenflusses der Ourthe und Maas — bildete einen denkbar günstigen Standort, zumal auf einer der Halbinseln der ehemalige zoologische Garten mit gutem alten Baumbestand lag, der jetzige Parc d'Acclimatation.

Baulich gab es auch hier nichts Erwähnenswertes.

In Brüssel bot die Ausstellung weder von der städtebaulichen Seite noch von seinen Architekturgebilden her Nennenswertes, war doch auch hier eine Stadt aus Gips und Pappe im royalistischen und Louis-seize-Stil entstanden. Auf dieser Ausstellung zeigten sich zwei Tendenzen: die romanischen Länder fielen nach der kurzen Phase ihres »Art-Nouveau«, Jugendstils, wieder zurück in ihren angestammten Akademismus, in barockisierende Palastmotive, die Garnier mit seiner Oper 1861 bis 1875 in Paris ins Leben gerufen hatte und die

BRÜSSEL 1910
Exposition Universelle et Internationale

DIE AUSSTELLUNGEN ZWISCHEN 1900 UND 1914

127 Lüttich 1905. Das Gelände der Weltausstellung war in einer landschaftlich äußerst reizvollen Umgebung gelegen. Die drei voneinander getrennten Ausstellungsteile wurden durch mehrere Brücken miteinander verbunden.

128 Brüssel 1910. Lageplan. Das 88 Hektar umfassende Ausstellungsgelände läßt eine wenig gegliederte Anlage erkennen.

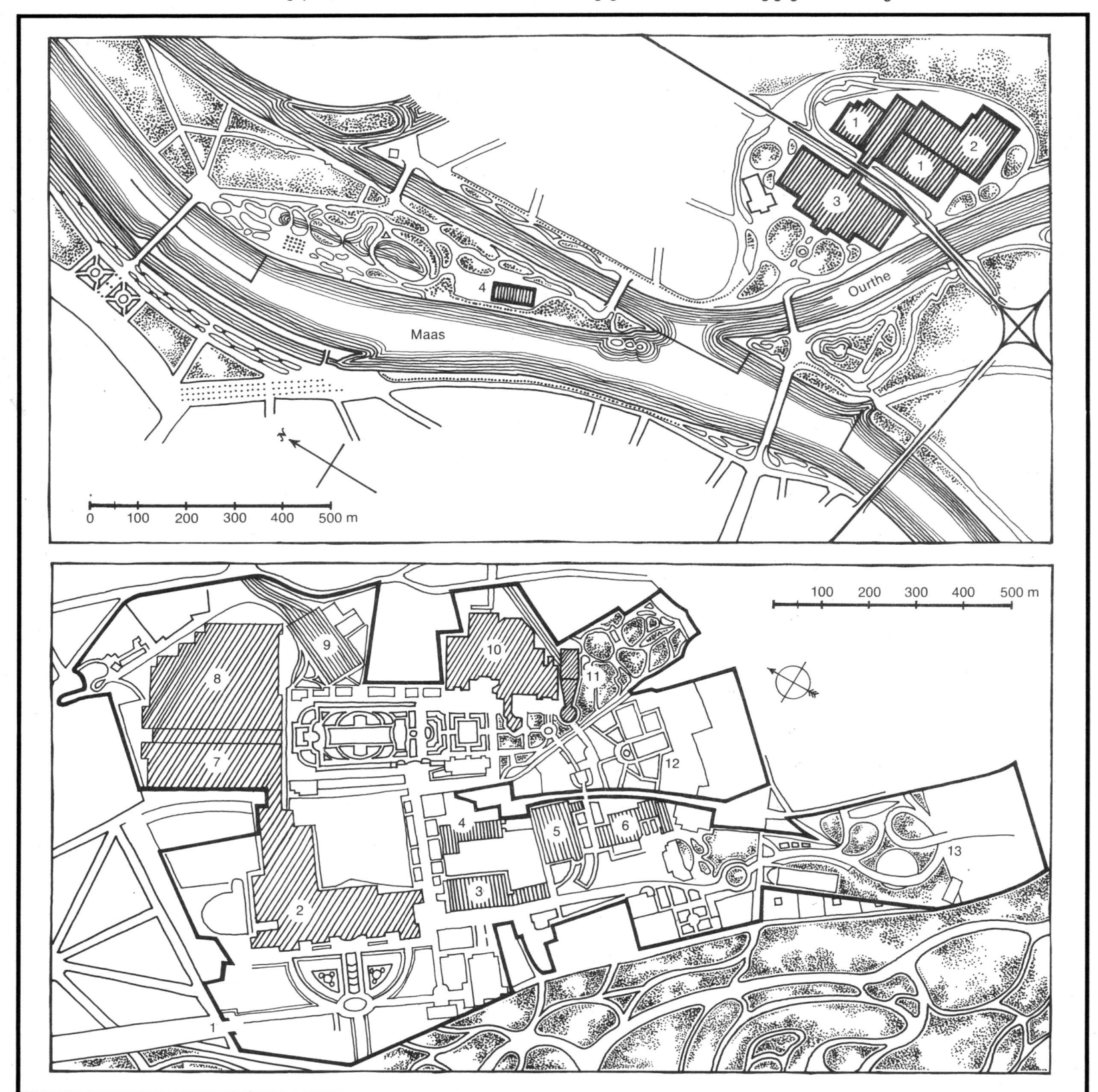

1 Industriehalle;
2 Maschinenhalle;
3 Halle der Industrie und des Handels;
4 Halle der »Schönen Künste«

1 Haupteingang;
2 Belgien-Hauptausstellungshalle;
3 Belgien;
4 Automobilausstellung;
5 Belgien;
6 Landwirtschafts- und Gartenbauhalle;
7 Länderausstellung;
8 Maschinenhalle;
9 Eisenbahnausstellung
10 Deutschland;
11 Deutsche Eisenbahnausstellung;
12 Vergnügungspark;
13 Sportplatz

noch allenthalben in den Köpfen herumgeisterten.

In Deutschland hatte sich in der Zwischenzeit unter Muthesius, Behrens, Riemerschmid u. a. eine neue Formensprache herausgebildet. Geistig entwickelten sie sich aus der Strenge des Klassizismus, ohne seine Formen zu benutzen.

Für Brüssel hatte man u. a. Paul, Behrens und Riemerschmid mit Entwürfen für die deutschen Ausstellungshallen und -bauten sowie deren Ausstattung beauftragt. Die Eisenbahnhalle und die Halle für Ingenieurwesen von Behrens waren in ihrer straffen Einheitlichkeit der Form und Farbe, der abgeleiteten Schönheit aus der Konstruktion, die in unbedingter Übereinstimmung des Raumes mit den ihn füllenden Exponaten standen, baulich als Bestes auf dieser Ausstellung anzusehen. Die Halle für Ingenieurwesen diente repräsentativen Zwecken, in der die Erzeugnisse deutscher Ingenieurwerke in Modellen und Zeichnungen dargestellt wurden. Das Innere der Halle wurde durch eine an drei Seiten herumgeführte Galerie vertikal gegliedert. Das das Hauptschiff überdeckende Dach war völlig verglast und gegen Blendwirkung mit einer Nesselabspannung geschützt.

Die Eisenbahnhalle war ein dreiseitig geschlossener und an der Vorderseite offener großer Raum. Eine gleichmäßige Ausleuchtung der Halle erreichte man durch Reihung von parallel mit der Querschnittlinie laufenden aufgesattelten Glasdächern. Die Dachkonstruktion bildeten geschlossene Bohlenbinder. Um das Material Holz klar hervortreten zu lassen, wurde es in seinem rohen Zustand belassen.

Ein Kritiker aus jener Zeit schätzte die damalige Situation der deutschen Künstlerschaft auf der Weltausstellung sehr treffend ein, indem er schrieb: »Die emsige Arbeit unserer Künstler und die in einer Reihe von Raumkunstausstellungen während der letzten Jahre gesammelte Erfahrung kommt hier in einer großzügigen, sicher geleiteten, reifen Schöpfung zur Geltung. Dem Eindruck, daß ein starker und lebensfähiger Wille zu künstlerischer Betätigung am Werke, daß ein junger Stil geboren ist, kann man sich nicht verwehren.« (13)

Karl Scheffler, der sich in einem Artikel über das deutsche Kunstgewerbe im Weltausstellungskatalog vom Jahre 1910 äußerte, gelangte zu einer ganz ähnlichen Aussage: »Die Reformideen auf das Kunstgewerbe wurden durch Maler, Bildhauer und Architekten hervorgerufen. Sie eroberten ein Handwerk nach dem anderen bis das moderne bürgerliche Interieur entstanden ist. Möbel – Stoffe – Öfen – Lampen – Beschläge – Tapeten – Teppiche – Bücher – Gläser – Porzellan usw. wurden davon ergriffen. Eine tiefe Einheitlichkeit durchzog die neue Lebensform. Der Werkbund schuf die Vereinigung zwischen dem Künstler und der Industrie. Es entstand eine organisatorisch feste Form der Orientierungsrichtung. Seit Jahren haben sich schon eine Reihe der leistungsfähigsten Firmen mit den Gewerbekünstlern in jenem ›Werkbund‹ zu gemeinsamer, nachdrücklicher Kunst- und Wirtschaftspolitik vereinigt.«

Die Einheitlichkeit, die Scheffler hier ansprach und die ihren moralischen Rückenhalt im Werkbund erhielt, spiegelte eine Anzahl von Raumentwürfen und deren Ausstattung von Paul wider, zeigten Riemerschmids Damen-Speisezimmer, Vogelers (Maler und Grafiker) Boudoir, Orliks Kunstkabinett und Behrens' Presseraum sowie das Zimmer der »Illustrirten Zeitung«. In ihnen war nicht einmal mehr ein Hauch von Historizismus zu spüren. Der Bruch mit ihm war in Deutschland endgültig vollzogen und führte nach dem ersten Weltkrieg konsequent zum Bauhaus, wo »das Zusammenwirken von Kunst und Industrie« im Sinne »umfassender Lebensgestaltung ... mit der fortschreitenden Industrialisierung aktuell geworden war«. (20)

Abschließend sei noch ein Blick auf die Namensliste der Meister der bildenden Kunst gestattet, die Namen ausweist wie: Böcklin, Corinth, Feuerbach, Gulbransson, Kalckreuth, Kühl, Leibl, Leistikow, Kaulbach, Lenbach, Liebermann, Menzel, Orlik, Slevogt, Stuck, Thoma, Trübner, Uhde, Unger und Vogeler. Plastiken wurden von Gaul, Hildebrand, Klinger, Kolbe und Stuck gezeigt. In der grafischen Ab-

GENT 1913
Exposition Universelle et Industrielle

teilung waren Werke von der Kollwitz, von Orlik, Klinger und Kalckreuth zu finden.

Gent zeigte sich in seinen repräsentativen Hauptbauten ähnlich wie Brüssel. Scheffler bemerkte hierzu sehr treffend: »Es sind Kathedralräume, in denen man für 80 Pfennig zu Mittag ißt.« Mit dieser Bemerkung war die Ausstellungsarchitektur charakterisiert und bedarf keiner weiteren Erläuterung.

Interessant ist jedoch die Tatsache, daß das Neue, Moderne als Formgedanke fast alle ausstellenden europäischen Nationen ergriffen hatte und als Beitrag einer sich langsam abklärenden Weltkultur gesehen wurde. Am Anfang unseres Kapitels wurde bereits auf die einzelnen Bewegungen und die führenden Köpfe der einzelnen Nationen hingewiesen, die unabhängig voneinander Mittel und Wege einer neuen Formensprache suchten, die trotz aller Individualität und künstlerischen Unterschiedlichkeit sich mit den Worten »Wegbereiter zur Moderne zu sein« zusammenfassen lassen. Ihr Einfluß hatte sich soweit gestärkt, daß er zur Genter Weltausstellung spürbar alle Ausstellungsbereiche durchzog.

In der deutschen Abteilung fand man Wohnhäuser von van de Velde, Muthesius und Behrens, Messels und Olbrichs Warenhäuser, Endells neue Trabrennbahn in Mariendorf, Fabriken und Arbeiterwohnhäuser von Riemerschmid und Hoffmanns Marmorpalast für den Brüsseler Stoclet. Gropius wurde mit der Ausgestaltung eines Repräsentationsraumes betraut. Plakate von Klinger und Kochs Schriftkunst – von dem die berühmte Darstellung des Straßburger Münsters stammt – sowie Buchillustrationen von Behrens lassen etwas von der Qualität ahnen, mit der man sich zur letzten Weltausstellung auf den verschiedensten Gebieten präsentierte, bis jene Entwicklung gewaltsam unterbrochen wurde.

BARCELONA 1929

Exposición Internacional de Barcelona

Die Situation nach dem ersten Weltkrieg

Mit Beendigung des ersten Weltkrieges trat die Menschheit in eine historisch neue Phase. Deutschland und Österreich-Ungarn hatten eine völlige Niederlage erlitten. Österreich-Ungarn als Vielvölkerstaat zerfiel in eine Anzahl größerer und kleinerer Nationalstaaten. In Rußland wurde die zaristische Monarchie durch die Oktoberrevolution zerschlagen. Der Sieg der Großen Sozialistischen Oktoberrevolution führte zur Herausbildung des Sowjetstaates. Im Zuge dieser Veränderungen kam es zu revolutionären Erhebungen in Deutschland (Novemberrevolution) und Ungarn (Räterepublik) als Ausdruck des Willens zur Befreiung von politischer Unterdrückung und von Ausbeutung. Zahlreiche Künstler waren durch die Ereignisse des Krieges und die revolutionären Umwälzungen wachgerüttelt worden und bekannten sich zu den Zielen des kämpfenden Proletariats. So zum Beispiel in Deutschland, wo sich progressive Künstlergruppen bildeten wie die »Novembergruppe« und der »Arbeitsrat für Kunst« – beide in Berlin – oder die »Gruppe 1919« in Dresden. Der Novembergruppe gehörten Maler wie Max Pechstein, Lyonel Feininger, Wassily Kandinsky, Karl Völker; Bildhauer wie Hans Arp und Rudolf Belling; Architekten wie Walter Gropius, Hans Poelzig, Ludwig Mies van der Rohe, Bruno Taut und der Komponist Hanns Eisler an. Die Mitglieder der »Novembergruppe« bekannten sich eindeutig zur Revolution und forderten in ihren Richtlinien Einfluß und Mitarbeit bei allen Aufgaben der Baukunst als einer öffentlichen Angelegenheit, bei der Neugestaltung der Kunstschulen und ihres Unterrichts, bei der Umwandlung der Museen zu Volkskunststätten, bei der Vergebung der Ausstellungsräume und bei der Kunstgesetzgebung. Diese Künstlergruppen standen damals an der Seite der kämpfenden Arbeiterklasse. Einer Vielzahl von Künstlern war der bürgerliche Kunstbetrieb fremd geworden, sie standen ihm sogar feindlich gegenüber, mobilisiert durch Krieg und Revolution.

In den Jahren zwischen 1918 und 1924 kam der Sektor der Bauwirtschaft fast völlig zum Erliegen und erst in der Mitte der zwanziger Jahre setzte eine Wiederbelebung der Bautätigkeit ein. Inzwischen hatte sich in der Architektur ein neuer Stil durchgesetzt. »Eine Reihe entschlossener und wagemutiger Architekten hatte ihn geschaffen, Männer von ungewöhnlicher Phantasie und Erfindungsgabe. Seit fünfhundert Jahre zuvor die Schöpfer der Renaissance sich von der Gotik abwandten und etwas gänzlich Anderes an ihre Stelle setzten, hat es in der europäischen Architektur keine Revolution von ähnlicher Tragweite gegeben ... die Pioniere des zwanzigsten Jahrhunderts (haben) den Vorstoß in noch völlig unerforschte Bereiche auf ihre Fahnen geschrieben. Daß sie bei diesem Unternehmen alle logischen Gründe auf ihrer Seite hatten, steht außer Frage. Was sie getan haben, das hat notwendig getan werden müssen. Es war die Lösung einer Aufgabe, die die Zeit selber gestellt hat, und der Stil, den sie geschaffen haben, entspricht den sozialen und technischen Gegebenheiten des heraufkommenden Jahrhunderts ... Der neue Stil mit seiner Absage an das Handwerk und seinem Kampf gegen die Auswüchse einer rein dekorativen Fassadenarchitektur entspricht in hervorragender Weise den Bedürfnissen eines anonymen Publikums. Mit seiner einfachen Formensprache, die zugunsten glatter, ungebrochener Flächen die Gesimse und sonstigen plastischen Zierat auf ein Minimum reduziert, eignet er sich überdies besonders gut für die industrielle Produktion. Stahl, Glas und Eisenbeton, die bevorzugten Materialien der modernen Architektur, haben den neuen Stil zwar nicht geschaffen, aber sie sind seine integrierenden Elemente.« (28) Der »neue Stil« bezog sich auf das Bauhaus und Architekten wie Mies van der Rohe, Gropius und all jene in Deutschland, die sich dieser Formensprache anschlossen; in Frankreich waren es Le Corbusier, in Holland Oud, Rietveld, van Doesburg u. a. Die neue Architektur oder Pevsners »neuer Stil« setzte sich in Deutschland, Österreich, Holland und der Schweiz sehr rasch durch. Aber auch in Frankreich, Schweden, Finnland, Dänemark, wenig später in England, in den Vereinigten Staaten und der Sowjetunion bis 1933 fanden sich

129 Ausstellungsgelände. Das 120 Hektar große Gelände befand sich an einem Hang, der zum großen Teil parkähnlichen Charakter trug.

Die Ausstellung

Künstler und Architekten, nicht zuletzt auch progressiv denkende Auftraggeber, die sich der neuen Richtung verpflichtet fühlten. Ihren klarsten und kompromißlosesten Ausdruck erhielt diese neue Architektur im Barcelona-Pavillon der Weltausstellung von 1929. Der Schöpfer war Ludwig Mies van der Rohe.

Spanien, das schon in jener Zeit als eines der wirtschaftlich rückständigsten Länder in Europa anzusehen war, versuchte mit einer Weltausstellung Anschluß an die moderne, technisierte Welt zu finden oder wenigstens auf sich aufmerksam zu machen.

1913 hatte die spanische Regierung für das Jahr 1917 eine nationale Schau der elektrischen Industrie in Barcelona geplant. Der Krieg machte auch dieses Vorhaben zunichte. Während der »Zwangspause« reiften Ideen und Pläne für die Durchführung einer Weltausstellung heran. Die Gesamtanlage und die ersten Gebäude im spanischen Renaissancestil von dem Chefplaner und Architekten Puigy Cadafalch existierten bereits, sie stammten aus der Zeit des Krieges oder der unmittelbaren Nachkriegszeit. Ein Regierungswechsel wirkte sich auch auf das Ausstellungsvorhaben aus, der leitende Architekt wurde von seinen Aufgaben entbunden. Der Gedanke einer einheitlichen Gestaltung der Gesamtanlage konnte somit nicht mehr realisiert werden. Für die einzelnen Hallen und Gebäude wurden dem Historizismus verpflichtete Architekten engagiert. Die Ausstellungskommission entschied über die Annahme oder Ablehnung der Entwürfe.

Die Ausstellung wurde in drei Themenkomplexe gegliedert: Industrie, Kunst in Spanien und Sport. Sportveranstaltungen anläßlich von

Sämtliche Gebäude und Paläste waren von Grünanlagen umgeben. Die axialsymmetrische Anlage konnte vom Haupteingang, der den tiefsten Punkt des Geländes bildete, weitestgehend überblickt werden.

BARCELONA 1929

130 Spanisches Dorf. Auch Barcelona hatte seine »historische Ecke« – das spanische Dorf. Seit den großen Pariser Ausstellungen waren Nachbildungen alter Bauten, Plätze, Straßenzüge, ja ganzer Stadtteile auf den Weltausstellungen nicht mehr wegzudenken. Auf die Besucher hatten sie immer wieder große Anziehungskraft.

Weltausstellungen durchzuführen, war nichts Neues, neu war die Bedeutung, die man dem Sport im Sinne der Pädagogik beimaß. Einzigartig war das Stadion für 60 000 Zuschauer, das man für sportliche Veranstaltungen großen Ausmaßes schuf. Aber nicht nur der Sport, sondern auch die damit verbundene Industrie nahm breiten Raum auf der Ausstellung ein.

Das Weltausstellungsgelände mit seinen Bauten dient heute noch in wesentlichen Teilen als Messegelände der Stadt Barcelona für Fach- und Industriemessen. Das Stadion steht in unveränderter Form sportlichen Veranstaltungen zur Verfügung.

Am 19. Mai 1929 wurde Spaniens erste Weltausstellung unter Anwesenheit des spanischen Königs eröffnet.

Ausstellungsgelände und Bauten

Der 120 Hektar große Ausstellungsplatz lag in der unmittelbaren Nähe der Stadt und des Meeres in einem malerisch ansteigenden und bewegten Parkgelände. Er war axialsymmetrisch angelegt. Der Vorplatz befand sich am tiefsten Punkt des Geländes, seine Mitte wurde durch eine monumentale Brunnenanlage mit einer Vielzahl von Fontänen markiert. Großzügig gestaltete Treppenanlagen, Terrassen und Kaskaden gliederten das Gelände, auf dem der Nationalpalast bekrönend stand. Vom Eingang her bot sich das Bild der Gesamtanlage, einer Theaterkulisse nicht unähnlich. Sämtliche Bauten, weniger auf Zweck und Funktion denn auf Repräsentation gerichtet, waren in gärtnerisch großartig gestaltete Anlagen eingebettet.

Architektonisch stellten diese »Paläste« alle einen Anachronismus dar. Sie unterschieden sich in nichts von den Bauten in Chicago 1893 oder St. Louis 1904, konzeptionell wurzelten sie in der Mitte bzw. zweiten Hälfte des 19. Jahrhunderts. Es schien, als hätte Spanien an seinen sonnigen Stränden eine moderne Entwicklung des Bauens verträumt. Die künstlerische, architektonische – im wahrsten Sinne des Wortes – »Zurückhaltung« war Ausdruck der schwachen wirtschaftlichen Situation des Landes, gehen doch beide aus einer retrospektiven Sicht oftmals konform. »Die künstlerische Oberleitung hat ... gänzlich versagt, und an architektonischen Anregungen bietet die Ausstellung im Verhältnis zum aufgewandten Kapital bitter wenig« (1) – so lautete die Einschätzung der Zeitgenossen.

Im Hauptbau von 32 000 Quadratmetern Grundfläche, dem Nationalpalast, war ein Festsaal für 20 000 Menschen untergebracht. Die übrigen Räume beherbergten die Ausstellung

»Kunst in Spanien« und zeigten Werke der namhaften spanischen Künstler aus allen Jahrhunderten. Der Bau selbst weckt Assoziationen an den Weltausstellungspalast von Melbourne 1880/81. Weitere Ausstellungspaläste waren der für die Landwirtschaft, Textilindustrie, Buchdruckerkunst, Chemie, Bekleidungs- und Textilindustrie, Kinomatographie, das Elektrizitätswesen, Kunstgewerbe sowie das Verkehrs- und Transportwesen. Das spanische Dorf, das eine Fläche von 2 Hektar bedeckte und Bauten und Platzgruppen aus den unterschiedlichsten Landesteilen vorstellte, war der Unterhaltung und dem Vergnügen gewidmet.

Wie exotisch mag wohl der Ausstellungspavillon von Mies van der Rohe, auf den wir ausführlicher zu sprechen kommen, gewirkt haben neben all der »vergangenen Jahrhundertarchitektur«? Wohl nicht viel anders als heute das »Georges-Pompidou-Zentrum« in Paris neben all jener klassizistischen Architektur.

Trotz dieser – in unseren Augen krassen – Gegensätze, wurde diese Weltausstellung zu einem Publikumserfolg. Nicht zuletzt dadurch, wie Zeitgenossen bestätigten, »daß bei Nacht, mit dem riesigen Aufwand an künstlicher indirekter Beleuchtung, mit den hypermodernen Leuchtkörpern, die allerdings gar nicht zu den klassischen Palästen passen, mit den beleuchteten Kaskaden und Springbrunnen ... sowie der unvergleichlich schönen Lage des ansteigenden Geländes eine großartige Wirkung erzielt wird ...«

Der Barcelona-Pavillon

»Unter den Bauten, die Mies van der Rohe in Europa errichtet hat, stellt der deutsche Pavillon für die Internationale Ausstellung in Barcelona von 1929 den Höhepunkt dar. Architekten und Kritiker waren sich darüber einig, daß der Barcelona-Pavillon als einer der Marksteine der modernen Architektur zu gelten habe. Er ist eine der wenigen Manifestationen des Geistes unserer Zeit, die einen Vergleich mit der großen Architektur der Vergangenheit aushalten ... Mies van der Rohe konnte hier zum ersten Mal ein Bauwerk gestalten, ohne daß funktionelle Forderungen oder unzureichende Geldmittel seiner schöpferischen Freiheit Grenzen setzten.« (17) Dieser Pavillon steht nicht mehr. Nach Beendigung der Weltausstellung wurde er abgebrochen, ein unwiederbringlicher Verlust wie der Kristallpalast zu London und die Maschinenhalle von Paris 1889.

Für Mies van der Rohes frühes Wirken stellt dieses Ausstellungsgebäude einen Kristallisationspunkt seiner Ideen dar. Frei von jedweden Zwängen konnte er ein Bauwerk schaffen, das als ein Denkmal moderner Baukunst anzusehen war und als solches von ihm konzipiert wurde. Klaus-Jürgen Sembach schreibt anläßlich einer Gedächtnisausstellung der »Neuen Sammlung München 1971« in seinem Ausstellungskatalog: »Der eigentliche zweckfreie Barcelona-Pavillon diente streng genommen nur dazu, sich selbst auszustellen ...« Er ist die zu Stein gewordene Kunstphilosophie seines Schöpfers. Dieser Bau war aus drei Grundelementen geschaffen: Stütze, Platte und Scheibe. Die Scheibe, die nicht die Aufgabe der Raumtrennung, sondern die eines Raumteilers darstellte, wurde vor bzw. hinter die Stützen gesetzt, nicht dazwischen. Damit wurde auch deutlich, daß sie keinerlei tragende Funktion übernahm. Das Dach, die Dachplatte, wurde von den eingespannten Stützen gehalten. Auf Grund des Herauslösens der Wand aus ihrer Tragefunktion wurde die freie Anordnung innerhalb des Grundrisses möglich. Der Grundriß erhielt somit eine neue Qualität, eine ungewöhnliche Freiheit. Seine inneren und äußeren Raumgrenzen gestalteten sich fließend. Der »fließende Raum« wurde zum Begriff der modernen Architektur und blieb bis in das Alterswerk von Mies van der Rohe für sein Schaffen charakteristisch. Seine später an Funktionen gebundenen Bauwerke konnten jedoch nicht mit gleicher Konsequenz konzipiert werden, mußten sie doch zumindest eine geschlossene Außenhaut aufweisen, die vor Wind und Wetter schützte. Der Barcelona-Pavillon ließ – für die Zeit des spanischen Sommers errichtet – den Innen- und Außenraum zu einer Einheit verschmelzen, wie sie sonst nur noch beim Eiffelturm vorzufinden ist. Bei beiden handelte es

131 Barcelona-Pavillon. Schnitt durch die Kreuzstütze. Vier gleichschenklige Winkeleisen wurden zu einem Kreuz verbunden. Abgekantete verchromte Bleche und Blechstreifen schraubte man von außen auf. Die gleiche Klarheit und Strenge, die dem Grundriß des Pavillons zugrunde liegt, finden wir im Detail wieder.

sich um die Auflösung bisher gewohnter Raumgrenzen. Der Grundriß war in gleicher Weise bestechend und klar wie die Wahl der Materialien. Die räumlichen Bezüge wurden sorgsam ausgewogen, das zugrundeliegende Ordnungsprinzip beruhte auf dem genialen Verständnis für Proportionen.

»Seine exemplarische Klarheit ist deshalb bis heute vorbildlich geblieben. Er ist zum Schulbeispiel geworden für alles, was folgte.« (36) Kostbarste Materialien kamen bei diesem Bau zur Verwendung. Die repräsentative Terrasse wurde mit Travertinplatten ausgelegt. Die eingeschobenen, ineinanderspielenden Wände waren aus honiggelbem Onyx doré und antikgrünem Tinosmarmor sowie getöntem Glas. Kreuzstützen, die die Dachplatten trugen, wurden aus vier gleichschenkligen Winkeleisen zusammengesetzt, auf die man verchromte, abgekantete Winkelbleche schraubte. Eine optische und ästhetische Steigerung des Pavillons wurde durch die Einbeziehung zweier Wasserbecken erreicht. Das eine füllte fast die gesamte Freiterrasse und spiegelte den Pavillon; das andere, innenhofartig umschlossene flache Wasserbecken war durch Georg Kolbes Plastik aus gebranntem Ton – »Die Tänzerin« – besonders wirkungsvoll. Dies war eines der wenigen Beispiele der Neuzeit, in dem Architektur und Plastik eine untrennbare Einheit bildeten. Die Raumhöhe des Pavillons betrug 3,10 Meter. Er war mit Stühlen und Sesseln aus verchromtem Flachstahl, mit weißen Lederkissen belegt, ausgestattet. Die Tische trugen schwarze Opalglasplatten. Sämtliche Entwürfe für die Innenausstattung stammten von Mies van der Rohe. Sein als Barcelona-Sessel berühmt gewordener Entwurf wird bis in unsere Tage hinein gebaut und ist in vielen repräsentativen Bauten, Foyerzonen u. a. zu finden.

CHICAGO 1933

International Exposition »A Century of Progress«

Innerhalb von 100 Jahren hatte sich Chicago von einer Siedlung, einem Fort mit wenigen Holzhäusern, zur viertgrößten Stadt der Welt mit etwa 3,5 Millionen Einwohnern entwickelt. 1893 feierte man den 400. Jahrestag der Landung von Christoph Columbus in Amerika; 1933 ist die 100-Jahr-Feier des Gründungstages der Stadt der äußere Anlaß für die Weltausstellung. Die Ausstellung lief unter dem Motto: »A Century of Progress« – ein Jahrhundert des Fortschritts, das allen Ausstellungsbereichen zugrunde lag. Man hatte sich zur Aufgabe gestellt, den Besuchern die Leistungen der letzten einhundert Jahre auf den Gebieten der Wissenschaft und Technik vor Augen zu führen, zu zeigen, wie die Errungenschaften der Wissenschaft in der Industrie und Technik praktisch verwertet, der Allgemeinheit zugänglich gemacht wurden und ihr zum Nutzen gereichten.

Es ist interessant zurückzuverfolgen, die Weltausstellungen in der Rückschau betrachtend, wie sich aus einem anfänglichen Produktenvergleich die thematische Ausstellung entwickelte. Inzwischen waren die einzelnen Erzeugnisse weltweit bekannt, ihren Entstehungsprozeß darzustellen, ihre Abhängigkeiten von dem jeweiligen wissenschaftlichen und technischen Erkenntnisstand zu zeigen, wurde das Grundanliegen der Ausstellung, ihr Leitmotiv. Unberücksichtigt jedoch blieben die sozialen und politischen Bezüge: Amerika und Europa erlebten die größte wirtschaftliche Krise seit Bestehen des Kapitalismus. Ein Heer von Arbeitslosen war das Ergebnis einer hochmodernen Industrie und einer von Privatinteressen geleiteten Wirtschaftsform. Man wollte nicht die Darstellung dieses Widerspruchs zwischen technisch-wissenschaftlichem Fortschritt und Profitstreben auf der einen und Elend sowie Ausweglosigkeit auf der anderen Seite aufzeigen bzw. in die Ausstellung hineintragen. So gesehen hätte das Leitthema einschränkend heißen müssen: »A Century of technical and scientific Progress«. Die Weltausstellung 1933 spiegelte den großen Entwicklungssprung wider, den die Menschheit besonders in den letzten 40 Jahren durchlebt hatte. In diesen Zeitraum fielen naturwissenschaftliche Entdeckungen, die in der Folge auf technischem, wirtschaftlichem und sozialem Gebiet Veränderungen von fundamentaler Bedeutung bewirkten. Die Welt von morgen, die Welt von heute und die Welt von gestern waren in der Chicagoer Weltausstellung enzyklopädisch und populärwissenschaftlich zur Schau gestellt.

In unmittelbarer Nähe der City, einen kurzen Spaziergang vom Herzen Chicagos entfernt, lag das Ausstellungszentrum. Es breitete sich an den Ufern des Michigan-Sees aus, doch genügte die Fläche bei weitem nicht, so daß man eine künstliche Insel weit in den See hinaus baute. Die Insel hatte eine Fläche von 33 Hektar. Dieser Umstand, daß das Ausstellungsgelände fast allseitig vom Wasser umgeben war, machte dessen Reiz und Attraktivität aus. Uferzone und Insel wurden in eine grüne Parkanlage verwandelt mit Blumengärten, Springbrunnen, schattigen Wegen und kilometerlangen Uferpromenaden, die die Ausstellungsgebäude, Vergnügungseinrichtungen und Restaurationen miteinander verbanden.

Die künstliche Insel im Michigan-See

Erschlossen wurde das Ausstellungsgelände durch in kurzen Zeitabständen verkehrende Autobusse sowie durch elektrisch und handbetriebene Stuhlwagen, Gondeln, Ruder- und Rennboote. Rundflüge über dem Weltausstellungsgelände bildeten eine besondere Attraktion und ließen die Hochseilbahn, die ein besonderer »Ausstellungsclou« sein sollte, als »Vehikel« erscheinen.

Die Weltausstellung unterlag keiner städtebaulichen Gesamtkonzeption. Sie war nicht wie die Pariser Ausstellungen oder die von St. Louis und Barcelona axialsymmetrisch, sondern nach einem organischen Prinzip angeordnet. In freier Folge reihten sich die Straßen und Plätze aneinander; es gab auch keinen zentralen Anlaufpunkt, in dem das »Wichtigste« dargestellt wurde. »Ein Jahrhundert des Fortschritts« stellte sich am Themenkomplex Verkehrswesen in gleicher Weise dar wie am Problem der Elektrizität oder der Medizin.

BARCELONA 1929

132 Mies van der Rohe (1886–1969)
133 Barcelona-Pavillon

Am Anfang seiner Laufbahn war Mies van der Rohe in den Ateliers von Bruno Paul und Peter Behrens in Berlin tätig. 1912 gründete er ein eigenes Büro, das er bis 1937 unterhielt. 1921 bis 1925 übernahm er die Organisation von Ausstellungen der Novembergruppe. Von 1926 bis 1932 war er Vizepräsident des deutschen Werkbundes. 1927 wurde er zum Leiter der Werkbundausstellung »Die Wohnung«, Weißenhofsiedlung, in Stuttgart berufen. 1930 übertrug man ihm die Leitung des Bauhauses, 1938 emigrierte Mies van der Rohe. Er übernahm die Architekturabteilung des Illinois Institute of Technology in Chicago.

Die drei Grundelemente – Platte, Scheibe und Stütze – wurden durch Mies van der Rohe zu einer neuen Raumqualität geführt, die des fließenden Raumes. Innere und äußere Raumbegrenzungen heben einander auf, durchdringen sich. Dieser Baukörper war einer der klarsten und kompromißlosesten in dem Schaffen von Mies van der Rohe.

134 Barcelona-Pavillon

135 Barcelona-Pavillon

»Gang« an der Rückseite mit dem Blick zum Innenhof und zu der in einem flachen Wasserbecken stehenden Plastik von Georg Kolbe.

Blick in den »Gang« an der Vorderseite. Edelste Materialien kamen hier zum Einsatz: für die Fußböden Travertin, für die Wände Onyx doré und antikgrüner Tinosmarmor sowie getöntes Glas, die Stützen waren verchromt.

CHICAGO 1933

136 Halle der Wissenschaften
137 Halle der Reise- und Transportgruppe
138 Die künstliche Insel

136 Die größte Ausstellungshalle mit 67 000 Quadratmetern bewies, wie weit sich die USA die neue Formensprache angeeignet hatten. Sie wirkt auch auf den heutigen Betrachter weder langweilig noch »unmodern«, sie hat etwas bestechend Zeitloses.

137 Die Konstruktion der räumlichen Fachwerkpylone wurde außerhalb des Gebäudes angeordnet. An diesen hängte man die Dachkonstruktion auf, die einen Raum mit einem Durchmesser von etwa 67 Metern stützenfrei überspannte. Durch die radiale Anordnung der konstruktiven Bauglieder entstand ein äußerst interessanter Hallenbau.

»Die Architektur der Ausstellung ist eine der bemerkenswertesten Sehenswürdigkeiten. Anstatt dem Vorbild früherer Ausstellungen zu folgen und die Ausstellungsgegenstände in Nachbildungen griechischer Tempel oder römischer Villen unterzubringen, haben die Architekten Gebäude im Stil des 20. Jahrhunderts entworfen, Gebäude, die ihre Funktion und Bestimmung deutlich zum Ausdruck bringen... Die Architektur nimmt ihren Charakter und Eindruck mehr von der Aus- und Durchbildung der Flächen als von den Einzelheiten der Verzierung. Farbe und Licht stellen einen wichtigen Teil der Dekoration dar. Neue Baumaterialien sind für die Gebäude benutzt worden und alte Materialien sind in neuartiger Form verwendet worden. Die praktischen Neuerungen dürften wichtigen Einfluß auf die Architektur der Zukunft haben...« (39)

Amerika war aus seinen seit Chicago 1893 anhaltenden historischen Träumen erwacht. Das geistige Gut eines Frank Lloyd Wright, die modernen europäischen Entwicklungen »de Stijl«, »Bauhaus«, der Einfluß von Le Corbusier waren nicht an den amerikanischen Künstlern, Architekten und Ingenieuren vorübergegangen. So groß der Einfluß deutscher Architekten, die später aus dem faschistischen Deutschland emigrieren mußten, auch war, sie fanden in jedem Falle eine aufnahmebereite und bereits im modernen Sinne schaffende Künstlerschaft vor.

Die Wahl der Baustoffe, Stahl, Beton und industriell vorgefertigte Bauelemente, trug zu dem Klärungsprozeß bei und entsprach den Bedingungen modernen Bauens.

Gänzlich neuartig war die farbige Behandlung der einzelnen Gebäude nach einem Gesamtkonzept. In Europa bot sich die moderne Architektur allgemein in der Farbe Weiß dar. Joseph Urban, ein damals in Amerika lebender Wiener Farbgestalter und Theaterdekorateur, hatte die Farbgebung des gesamten Ausstellungsgeländes in seinen Händen. Die Farbe wurde sowohl zum architekturunterstützenden als auch verbindenden Element eines zu gestaltenden Gesamtkomplexes. Ein nicht hoch genug einzuschätzender Umstand, den wir erst heute in zunehmendem Maße bei der farblichen Gestaltung ganzer Altstädte und Altstadtkerne praktizieren (Stockholm, Amsterdam, Prag, Gdansk, Weimar u. a.).

138 Die Vogelperspektive zeigt die künstliche Insel im Michigan-See, die zur Erweiterung der Ausstellungsfläche angelegt wurde. Die Hochseilbahn überspannt das Gelände in Querrichtung. In seiner Längsausdehnung reichte es vom Field-Museum (rechts unten) bis zum Transportgebäude (linker oberer Rand des Bildes).

Die Ausstellung und ihre Gebäude

Die Ausstellung wurde am 27. Mai 1933 durch den amerikanischen Präsidenten Hoover eröffnet. Deutschland nahm offiziell auf Grund seiner politischen und wirtschaftlichen Situation, der Machtergreifung Hitlers, nicht teil, private Unternehmen und Firmen waren jedoch vertreten. Einen anderen großen Anziehungspunkt bildeten die tatsächlich produzierenden Fabriken. Ähnlich wie auf der Weltausstellung in Paris 1867, wo man handwerkliche Arbeitsvorgänge bewundern konnte, wurde hier in Fabriken gezeigt, wie der Produktionsprozeß vom Rohmaterial bis zum Fertigfabrikat – Automobil, Reifen, Stahl, Strümpfe, Waren des täglichen Bedarfs – abläuft.

In der Halle der Wissenschaften verdeutlichte man den Besuchern die Geheimnisse der Natur: Physik, Chemie, Mathematik, Biologie, Geologie und Astronomie wurden in populärwissenschaftlicher Weise dargestellt. Es wurde z. B. erklärt, wie die Moleküle sich in Kristallen ordnen, wie Schallwellen entstehen und sich in der Luft und in festen Stoffen fortpflanzen, wie Gas- und Dampfmaschinen arbeiten, wie sich die Elektrizität entwickelt, wie Rundfunkwellen gesendet und empfangen werden und die ersten Fernsehbilder aufgezeichnet wurden. Auf medizinischem Gebiet zeigte das Pasteur-Institut Paris Pasteurs Beiträge zur bakteriologischen Wissenschaft und ihre gewaltige Bedeutung für die Menschheit; das Robert-Koch-Institut Berlin veranschaulichte Kochs Entdeckung des Tuberkulose-Bazillus; der aus dem Hygiene-Museum Dresden stammende »Gläserne Mann« ließ die Besucher die menschliche Anatomie studieren. Endlos könnte diese Reihe fortgesetzt werden, doch wichtiger ist das Herausstellen des Grundgedankens dieser Bemühungen: Vermittlung wissenschaftlicher und technischer Informationen.

Ein Teil der Ausstellung war dem »Heim der

139 Gebäude der allgemeinen Ausstellung
140 Halle der Sozialwissenschaften

Die Wissenschaftshalle

Diese Halle mit einer Grundfläche von 23 000 Quadratmetern gliederte man in unterschiedliche Ausstellungsteile, die durch vertikale Scheiben sichtbar gemacht wurden. Zukunft« gewidmet, wo anhand mehrerer Einfamilienhäuser gezeigt wurde, wie die Durchschnittsfamilie der Zukunft in einem besseren und billigeren Zuhause leben wird. Bei diesen modernen Bauten waren ebenfalls in erster Linie neue Materialien – Beton, Glas, Stahl und vorfabrizierte Elemente – berücksichtigt.

Diese Ausstellung, die erste komplexe Bauausstellung ihrer Art in den USA, weckte das starke Interesse der Besucher und der amerikanischen Öffentlichkeit.

Die Halle der Wissenschaften wäre in gewissem Sinne als Hauptgebäude anzusehen, da doch die Leistungen der Wissenschaften das Leitmotiv der Ausstellung bildeten. Sie wurde von dem Architekten Philippe Cret entworfen. Die überbaute Fläche betrug 67 000 Quadratmeter. Der Stahlskelettbau war mit vorgefertigten Gipsplatten (Sandwich) ausgefacht. Gegliedert hatte man den Baukörper in einen Mitteltrakt und zwei Seitenflügel, die einen sehr großen Hof einschlossen. Eine Vielzahl Terrassen, verschieden in Größe und Form, erhöhte die Plastizität. Betont und akzentuiert wurde der Gebäudekomplex durch einen Turm. Die auf uns heute noch angenehm wirkende äußere Form liegt in der starken Gliederung der Baumassen begründet. Durch Licht und Schatten sowie die Farben Weiß, Rot, Blau wurden Formen und Flächen spannungsvoll einander zugeordnet, die ihr wechselvolles Spiel beim Umwandern der Halle trieben.

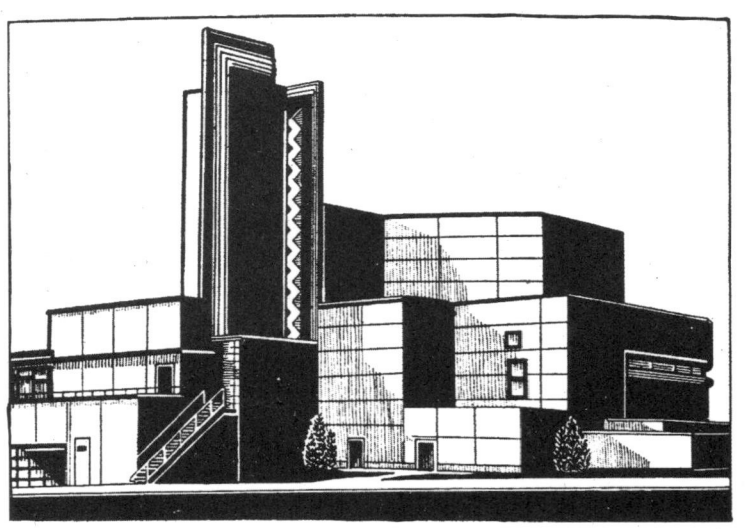

Das Gebäude der allgemeinen Ausstellung

Dieses von Harvey Wiley Corbett entworfene Gebäude mit einer Grundfläche von exakt 23 000 Quadratmetern entsprach in der Grundkonzeption der Halle der Wissenschaften. Den Eingang bildete eine gut gestaltete Treppenanlage. 25 Meter hohe turmartige Wandscheiben gliederten die Halle optisch in die entsprechenden thematischen Abteilungen wie z. B. »Minerals«, »Oil and Graphic Arts« u. a. Das Gebäude wurde schwarz-weiß-orange-blau, nach der Konzeption von Joseph Urban, gestrichen.

Das Reise- und Verkehrsausstellungsgebäude

Das baulich interessanteste Gebäude auf der Chicagoer Weltausstellung dürfte das Reise- und Verkehrsausstellungsgebäude gewesen sein. Erbaut wurde es von den Konstrukteuren und Architekten Holabird, Burnham und Bennett. Die überdachte Ausstellungsfläche betrug 39 000 Quadratmeter. Der Rundbau hatte einen Durchmesser von 110 Metern und eine Höhe von 41 Metern. Die angrenzende Halle hatte die Abmessungen von 325 × 65 Metern und eine Höhe von 27 Metern. Aufmerksamkeit und Bewunderung, nicht nur der Fachwelt, dürfte der Rundbau erregt haben, ein konstruktivistisches Gebäude, bei dem als Mittel der Gestaltung die reine Konstruktion eingesetzt wurde und das den sowjetischen Konstruktivisten, wie El Lis-

141 Sky ride – Hochseilbahn
Dieses Vergnügungsvehikel konnte stündlich bis zu 4 000 Personen in 70 Metern Höhe
über das Ausstellungsgelände befördern. Seine Spannweite betrug 600 Meter.

Die USA hatten ihre über dreißig Jahre anhaltende historisierende Starre in der Baukunst (Chicago 1893) überwunden und sich den europäischen Strömungen der zwanziger Jahre geöffnet. Im damaligen Sprachgebrauch bezeichnete man sie mit »ultramodern«.

sitzky, Rodtschenko, den Wesnins, Ginsburg, verpflichtet war. Daß dieser Bau nicht mehr steht, zählt zu den besonders bedauernswerten Verlusten architektonischer Zeitgeschichte. Gibt es doch gerade aus dieser Ära nur sehr wenige rein konstruktivistische Bauten.

An 12 kreisförmig angeordneten Stahltürmen – räumliche Fachwerkpylone – hing an Stahlseilen das Dach. Im Inneren des Gebäudes entstand ein frei überspannter Raum mit einem Durchmesser von 62 Metern, der für ungewöhnlich große Ausstellungsgegenstände – wie z. B. Lokomotiven – genutzt wurde. Die auftretenden Lasten, die aus der Abhängung des Daches resultierten, wurden über Zugseile, die an den Pylonen befestigt waren, abgeleitet. Diese Zugseile verankerte man in großen Fundamentblöcken, die sichtbar die umlaufende Terrasse gliederten. Zwischen die Stahlpylonen hatte man eine großflächige Verglasung gespannt. Die Farbgrundhaltung war grün.

Sky ride – Hochseilbahn

Die amerikanische Weltausstellungsleitung ließ es sich nicht nehmen, ein großes technisches »Wunderwerk« in Szene zu setzen. Ein »Millionenspaß«, der heute ganz in Vergessenheit geraten ist. Die große Amüsement-Sensation waren zwei 600 Meter voneinander entfernte und 190 Meter hohe Stahlgerüsttürme, nach dem Vorbild gewaltiger Brückenpylone. Aufzüge trugen die Passagiere bis zu einer Aussichtsplattform in 70 Metern Höhe, wo die Türme mit starken Stahlkabeln verbunden waren, an denen Personenwagen (ähnlich einer Drahtseilbahn) hingen und von einem Turm zum anderen fuhren. Auf diese Art und Weise konnten bis zu 4 000 Personen in der Stunde befördert werden. Die Wagen hatten die Form von Raketen und ließen zum Gaudi der Schaulustigen aus Auspuffrohren farbige Dämpfe austreten, angetrieben wurden sie aber elektrisch. So imposant der Blick von hier oben über das Ausstellungsgelände und die Umgebung der Stadt und des Michigan-Sees gewesen sein mag, so steht doch der Effekt dieser technischen Spielerei in keinem Verhältnis zu Aufwand und Kosten. Technisch und konstruktiv gesehen gehörte sie in das 19. Jahrhundert.

Am 1. November 1933 schlossen sich die Pforten der Weltausstellung für ein gutes halbes Jahr. Der Bürgermeister Chicagos, Edward J. Kelly, setzte sich dafür ein, die Weltausstellung 1934 fortzusetzen. Der Grund hierfür war der finanzielle Erfolg, den diese Ausstellung für die Stadt und den Bundesstaat gebracht hatte. Der Gedanke wurde schon nach kurzer Zeit aufgenommen und eine Durchführung für das Folgejahr beschlossen. Einige Teile der Ausstellung wurden ergänzt, andere wiederum neu aufgebaut oder ausgegliedert. Sämtliche Bauten wurden einer neuen farblichen Gestaltung unterzogen. Im wesentlichen blieb aber die Weltausstellung das, was sie ein Jahr zuvor war, ein Spiegelbild des »Century of Progress«.

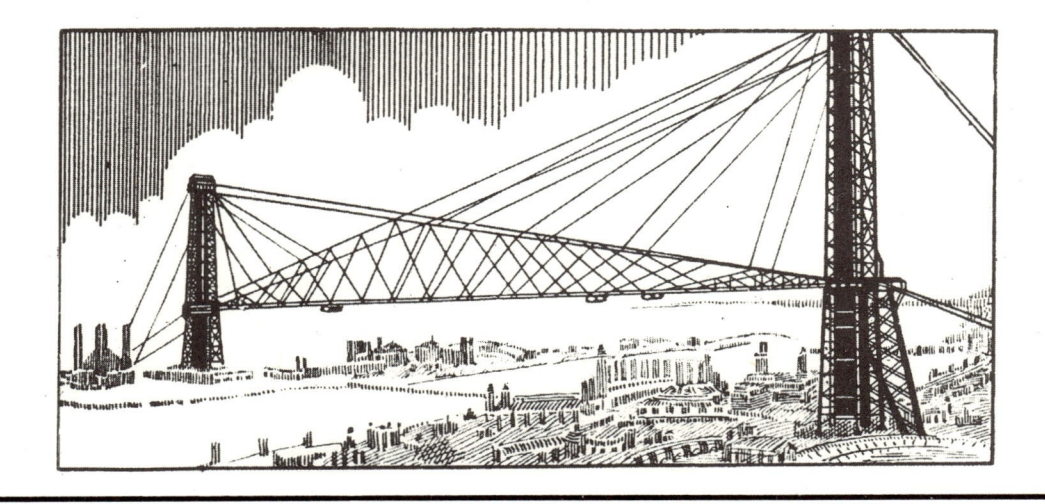

PARIS 1937

Exposition Internationale des Arts et Techniques
dans la Vie moderne

»Kunst und Technik im Leben der Gegenwart«

Nach 37jähriger Pause hatte sich Frankreich entschlossen, die Welt erneut nach Paris einzuladen und 44 ausstellende Nationen folgten dem Ruf. Thematisch stand die Ausstellung unter dem ganz allgemeinen Leitgedanken: »Kunst und Technik im Leben der Gegenwart«. Zeitgenossen berichten, daß fast alle Nationen am Thema vorbeigegangen seien und für sie Paris eine besondere Art der Mustermesse bedeutete. »Mit der Technik imponiert man, mit der Kunst garniert man.« Auf dieser Weltausstellung war ein interessanter psychologischer Effekt zu verfolgen: Fast alle Länder benutzten die Mittel der Kunst und Technik für ihre nationale Propaganda. Max Eduard Liehburg bezeichnete dies wie folgt: »Statt völkerverbindende Apotheose der Kunst und Technik zu werden ... ist diese Ausstellung zu einer Schau der nationalen Eitelkeiten, des Geltungsdranges geworden ... ist es ein Champ von nationalen Propaganda-Pavillons geworden. Dieser Völkerbund wurde zu einer Sitzung der Propaganda-Minister, wo sich jeder nach seiner Art Gehör zu verschaffen versucht. Wer wissen will, was jedes Volk von sich selber hält und als was es von der Welt gesehen werden möchte, der erspart sich eine kleine Weltreise.«

Daß eine Weltausstellung nicht geeignet ist, die Völker moralisch einander näherzubringen, sie friedlich zu vereinigen, zeigte besonders diese Ausstellung, die am Vorabend des zweiten Weltkrieges stattfand. Hitler erprobte seine Waffen in Spanien und verhalf Franco zur faschistischen Diktatur. Die Annexion Österreichs und weiter Gebiete der Tschechoslowakei stand unmittelbar bevor. Das Terrain der Weltausstellung wurde zu einer Demonstration der Macht benutzt von all jenen Staaten (Deutschland, Italien, auch Frankreich), die ihre Herrschaftsansprüche erhoben.

Das Gelände und seine Bauten

Das Ausstellungsgelände umfaßte im wesentlichen die Fläche von 1900: Trocadero-Teil, Marsfeld, die Uferzonen der Seine bis zur Invaliden-Esplanade, die Invaliden-Esplanade mit dem »Großen Kunstpalast«. Ergänzend kamen das Seineufer zwischen Eiffelturm und Boulevard de Grenelle hinzu, der dahinter liegende historisch aufgebaute Vergnügungspark, nach französischen Landstrichen gegliedert, »Centre régional«, und die inmitten der Seine liegende langgestreckte Insel »Ile St. Germain« mit der Kolonialausstellung. Der Trocadero-Palast aus dem Jahre 1878 wurde abgerissen und durch einen neuen Bau ersetzt. Die weitausladende geschwungene Grundrißform behielt man bei. Die Mitte der Gebäudeanlage blieb offen, ihren optischen Halt erhielt sie durch die Friedenssäule und einen umgebenden Fahnenwald auf der »Place du Trocadero«. Das Äußere dieser spiegelbildlich aufgeführten Gebäudekomplexe war monumental und dem französischen Klassizismus entlehnt: Ausdruck der akademischen Bauauffassung der »École des Beaux-Arts«, die nach wie vor ihren Anspruch bei fast allen Repräsentativbauten geltend machte. Das gleiche traf für das zur Weltausstellung errichtete «Musée d'Art moderne« zu. Seine »klassizistischen« Formen erregen in uns heute mehr denn je Befremden und das peinliche Gefühl des Unwahren, Unzeitgemäßen, Künstlichen. Mit diesen beiden Bauten hatte Frankreich bereits seinen Beitrag auf der Weltausstellung geleistet, weder Zentralhallen, die produktenmäßig einen Leistungsvergleich anstrebten, noch Hallen nach Wissenschaftsgebieten geordnet charakterisierten diese Ausstellung. Jedes Land war dazu aufgerufen, ein eigenes Gebäude zu errichten und seine Leistungen, die dem Thema »Kunst und Technik« Rechnung tragen sollten, dort zu dokumentieren. Darüber hinaus war den privaten kapitalistischen und staatlichen Unternehmungen gestattet, mit eigenen Pavillons aufzuwarten, Werbepavillons dieser Firmen. In der Regel bedienten sich die einzelnen Industrien moderner Konstrukteure und Architekten, die werbewirksam die entsprechenden Materialien der ausgestellten Industriezweige einsetzten und zu interessanten Lösungen vorstießen, so z. B. das Haus der französischen Glasindustrie und der Pavillon der Luftfahrt. Dieser wurde durch eine leichte, beinahe schwerelose kuppelartige Glashalle gebildet, die den Himmel mit seiner ständig wechselnden Beleuchtung dynamisierend in den Raum einbezog.

Ungebrochen – und nicht wie in Deutschland verfemt und vertrieben – wirkte der Gedanke modernen Bauens in den skandinavischen Ländern, in Belgien, Holland und in der Schweiz weiter. In relativ kleinen und bescheidenen Gebäuden zeigte sich das Bewahren einer neuzeitlichen Bauauffassung. Der holländische Pavillon wurde von dem bekannten Architekten van den Broek entworfen. Seine Grundrißform war leicht geschwungen. Schlanke Stahlbetonsäulen trugen die Erdgeschoß- und Hauptgeschoßdecke, die aufgerasterte Glasfassade wurde konsequent vor die Stützen gesetzt. Somit ergab sich ein völlig freier Grundriß, ähnlich wie wir ihn schon bei Mies van der Rohe kennenlernten und wie ihn Le Corbusier bereits 1915 in der bekannten Zeichnung »Eisenbetonskelett eines Wohnhauses« wiedergab.

Der belgische Pavillon stand unmittelbar an der Seine und wurde von den Architekten van de Velde, Eggericx und Verwilghen entworfen. Er war ein traditionsbezogener Klinkerbau, der sich im Hauptteil halbkreisförmig dem Seineufer entgegenstreckte. Durch horizontal eingesetzte Glasbänder wurde der Gesamtbaukörper angenehm gegliedert und setzte die geschlossene Wandfläche zu den aufgerasterten Glasflächen in ein spannungsvolles Verhältnis. Seine Klarheit war überaus wohltuend.

Der schwedische Pavillon, ein Stahlskelettbau, ließ seine Konstruktion sichtbar. Die schlichte Gliederung der Außenfassade, die Fensteraufteilung, die zwischen die Stahlstützen gesetzt wurde, bewiesen, wie sich die moderne Architektur außerhalb der großen europäischen Kunst- und Kulturzentren durchgesetzt und in aller Stille weiterentwickelt hatte. Dieses Gebäude könnte auch heute noch auf einer Ausstellung errichtet werden. Im Innern wurde der schwedische Pavillon ganz mit heimischen Hölzern ausgestattet; seine konstruktive äußere Klarheit war auch im Innern deutlich sichtbar.

Bevor wir uns im nachfolgenden Kapitel ausführlicher dem finnischen Pavillon von Alvar Aalto widmen, sei noch auf das Gebäude der UdSSR verwiesen. Erstmalig auf einer Weltausstellung war ein sozialistisches Land mit eigenem Pavillon vertreten. Der Ausstellungspavillon entsprach in seiner architektonischen Gestaltung den historisierenden Strömungen der dreißiger Jahre in der Sowjetunion mit dem Anspruch auf repräsentative Schönheit und Monumentalität. Das fensterlose Gebäude, das sich an seiner Haupteingangsseite stufenförmig abtreppte, trug auf dem Dach die beiden Figuren der Kolossalstatue von Muchina »Kolchosbäuerin und Arbeiter«, die das sowjetische Staatssymbol »Hammer und Sichel« in den Händen der weit nach oben ausgestreckten Arme halten. Die Verkleidung der Außenhaut des Baukörpers erfolgte mit Natursteinplatten. Im Innern wurde die zukünftige Welt des Sozialismus dargestellt und in großen Wandgemälden verdeutlicht. Zuversicht und Zukunftsglaube waren der Grundtenor, der in dieser Halle herrschte. Anläßlich des zwanzigsten Jahrestages der Oktoberrevolution zeigte der junge Sowjetstaat der Welt, daß er inzwischen eine Macht verkörperte.

Hugo Alvar Aalto wurde 1898 in Kuortane, Finnland, geboren. Er zählte zu den jüngsten Architekten, die das Vokabular der Modernen geschaffen haben. Seine Sprache entwickelte sich aus dem Land der Seen und Wälder. In Mitteleuropa hatte sich in den Jahren zwischen 1920 und 1930 eine national-funktionelle Architektur herausgebildet, die ihre Ausdrucksform und ihre Elemente – Standardisierung, neue Konstruktionsmöglichkeiten und eine neue Raumkonzeption – gefunden hatte und sich allgemein durchsetzte. Dies war der Zeitpunkt, um mit Giedions Worten zu sprechen, ohne Gefahr für die Entwicklung den Sprung zum Irrational-Organischen zu wagen. Der Sinn für Standardisierung, Industrialisierung wurde dabei nicht fallengelassen, er gab vielmehr die notwendige Freiheit, die daraus gewonnenen Ideen und gemachten Erfahrungen weiterzuentwickeln. Bisher hatten wir es mit Materialien wie Stahl, Stahlbeton und Glas, Stoffen anor-

Der finnische Pavillon von Alvar Aalto

142 Finnischer Pavillon. Obergeschoßgrundriß des finnischen Pavillons von Alvar Aalto.
Die starke Gliederung des Grundrisses läßt deutlich die Einbeziehung der Natur
zum Gesamtbaukörper erkennen.

ganischer Natur, zu tun, deren sich das moderne Bauen bediente. Aalto nutzte den organischen Baustoff Holz. Er verband das traditionelle Baumaterial nicht nur mit der neu entwickkelten Formensprache, sondern fand die ihm gemäße Ausdrucksform. »Vielleicht wird eine spätere Zeit anmerken, daß es zu den Eigenheiten unserer Zeit gehört, technische Kräfte mit den Urkräften zu verbinden. In allen Künsten zeigt sich das gleiche Phänomen: Aus vergessenen Bewußtseinsschichten wird der primitive Mensch in uns wieder ans Licht gezogen und gleichzeitig eine Einheit mit der heutigen Entwicklung erreicht.« (10) Das Holz sollte aus dem Schaffen Aaltos nicht mehr wegzudenken sein. Er verwendete es nicht nur für das konstruktive Gerüst, die Außenhautverkleidung, sondern bis hin zu seinen modernen und neuartigen Interieurs aus gebogenem, streifenweise verleimtem Sperrholz. Das charakteristischste Merkmal seines Stils ist die wellenförmige, organisch-fließende Wand bzw. Decke. Das Wärme ausstrahlende Holz, seine Form als Stamm oder Ast, lebt am eindrucksvollsten für ihn in der weichen, kantenlosen Darstellung.

Aaltos Ausstellungspavillon zur Weltausstellung legte davon ein beredtes Zeugnis ab. Der Bau war das Ergebnis eines Architekturwettbewerbes, bei dem Aalto den 1. Preis davontrug. Der finnische Pavillon lag in der Nähe des Trocadero, umgeben von einem parkähnlichen Gelände mit schönem Baumbestand. Er setzte sich aus einem Hauptbau und einem frei in die Landschaft greifenden Flachbau, dem überdachte Freiterrassen zugeordnet wurden, zusammen. Das Ganze war ein wohlgeordneter, zwischen Architektur und Freiraumgestaltung durchgebildeter Komplex. Man muß nicht Architekt sein, um die tiefe menschliche Wärme und Intimität dieses Entwurfes, schon von der Anordnung des Grundrisses her, zu spüren. Natur und Gebäude ergänzen und durchweben einander, verschmelzen zu großartiger Einheit, unterstützt durch ein leicht abfallendes Gelände. Und fast alles war aus Holz: Teile des tragenden Systems in Form von gebündelten

1 Hauptbau;
2 Flachbau;
3 Freiflächen mit zum Teil überdachten Terrassen

Holzstützen, die Außenhaut, Deckenunterseiten, Wandverkleidungen und Raumteiler. Nur die oberen Teile der Konstruktion wurden von einem Stahlskelett ergänzt. Hin und wieder bildeten weiße Flächen einen wirkungsvollen Kontrast. Der Hauptpavillon hatte Oberlichter mit Sonnenblenden; sie leuchteten den Raum mit einem gleichmäßigen, milden Licht sehr vorteilhaft aus. Der größte Teil des Baues wurde in Finnland vorgefertigt, so daß an Ort und Stelle im wesentlichen nur noch Montage- und Verkleidungsarbeiten durchgeführt werden mußten.

»Die Gesamtgestaltung der Ausstellung war in den Händen des Architekten, mit Ausnahme der Interieurs des Zentralbaus, wo verschiedene Organisationen des einheimischen Kunstgewerbes eine konventionelle Wandausstellung durchsetzen konnten.« (7) Der Pavillon von Aalto war einer der besten architektonischen Beiträge dieser Weltausstellung. Die Anerkennung und das breite Interesse der Öffentlichkeit bekundeten es eindeutig. Francois, ein zeitgenössischer Berichterstatter, schrieb für die »Deutsche Bauzeitung«: »Zweifellos ist es gelungen, im Pavillon Finnlands unter Vermeidung folkloristischer Romantik einen starken Eindruck traditioneller und dabei moderner Architektur zu geben. Der Architekt hat sowohl innen wie außen reichlich Gebrauch gemacht von dem Holz ... es (ist) eine Freude zu sehen, mit welch einfachen, dem Material gegebenen Formen gearbeitet und wie durch seine feine Betonung eine dem Lande eigene Atmosphäre geschaffen worden ist.«

Pablo Picasso: »Guernica«

»Seit dem ersten Jahrzehnt dieses Jahrhunderts erweiterte sich das Eindringen in das Wesen des Raumes über verschiedene, aufeinanderfolgende Stufen, ohne je das ursprüngliche und primäre Interesse an der Raumgestaltung zu verlieren. Bis zu welchen Resultaten man in den späten dreißiger Jahren gekommen war, mag ein einziges Bild zeigen, das in sich die Erfahrung von drei Jahrzehnten konzentriert – Guernica von Picasso. In ihm sind die Prinzipien der Simultanität, der Durchdringung von Außen- und Innenraum, die Behandlung der gekurvten Flächen und verschiedener Strukturen verkörpert. Trotzdem scheint dieses Wandgemälde vom spanischen Bürgerkrieg das erste wirklich historische Gemälde seit dem Beginn der Renaissance und dem Werk von Paolo Ucello zu sein. Es enthüllt in aller Gewalt die Tragödie eines Landes durch den Künstler, der fähig war, körperliches Leid und Zerstörung in mächtige Symbole umzusetzen ...« (10)

Dieses bedeutendste Kunstwerk auf der Pariser Weltausstellung hing in dem großen Saal des Pavillons der spanischen republikanischen Regierung. Außerdem waren noch ein Bild von Joan Miró und der Quecksilberbrunnen des Amerikaners Alexander Calder in dem gleichen Raum. Picasso erhielt im Januar des Jahres 1937 von der spanischen Regierung den Auftrag, eine große Komposition für den Pavillon zu schaffen. Am 28. April jenes Jahres wurde durch ein Bombardement ein Teil der baskischen Stadt Guernica zerstört. Am 1. Mai entstanden die ersten von 70 bekanntgewordenen Handskizzen zu diesem Bild. Die erste Fassung des Bildes stammt vom 11. Mai, weitere sechs sollten folgen. Ende Juni konnte das Bildwerk (3,51 Meter × 7,82 Meter) in den Pavillon überführt werden. In diesem fast acht Wochen dauernden Verwirklichungsprozeß muß Picasso wohl über eine beinahe grenzenlose physische Belastbarkeit verfügt haben. In nahezu ununterbrochener Tag- und Nachtarbeit artikulierte sich ein Schrei gegen Gewalt und Verbrechen. Picasso schuf ein Kunstwerk, in dem die Malerei zu einem politischen Bekenntnis, zu einem kämpferischen Traktat wird. Die geringe Farbigkeit des Bildes, sein Aufbau, seine Gebärdensprache und Symbolhaftigkeit führen einem jeden Betrachter unmißverständlich die Schrecken des Krieges vor Augen. In diesem Werk ist nicht nur das Grauen von Guernica abgebildet, es symbolisiert bereits visionär jenes wahnwitzige Völkermorden, das durch den deutschen Faschismus zwei Jahre später begann und Millionen von Menschen das Leben kosten sollte, das Hunger, Elend und Not über die europäischen Völker brachte.

NEW YORK 1939

New York World's Fair

Die New Yorker Weltausstellung wurde bereits von den Ereignissen des zweiten Weltkrieges überschattet. Nur noch wenige Länder beteiligten sich an ihr, so daß die Amerikaner sie im wesentlichen selbst trugen. Dennoch scheint sie im Zusammenhang mit dem finnischen Pavillon erwähnenswert, weil der von Aalto eingeschlagene organisch-irrationale Weg konsequent weiterentwickelt wurde.

Der finnische Pavillon von Alvar Aalto

Der Pavillon der Pariser Weltausstellung war noch nicht ganz fertiggestellt, als die finnischen Behörden zu einem Wettbewerb für den Weltausstellungspavillon 1939 in New York aufriefen. Alvar Aalto beteiligte sich mit zwei Entwürfen und seine Frau Aino mit einem Vorschlag. Alle drei eingereichten Entwürfe erhielten die ersten Preise und damit war entschieden, das Atelier Aalto mit der Ausführung zu betrauen.

Nicht allzu häufig hat ein Architekt das Glück, nach einer Aufgabe, mit der er sich intensiv auseinandergesetzt hat, unmittelbar darauf eine ähnliche oder gleiche übertragen zu bekommen. Gedanklich gereifte und gesammelte Erfahrungen lassen sich in das neue Projekt einbringen. So wollte auch Aalto nicht Fehler ausmerzen, sondern seine Auffassung noch konsequenter vertreten. Holz war das Material, von dem auch diesmal ausgegangen wurde. Den Innenraum bestimmten geschwungene freischwebende Wände über drei Stockwerke. Die Wandflächen waren jedoch nicht vertikal aufgebaut, sondern neigten sich nach vorn und wurden geschoßweise leicht nach vorn versetzt, so wurde der Eindruck einer kontinuierlichen Bewegung noch erhöht. (Eine wellenförmige Behandlung der Fläche setzte Aalto erstmalig in der berühmt gewordenen Bibliothek von Viipuri ein. Hier war es die Decke im Vortragssaal, die aus akustischen Gründen derart geformt wurde.) Im Ausstellungspavillon sollte damit eine Dynamisierung des Raumes erzielt werden. Rationell läßt sich diese Form durchaus fassen: Die geschwungene Wandfläche bot mehr Raum für die Fotos, die Neigung ließ eine Betrachtung in großer Höhe zu. Die Drei- bzw. Vierteilung in der Höhenstaffelung zeigte in der obersten Ebene das Land, in der darunterfolgenden die Bevölkerung, in der nächsten die Arbeit bzw. den Arbeitsprozeß und zu ebener Erde auf einem flachen Podest die Resultate des Ganzen, die Produkte. Die bildmäßigen Darstellungen und die verschiedenartigen Exponate hatten sowohl vertikal als auch horizontal Beziehungen zueinander. Die ausstellungstechnische Lösung war eine großartige Leistung. Sie diente dem Sich-verständlich-Machen und wurde verstanden.

Der Innenausbau war ganz in Holz aus unterschiedlichen Profilen und Strukturen. Diese Verwendung des Holzes als Baumaterial war gleichzeitig Ausstellungsobjekt bzw. Exponat. Das gesamte Interieur – Tische, Stühle, Sessel u. a. – stammte aus den Möbelwerkstätten in Turku, dessen künstlerische Leitung Aalto innehatte. Es waren die bekannt und berühmt gewordenen aus Sperrholz gebogenen und geschwungenen Formen, die sonst nur in Federstahl und Stahlrohr ausgeführt wurden.

Aalto äußerte sich über seinen Ausstellungspavillon auf der New Yorker Weltausstellung: »Eine Ausstellung muß das sein, was sie auch in primitiven Verhältnissen immer gewesen ist: ein Krämerladen, der alle möglichen Gegenstände dicht nebeneinander zeigen soll, ganz gleich, ob es sich um Fische, Stoffe oder Käse handelt. Darum habe ich in diesem Pavillon eine möglichste Konzentration der Darstellung angestrebt, ein Areal voll mit Waren, übereinander und nebeneinander, landwirtschaftliche und Industrieprodukte, oft nur wenige Zentimeter voneinander entfernt. Keine leichte Aufgabe, die einzelnen Elemente zu einer Symphonie zusammenzufügen.«

Blick zum neuerbauten Trocadero über den Trocadero-Garten, den Pont d'Iéna zum Champ de Mars. Anläßlich dieser Ausstellung wurden die Aufbauten der ersten Galerie des Eiffelturmes entfernt und durch neue ersetzt. Dies war die einzige Veränderung, die der Turm bisher erfuhr.

PARIS 1937

143 Ausstellungsgelände

PARIS 1937

144 Palais de Chaillot. Der alte Trocadero-Palast mußte anläßlich der Weltausstellung 1937 dem Palais de Chaillot weichen. Die monumentalisierende, dem französischen Klassizismus entlehnte akademische Bauauffassung in den dreißiger Jahren ist nicht zu übersehen.

PARIS 1937

145 Palais de Chaillot.
Blick von der ersten Galerie des Eiffelturms zum Palais de Chaillot.
Rechte und linke Seite wurden, wie der ehemalige Trocadero-Palast, spiegelbildlich aufgeführt.

PARIS 1937

146 Hugo Henrik Alvar Aalto (1896–1976)
147 Finnischer Pavillon

Aalto stand in den ersten Jahren seines Schaffens unter dem Einfluß von Mies van der Rohe, Gropius und Le Corbusier. Er fand jedoch recht bald eine eigene Architektursprache auf der Grundlage weicher, geschwungener Formen. Mit seiner organischen Architekturauffassung schuf er eine Reihe bedeutender Bauwerke: das Sanatorium in Paimio, die Bibliothek in Viipuri, die finnischen Pavillons zu den Weltausstellungen Paris und New York, das Studentenwohnheim in Massachusetts, das Kulturhaus in Wolfsburg u. a.

Am Fassadendetail sieht man, wie Aalto bei der Behandlung der Außenhaut das Material Holz – im Sinne neuartiger Baugestaltung – einzusetzen wußte. Die Großflächigkeit wurde mit Hilfe von versetzt angeordneten Holzstäben (Lamellencharakter) erreicht.
Der dadurch erzielte Reiz liegt in der Struktur begründet.

PARIS 1937

148 Finnischer Pavillon
149 Schwedischer Pavillon

Gebündelte Holzstützen im Untergeschoß und die statisch notwendigen Andreaskreuze, ebenfalls aus Holz, beweisen, mit welcher Konsequenz Aalto sich dem Baustoff Holz zuwandte.

Das Stahlskelett spiegelt sich auch in der Fassade wider. Die tragende Dachkonstruktion – Stahlfachwerkbinder – wurde außerhalb des Gebäudes sichtbar belassen.

150 Sowjetischer Pavillon. 1937 nahm die Sowjetunion erstmalig an einer Weltausstellung teil. Das schlanke emporstrebende Gebäude trug auf seiner Eingangsseite die berühmt gewordene Kolossalstatue »Kolchosbäuerin und Arbeiter« von Muchina.

151 Finnischer Pavillon

Der Innenraum des finnischen Pavillons wurde durch nach vorn geneigte Wandflächen bestimmt. Der Schnitt läßt unterschiedliche Holzstrukturen erkennen (Holzstäbe, Baumscheiben) im Zueinander mit organisch eingefügten flächigen Elementen (Foto- und Textaussagen).

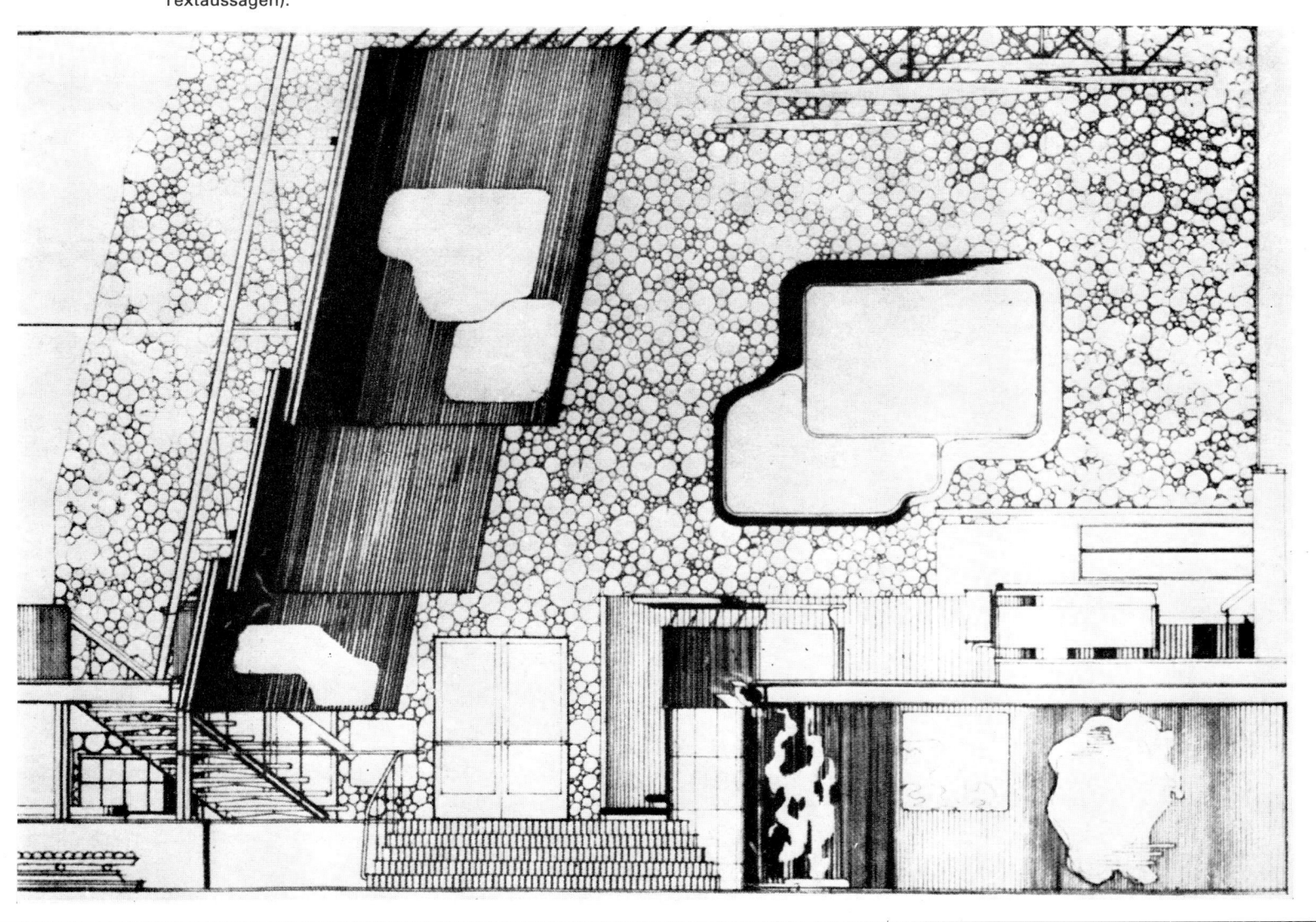

152 Finnischer Pavillon. Blick in den Innenraum mit den vier Aussageebenen: Ebene 1 (ganz oben) das Land; Ebene 2 (darunter) die Bevölkerung; Ebene 3 Arbeit sowie Arbeitsprozeß und Ebene 4 (Geschoßebene) die Produkte, die das Land, die Menschen und die Arbeitsprozesse hervorbringen. Dieses ausstellungstechnisch klare Konzept wurde von Aalto und seiner Frau erarbeitet.

BRÜSSEL 1958

Exposition Universelle et Internationale de Bruxelles – »Bilanz für eine menschliche Welt«

»Die Skepsis gegenüber Wert und Sinn der großen Ausstellungen ist heute weiterum anzutreffen. Abgesehen von den organisatorischen und verkehrstechnischen Fragen, die von Jahr zu Jahr schwieriger zu lösen sind, fehlt unserer Zeit weitgehend auch die Fortschrittsbegeisterung und die Genugtuung über die Leistungen der menschlichen Zivilisation und Technik, die die internationalen und nationalen Ausstellungen der Jahrhundertwende (und vornehmlich in der zweiten Hälfte des 19. Jahrhunderts, d. V.) zu jenen großartigen Manifestationen werden ließen.« (14) Diese zeitgenössische Einschätzung mag uns nicht verwundern, waren doch die Trümmer des letzten Krieges noch vor aller Augen, noch waren die Schrecken nicht vergessen und die Wunden nicht geheilt. »Fortschrittsbegeisterung und die Genugtuung über die Leistungen der menschlichen Zivilisation und Technik« hatte der zweite Weltkrieg nicht nur in Frage gestellt, sondern maßgeblich zerstört. Im Ergebnis von 1945 hatte sich die Welt verändert. Zwei ideologische Weltanschauungen dokumentierten sich vor den Augen der Besucher und wiesen ihren Leistungsstand nicht nur auf technisch-wissenschaftlichem Gebiet, sondern auch in ethisch-moralischen und sozial-kulturellen Bereichen nach. So konnte man sich von dem Erreichten und den Zielen im Sozialismus unterrichten, die Besucher aus den kapitalistischen Staaten hatten die Möglichkeit, ihre Meinung zu objektivieren.

Hierfür bot die Expo 58 einen günstigen Rahmen. Ihr Thema lautete: »Bilanz für eine menschliche Welt«. Bilanz zu ziehen, um die Möglichkeiten für eine bessere Welt zu erkennen, »den Menschen« von 1958 mit seinen Stärken und seinen Schwächen aufzuzeigen, ihm neue Würde zu schenken – ein derartiges Ausstellungsthema war von vornherein darauf ausgerichtet, nach innen zu wirken. Die Weltausstellung besaß kaum Ansätze für spektakuläre Akzente, so wie es in früheren Ausstellungen oftmals der Fall gewesen ist. Es war eine Ausstellung der Besinnung und des ehrlichen Bemühens, zumindest was die Architektur betraf, die ja den roten Faden unserer Betrachtungen bildet. Und so gesehen waren weder Müdigkeit noch Skepsis in all jenen Bauten zu spüren, die von den führenden Industrienationen errichtet wurden. Im Inneren dieser Gebäude galt nicht die Spitzenleistung als solche, sondern die Information, die über den Zustand, die gesellschaftliche Lage und die Zukunftsmöglichkeiten des Menschen unterrichten wollte. »Als eine der eingreifendsten geistigen und künstlerischen Aktivitäten unseres Jahrhunderts beherrscht die Architektur das Gesamtbild. Die Ausstellung gibt ihr die Chance zu vielseitiger, undogmatischer Entfaltung. Wie zufällig, ohne Symmetrie und rechten Winkel, sind die Bauten in das Parkgelände eingestreut. Nichts von übertriebener Steigerung.« (5) Diese Aussage wollen wir an den Architekturen der einzelnen Nationen überprüfen. Daß es auch auf dieser Ausstellung Effektbauten und konstruktivistische Spielereien gab, muß nicht besonders hervorgehoben werden, gehört wohl zum Wesen einer jeden Veranstaltung dieser Art. Die guten Beispiele überwogen bei dieser Weltausstellung jedoch bei weitem.

Der Park der Ausstellung

Das Expo-Gelände erstreckte sich über eine Fläche von 200 Hektar – das ist ein Viertel des Stadtgebietes von Brüssel –, davon war knapp die Hälfte überbaut. 25 Kilometer Straßen wurden angelegt, um das leicht bewegte, parkähnliche Gelände zu erschließen. 47 Nationen und einige internationale Organisationen stellten unter dem Leitthema der Ausstellung aus, darüber hinaus gab es eine Halle der Kunst und eine der Wissenschaften. Ein Vergnügungsteil durfte auch bei dieser Weltausstellung nicht fehlen und lud zu »Snacks« und »Dinners« in einer aus Gips und Rupfen jugendstilig zurechtgestutzten »Alt-Belgien«-Stadtlandschaft ein. Er trug sich den Spitznamen »Gypsum-Town« ein und wurde als dieser Weltausstellung unwürdig bezeichnet, war jedoch mit 75 Restaurants gewiß eine nicht zu unterschätzende Einnahmequelle und Bewirtungsmöglichkeit. Parkplätze für etwa 45 000 Autos und Busse wurden eingerichtet sowie ein Hubschrauberlandeplatz, der Besucher im Pendelverkehr mittels Helikopter zwischen Ausstellungsgelände und den großen Fluglinien beförderte.

Das »Atomium« – Symbol des Friedens

Im Zeitalter des Atoms und der Weltraumforschung hatte die Weltausstellung 1958 in Brüssel das erstere zu ihrem Symbol – zum Symbol der friedlichen Nutzung der Atomenergie zum Wohle des Menschen – erhoben. Das »Atomium« dient noch heute als Aussichtsturm über die Stadt Brüssel. Es steht nunmehr als beziehungsloses Symbol im Park und mutet etwas merkwürdig an. Das »Atomium« stellt ein Elementenkristall in einhundertmilliardenfacher Vergrößerung dar. Die neun Atome, die das Kristall bilden, haben einen Durchmesser von je 18 Metern und wiegen zwischen 100 und 150 Tonnen. Das insgesamt 2 400 Tonnen schwere Gebilde sollte ursprünglich nur mit dem mittleren senkrechten Rohr im Fundament verankert werden. Eine derartige Einspannung scheiterte aus statischen Gründen, und man entschied sich für eine Dreipunktlagerung des »Atomiums«. Die Stützen tragen in ihrem Inneren Freitreppen. Im mittleren Rohr ist ein Schnellift installiert, der die Besucher in wenigen Sekunden bis in die obere Kugel in 102 Metern Höhe transportiert. Über eine Fahrtreppe erreicht man die Kugel im Zentrum, der Abstieg erfolgt über Treppen in den jeweils dafür geschaffenen Verbindungsrohren.

Die sehr schlank wirkenden Verbindungsrohre haben immerhin einen Durchmesser von 3,30 Metern. Ihr Abstand von Kugel zu Kugel beträgt 22 bzw. 29 Meter. In den Kugeln selbst waren ein kleines Restaurant, Café und Ausstellungen unter dem Thema »Das Atom und seine friedliche Nutzung« untergebracht.

Die Pavillons der Ausstellung

Es ist schwierig, eine gerechte Auswahl aus der Fülle der Pavillons zu treffen, besonders weil die guten Beispiele überwogen. Dennoch müssen wir uns auf einige Bauten beschränken, und so bedeutet die Auswahl kein Bewertungsprinzip mehr. Die Architektur auf der Weltausstellung zeigte im großen und ganzen die Fortsetzung der in den Jahren zwischen 1920 bis 1930 gesammelten Erkenntnisse. Wir finden hier weniger neue Wege und Ideen – bis auf eine Ausnahme im Bereich der mehrfach gekrümmten Schalen –, als die konsequente Anwendung einer Architekturauffassung, die sich zwischen den beiden Weltkriegen herauskristallisiert hatte. Architektonisch gesehen fand eine »Breitenentwicklung« statt.

Der norwegische Pavillon

Der norwegische Pavillon war ein erdgeschossiger Flachbau mit wohlabgewogenen Maßen, er wirkte intim durch die offene Anordnung seiner Räume. Seine Struktur wurde von quer zum Gebäude stehenden Holzleimbindern geprägt, die teilweise auf Wandscheiben und Stützen auflagerten. Diese stark dimensionierten »Deckenbalken« trugen das holzverschalte Dach. Holz, Naturstein im Fußbodenbereich, weiße Putzflächen und Glas waren die hauptsächlichen Baustoffe. Das Ganze erinnerte im weitesten Sinne an die Architektur des Barcelona-Pavillons.

Der sowjetische Pavillon

Er gehörte zu den größten Pavillons auf der Brüsseler Weltausstellung und stand im zentralen Interesse der Besucher. Lange Schlangen und oft stundenlanges Warten zeugten von der großen Aufmerksamkeit, die man gerade der Sowjetunion mit ihrer Ausstellung entgegenbrachte. Neben dem vielfältigen Angebot technischer, wissenschaftlicher und kultureller Zeugnisse des Landes, die einen hohen Entwicklungsstand belegten, war die Weltraumforschung das beherrschende Thema und bildete den Hauptanziehungspunkt, »die Attraktion« auf der Expo in Brüssel. Der erste künstliche Erdsatellit »Sputnik«, den die Sowjetunion am 4. Oktober 1957 auf eine Erdumlaufbahn geschossen hatte, und der »Sputnik 2«, der am 3. November 1957 mit der Polarhündin »Laika« als erstem Lebewesen zahlreiche Erdumkreisungen vollendete, wurden der Öffentlichkeit in Originalmodellen vorgestellt.

Zum Pavillon selbst: Seine äußeren Abmessungen betrugen 150 Meter und 72 Meter sowie 21 Meter in der Höhe. Breit vorgelagerte Treppenanlagen gaben dem Ganzen ein festli-

153 Sowjetischer Pavillon. Prinzipschnitt. Interessant wird diese Konstruktion dadurch, daß jeder Anschlußpunkt gelenkig lagert (Stützen, Dachbinder, Oberlicht, aufgesetzte Stahlstütze zur Befestigung der Abspannseile).

Das Oberlichtfenster wird konstruktiv durch Alufachwerkbinder gebildet. Die Aluminium-Glas-Fassade hängt an den äußeren Kragbindern.

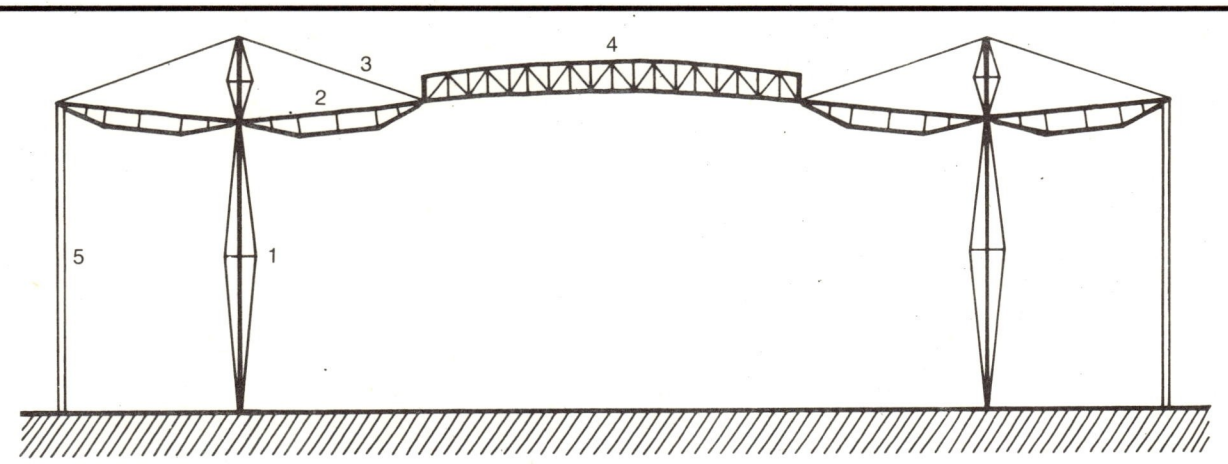

1 Stahlstütze;
2 Aluminiumdachbinder;
3 Abspannseil;
4 Aluminium-Glas-Fassade

ches Gepräge. Als Baustoffe hatte man Glas, Stahl, Aluminium und Beton gewählt. Interessant war die Konstruktion des Gebäudes: Auf 48 Meter voneinander entfernten Stahlstützen saßen in 20 Metern Höhe symmetrisch angeordnete Kragbinder aus Aluminium, die von Abspannseilen gehalten wurden. Die Seile befestigte man an den oberen Punkten der über die Dachkonstruktion hinausgezogenen Stahlstützen. Zwischen den inneren ausladenden Bindern hingen leicht gebogene Alufachwerkbinder, die, von außen verglast, das Oberlicht des Pavillons bildeten. An den äußeren Kragbindern wurde die Außenfassade – Glas und Alusprossen – gehängt. Die tragende Konstruktion der Halle ist insofern interessant, weil jeder ihrer Anschlußpunkte gelenkig ausgebildet wurde, einschließlich der Stützenfüße der Stahlpylonen. Die Konstruktion war zu großen Teilen sichtbar. Bei der internationalen Fachwelt fand der sowjetische Pavillon Lob und Anerkennung.

Der japanische Pavillon

Dieser stellte sich unter das Thema »La Main nippone et la machine«. Der japanische Pavillon fand auf dieser Ausstellung insofern besondere Beachtung, als Japan auf dem Gebiet der modernen Architektur sehr viel und Gutes leistete; es hat die moderne Architekturentwicklung nach dem zweiten Weltkrieg stark beeinflußt. Dieses Land mit Tradition und feinstem Gespür für Maßstäbe und Proportionen, mit dem hohen Sinn für konstruktives Bauen und Naturbezogenheit hatte schon Bruno Taut während seines Exils im Anfang der dreißiger Jahre stark beeindruckt. Die konstruktive Klarheit, die aus dem Skelett resultiert, kann gerade in der alten Architektur Japans besonders bewundert werden. Die gesamte Moderne steht dieser historischen Form am nächsten.

Japan errichtete zur Expo einen Skelettbau. Das flache, V-förmige weitausladende Dach wurde von vier gespreizten Betonstützen getragen. Das Dach war eine reine Stahlkonstruktion, das unterseitig mit Holzplatten verkleidet war. Den gleichsam untergeschobenen Pavillonteil bildete ein Holzskelett, das dunkel gebeizt wurde. Dazwischen setzte man weiße Ausfachungsplatten bzw. Glas. Die Ausfachung begann aus Belüftungsgründen erst in 50 Zentimeter Höhe. Ein original-japanischer Garten im Innenhof steigerte höchst reiz- und wirkungsvoll die Gesamtanlage.

Der tschechoslowakische Pavillon

Auch der Pavillon der Tschechoslowakei stellte eine gute Leistung zeitgenössischer Architektur dar. Das eigens hierfür geschaffene Restaurant wurde nach der Expo demontiert und originalgetreu in einem Prager Park wieder aufgebaut. Den Ausstellungspavillon bildeten drei fensterlose Baukörper, die ganz mit einfarbigen Glasmosaikplatten verkleidet waren. Verbunden wurden diese drei Teile durch zwei eingeschobene beidseitig verglaste Gänge. Die Ausgestaltung der Pavillons war ausstellungstechnisch gut gelöst. Technische Erzeugnisse und

Glaswaren, Keramik und Kristall sowie die Schmuckwaren aus Jablonec waren ein Anziehungspunkt Tausender Besucher.

Der niederländische Pavillon

Mit dem niederländischen Pavillon verbinden sich noch einmal uns wohlbekannte Namen. Ihre Schöpfer waren Boks, van den Broek, Bakema und Rietveld. Die Niederlande, die im ständigen Kampf mit dem Meer liegen, wählten als ihr Leitmotiv: »Der Mensch und das Meer«. So trug auch der Pavillon dem Rechnung, und das Wasser wurde sein Grundmotiv. Die stark gegliederte und in Einzelgebäude aufgeteilte Anlage bestach durch Klarheit, phantasiereiche Akzentuierung, menschlichen Maßstab und die den Niederländern eigene Ästhetik.

Der Komplex wurde von Deichanlagen und Entwässerungsgräben durchzogen — eine rekonstruierte Polderlandschaft —, ja selbst ein großes Wasserbecken mit künstlichem Wellenschlag symbolisierte den Kampf dieses Küstenvolkes gegen die Naturgewalten.

Die Hallen waren Stahlskelettbauten, an den Giebelseiten geschlossen und seitlich verglast. Der einzelne Baukörper erschien wie ein reiner Zweckbau. In den Beziehungen der Hallen, ihren unterschiedlichen Niveauhöhen, der Gesamtkonzeption mit Treppen, Wegen aus unterschiedlichsten Pflastermaterialien, mit dem Wasser und der Grünbepflanzung entstand ein architektonisches Meisterwerk.

Der Philips-Pavillon von Le Corbusier

Wenn wir diesen Pavillon, der kein Land und keine Nation zu repräsentieren hatte, auswählten, so aus dem Bedürfnis, einen der bedeutendsten Schöpfer moderner Architekturentwicklung bis zum Beginn der sechziger Jahre unseres Jahrhunderts nicht unerwähnt zu lassen. Le Corbusier — mit bürgerlichem Namen Charles Edouard Jeanneret — wurde 1887 im französischen Teil der Schweiz geboren. Fr starb 1965. Er war Maler, Bildhauer, Publizist, Fachschriftsteller und in allererster Linie Architekt. Er verkörperte einen ruhelosen, schöpferischen Geist von der künstlerischen Vitalität eines Picasso. Wenn man sein Gesamtwerk aufmerksam verfolgt, so wird man feststellen, daß sich bei ihm Intuition und Ratio in glücklicher Weise verbanden. Er gehörte nicht zu jenen, die eine einmal gefundene Richtung konsequent verfolgten und daran festhielten, wie z. B. Mies van der Rohe. Le Corbusiers Konsequenz bestand in der ständigen Suche nach neuen Ausdrucksmöglichkeiten und Wegen der modernen Architektur. Seine Arbeiten reichten von Wochenendhäusern, Landhäusern, Gesellschaftsbauten, Siedlungen bis hin zu Planungen von ganzen Stadtteilen und Städten. Überall dort, wo er sich mit Intensität einem Problem widmete, beschritt er neue Wege, überzeugte durch neuartiges Herangehen an die jeweils gestellte Aufgabe und beeinflußte Generationen von Architekten. Die stark plastische Durchbildung seiner Bauten war eine seiner wesentlichsten Bereicherungen der Moderne.

Doch kehren wir zurück zum Weltausstellungspavillon. Dieser Bau steht im Schaffen von Le Corbusier ohne Beispiel da. Das an ein Zelt erinnernde Gebäude stand auf einer Stahlbetonplatte mit einem zusätzlichen Ringanker. Stahlbetonrippen mit einem Durchmesser von 40 Zentimetern bildeten die Schnittlinien der mehrfach gekrümmten Schalen. Die Flächen zwischen diesen Rippen waren mit Stahlbetonplatten von maximal 1 Quadratmeter und einer Stärke von 5 Zentimetern ausgefacht. Jede Platte war in ihrer Form unterschiedlich. Die Stahlbetonplatten wurden durch Zugstangen von 7 Millimetern Stärke zusammengehalten. Die Zugstangen spannte man zwischen die Stahlbetonrippen und ließ sie sichtbar. Außen wurde der gesamte Baukörper mit Aluminiumbronze gestrichen. An den beiden höchstgelegenen Punkten des Pavillons waren die »Eingangsschlitze«. Im Inneren sah man das von ihm und anderen Künstlern zusammengestelle »poème électronique«, eine Komposition mit räumlicher Musik und räumlich abstrakten Bildern: der Versuch einer Synthese zwischen einer neuen Raumkonzeption und den Mitteln des Lichts, Films, Tons und der Farbe. So war Le Corbusiers Pavillon einer der wenigen Beiträge auf dieser Ausstellung, die nach neuen künstlerischen Ausdrucksmöglichkeiten suchten.

MONTREAL 1967

Universal and International Exhibition –
»Der Mensch und seine Welt«

Wie bei den meisten größeren Schauen der Welt, war auch 1967 für Kanada ein Jubiläum der Anlaß für deren Durchführung. Der ehemaligen britischen Kolonie wurde 1867 durch den »British North America Act« der Dominionstatus zuerkannt. Dem einhundertsten Jahrestag der Unabhängigkeitserklärung sollte durch eine Weltausstellung ein besonderes Gewicht verliehen werden. Als Austragungsort bestimmte man Kanadas größte Stadt Montreal. Die Vorbereitungen für die Expo liefen seit 1963; die Ausstellung begann am 21. April 1967 mit einer feierlichen Eröffnungszeremonie und endete nicht weniger festlich am 27. Oktober. 60 Nationen aus Afrika, Amerika, Asien, Australien und Europa nahmen teil.

Antoine de Saint-Exupéry gab mit seinem Buch »Terre des hommes« das Leitmotiv dieser Ausstellung vor. Die deutsche Übertragung »Der Mensch und seine Welt« war der freien englischen Übersetzung »The man and his world« aus dem Französischen entlehnt. Mit diesem Thema versuchte man an die Brüsseler Weltausstellung von 1958 anzuknüpfen. Weder eine Industrieausstellung, wie wir sie bis nach dem ersten Weltkrieg kennengelernt haben, sollte inszeniert werden, noch eine Universal- oder Propagandaschau. Der Tatsache, daß sich nur wenige ausstellende Nationen in Brüssel an das Leitthema hielten, begegnete Kanada, indem es eine Reihe thematischer Pavillons selbst errichtete. Deren Notwendigkeit wurde in dem Moment deutlich, da die Ausstellung übergeben und somit sichtbar wurde, daß nur wenige Nationen sich des »Leitgedankens« bedient hatten. Wen kann es verwundern, wenn sich all die jungen Nationalstaaten, die erst seit wenigen Jahren ihre Unabhängigkeit erlangt hatten, ihrem speziellen Problem, dem Findungsprozeß ihrer Nation widmeten? Wie sollten gerade sie sich überregionalen, allgemein menschlichen Problemen zuwenden, wenn dazu noch nicht einmal die »abgeklärten Nationen« in der Lage waren und sich in ihrer Tüchtigkeit, ja oftmals einer gewissen Hoffärtigkeit bewiesen? Das Thema »Der Mensch und seine Welt« wurde in folgende Komplexe gegliedert: der Mensch als Schöpfer, der Mensch in der Gemeinschaft, der Mensch als Forscher, der Mensch als Erzeuger (technische Fortschrittsentwicklung), der Mensch als Produzent (Problem des Bevölkerungszuwachses und der Versorgung), der Mensch und das Leben und der Mensch und seine Gesundheit. Jeder dieser Themenkomplexe wurde in eigens hierfür geschaffenen Pavillons und Gebäudegruppen vorgestellt.

Inseln im St.-Lorenz-Strom

Die Stadt Montreal mit ihren 2,5 Millionen Einwohnern wird von dem St.-Lorenz-Strom durchschnitten. Inmitten des Stromes – seine Breite beträgt etwa 1 700 Meter – liegt die Île St.-Hélène, eine Insel, die den Bewohnern der Stadt als Erholungspark dient. Diese landschaftlich reizvolle Insel wurde in Längsrichtung, für den Zweck der Ausstellung, beträchtlich erweitert. Zwischen dem Südufer und der Île St.-Hélène entstand Île Notre-Dame, eine künstlich geschaffene Insel mit einer Gesamtfläche von 115 Hektar. Einen dritten Ausstellungskomplex bildete der Hafen von Montreal, dessen Damm, der Mackay Pier, zum Schutz der Hafenanlagen beträchtlich vergrößert und rekonstruiert wurde. Während der Ausstellung erhielt dieser Teil die Bezeichnung »Cité du Havre«. Hier steht das damals errichtete »Habitat 67« mit 158 Hauseinheiten, auf das wir später noch einmal zurückkommen werden.

Das Gesamtgebiet der Expo nahm eine Fläche von 250 Hektar ein, berücksichtigt man die weitläufigen Parkplätze und das neuerrichtete Sportzentrum, so umfaßte das Ausstellungsgelände 365 Hektar. Von der Stadt brachten eine neue Untergrundbahn, die mit Gummirädern ausgestattet war, und Autobusverkehr die Besucher an das Ausstellungsgelände. Das riesige Areal selbst wurde mit Hilfe einer S-Bahn, dem Expo-Express, die die Besucher von den Eingängen zu den Ausstellungszentren beförderte, erschlossen. Durch das Gelände fuhren außerdem elektronisch gesteuerte Mini-Bahnen (Einschienenbahn, Einschienenhängebahn, Trailer-Trains), aber auch Fahrradrikschas standen besonders für Behinderte und

154 Lageplan. Das Ausstellungsgelände lag inmitten des St.-Lorenz-Stromes. Ausgehend von der Île St.-Hélène, die man beidseitig in Längsrichtung erweiterte, wurden die Île Notre-Dame und die Halbinsel Cité du Havre künstlich geschaffen.

Hilfsbedürftige in reicher Zahl zur Verfügung. Tragflächenboote und romantische Gondeln fuhren die Besucher vom Land zu den Inseln oder von Insel zu Insel.

Die Expo Ratlosigkeit beschleicht den Autor zunächst bei der Aufgabe, die Ausstellung im Überblick zu beschreiben: Schier unermeßlich ist die Fülle des Gezeigten, sind nicht »Ruheplätze«, »Beer gardens«, Filmvorführungen und Schaustellungen ebenso betrachtenswert wie die Exponate der Raumfahrt und die Experimente der modernen Medizin?

Beginnen wollen wir mit dem Themenpavillon »Der Mensch als Schöpfer«, der der Kunst vorbehalten war. Die internationale Kunstausstellung zeigte Bildwerke aus allen Jahrhunderten. Galerien aus aller Welt hatten diese geschickt. Die Kunst erschien besonders geeignet, den Menschen in seinem schöpferischen Drang zu beweisen. Der Komplex »Der Mensch in der Gemeinschaft« stellte nicht die Probleme des einzelnen oder die Struktur der Gemeinschaft dar. Vielmehr wurde versucht, die gesellschaftlichen, sozialen und politischen Wirkungen und Auswirkungen aufzuzeigen, die in der ganzen Welt durch den Verstädterungsprozeß entstehen. »Hier ersetzen Abstraktionen und Symbole, so auch eine surrealistische Ausstellung über das Paradoxon der Vereinsamung in der Gemeinschaft, das, was durch soziologische Fakten klarer auszudrücken gewesen wäre.« (24)

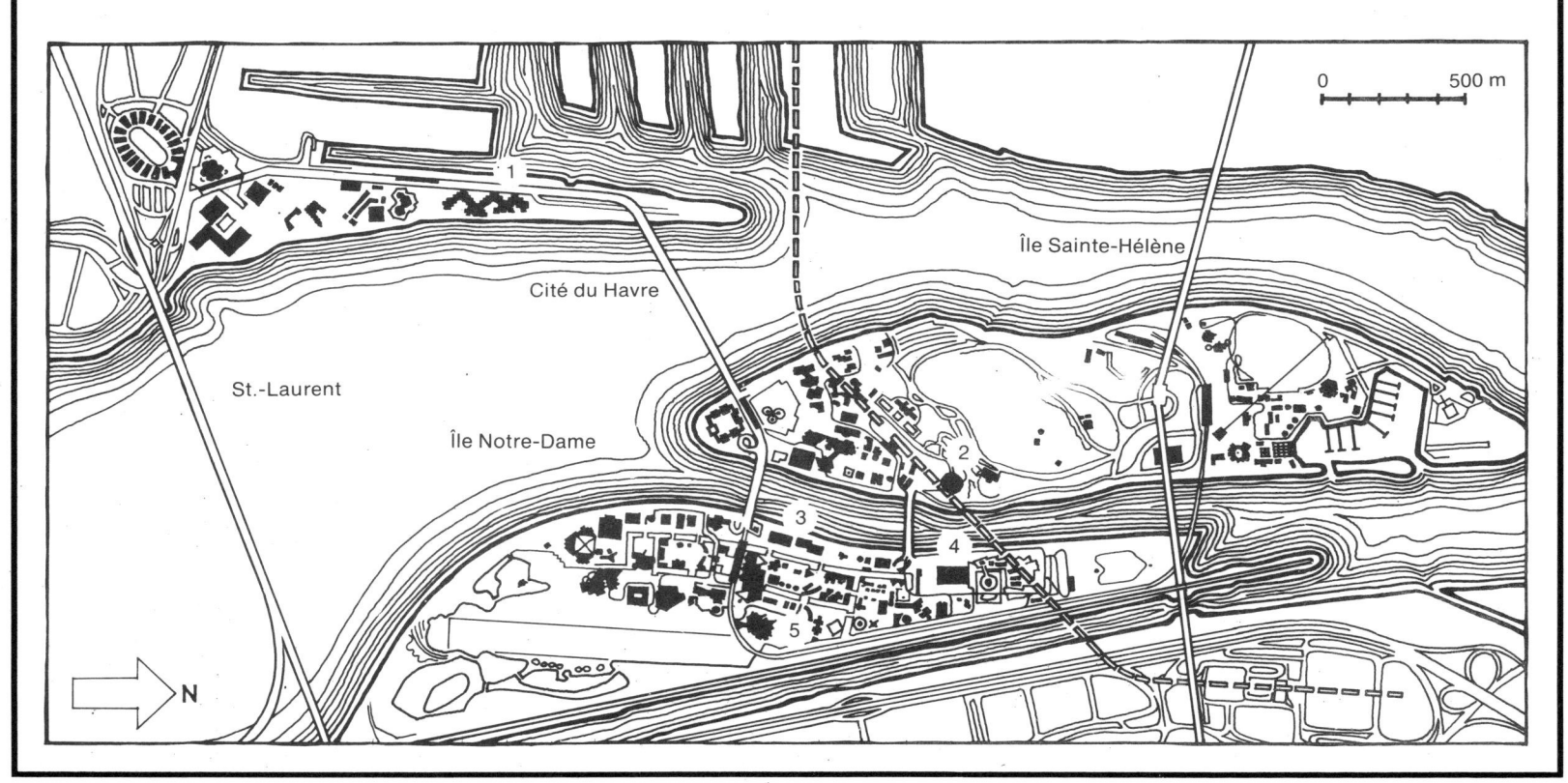

»Der Mensch als Forscher« wurde in 3 Ausstellungsebenen behandelt: »Der Mensch, sein Planet und sein Weltraum«, »Der Mensch und die Polarregion« und »Der Mensch und die Meere«. »Von der Erforschung des Erdinnern, des Vulkanismus – der bisher mehr als eine Million Menschenleben gekostet hat –, über die biologischen Lebensgemeinschaften bis zum ersten Schritt in den Kosmos (ein sowjetischer Filmbericht) reichte die Palette der dargestellten Forschungsprobleme.« (24) Sensationell wirkte auf die Besucher ein isländischer Film, der die Entstehung einer Insel vor Islands Küste zeigte und wie sich auf ihr die Pflanzen- und Tierwelt entwickelten bzw. wie die Insel besiedelt wurde. Kanada behandelte die geologische und meteorologische Erforschung seiner Polarregion unter dem Aspekt der Erschließung neuer Lebensräume. Im Bereich der Meeresforschung standen ozeanographische Exponate (Tiefseetaucherausrüstungen, Unterwasserstationen) und Modelle sowjetischer sowie französischer Unterwasserfahrzeuge im Mittelpunkt. Jacques Cousteaus »Saucer 300«, mit dem er bis zur Tiefe von 300 Metern tauchte, bildete einen großen Anziehungspunkt.

»Der Mensch als Erzeuger« gab einen Überblick über wichtige technologische Errungenschaften unserer Zeit und welche Perspektiven uns daraus erwachsen können. Die Fischzucht im Ozean durch Düngen und Vermehren der Algenfelder, die Eiweißgewinnung aus Erdöl, neuartige Nachrichtensysteme, die das Erscheinen von Zeitungen und ihre Verbreitung an verschiedenen Orten der Erde gleichzeitig ermöglichen, und die Nachrichtensatelliten für Funk und Fernsehen wurden in anschaulicher Weise dargestellt.

Im Pavillon »Der Mensch als Produzent« zeigte man den derzeitigen Weltbevölkerungsstand und die zu erwartende Zunahme an, die daraus resultierenden Versorgungsprobleme und die Nahrungsmittelgewinnung. Eine Leuchtschrift ließ in beeindruckender Form die Zunahme der Weltbevölkerung – pro Minute 120 Menschen – erkennen. Für die Dauer der Ausstellung ergab das 35 Millionen Menschen!

Mit dem Komplex »Der Mensch und das Leben« demonstrierte man Entwicklung und Funktion der Einzelzelle, der Zellkomplexe bis hin zu dem am höchsten differenzierten System, dem menschlichen Gehirn. Modelle veranschaulichten dessen Wirkungsweise: Regulation und Reizleitung. Das bedeutendste Anschauungsobjekt war die »Simulation der Hirntätigkeit durch einen die Information aufnehmenden und speichernden Computer«.

Der in dieser Reihe letzte Pavillon beschäftigte sich mit dem Thema »Der Mensch und seine Gesundheit«. Hier wurde die persönliche Verantwortung des Menschen für die Gesunderhaltung seiner Gemeinschaft, in ganz besonderem Maße der Umweltschutz, herausgestellt. Darüber hinaus beschäftigte man sich mit Problemkreisen der modernen Medizin, mit den Infektionskrankheiten, unterschiedlichen Arten von Unfällen, der Arteriosklerose und dem Krebs. Ein vollautomatisches Gerät zur Untersuchung von Blutproben wies nach 2 Minuten das Untersuchungsergebnis auf einer elektrischen Schreibmaschine aus. Patientenfernkontrolle, Organkonservierung und -übertragung sowie die elektrisch gesteuerte Prothetik waren weitere Themen, die in anschaulicher Weise (Film und Simultantheater) offeriert wurden.

Nun zu einigen Besonderheiten der Länderausstellung: Das Glanzstück der Schweizer Uhrenindustrie war die Atomuhr; ihre Ganggenauigkeit belief sich auf eine Zeitabweichung von 1 Sekunde innerhalb von 3 000 Jahren. Japan, eines der führenden Länder auf dem Gebiet der Elektronik/Mikroelektronik, stellte einen zehntausendjährigen Kalender aus, auf dem festzustellen war, an welchem Wochentag man in »2 333 Jahren Geburtstag hätte«. Die Sowjetunion – das Thema Weltraumforschung wird noch gesondert im Kapitel des SU-Pavillons gewürdigt – erregte das große Interesse beim Publikum mit dem interkontinentalen Überschallflugzeug TU 144, das eine Geschwindigkeit bis zu 2 500 Stundenkilometer entwickelt. Frankreich führte das bereits seit einigen Jahren arbeitende Gezeitenkraftwerk von St. Malo im Modell vor. England zeigte ein Luftkissenboot, das mit 500 Passagieren an Bord 70 Knoten erreichen sollte. Ein elektronisch-vollautomatisches Flugleit- und Landesystem war vorerst als realisierbares Modell zu sehen. Die Bundesrepublik Deutschland präsentierte im Modell das derzeit größte Radioteleskop mit einem Spiegeldurchmesser von 100 Metern.

Eine amerikanische Telefongesellschaft praktizierte das Circorama-Verfahren, eine »Rundum-Filmprojektion«, die den Betrachter in den Mittelpunkt setzte und ihn die Handlung neben und hinter sich erleben ließ. Im österreichischen Pavillon arbeitete eine elektrisch ge-

---

Verbunden und verkehrstechnisch erschlossen wurden die Ausstellungsteile durch Brücken bzw. den Expo-Express und durch Fähren.

1 Habitat 67;
2 Pavillon der USA (Fuller-Kuppel);
3 Sowjetischer Pavillon;
4 Tschechoslowakischer Pavillon;
5 Pavillon der BRD (Zeltdach – Frei Otto)

steuerte künstliche Hand, deren Bewegungen durch Muskelimpulse geregelt wurden.

Neben all diesen technischen Errungenschaften hatte sich Montreal auch sein »Palais des Illusions« geschaffen: das »Gyrotron«. Hier konnten die Schaulustigen auf einer sechsminütigen Reise den Flug durch den Weltraum erleben, mit dem »Count-down« beginnend und im »Schlund eines rauchenden Vulkans« endend. Auch Illusionskabinette sind nicht traditionslos!

Bevor wir uns speziell der Architektur auf dieser Weltausstellung zuwenden, wollen wir unseren Ausstellungsbummel mit der Betrachtung der plastischen Kunstwerke, die auf dem gesamten Gelände und in den einzelnen Ausstellungsbereichen vorzufinden waren, beenden. Eigenartigerweise zeigte sich der größte Teil als Schöpfungen in Blech. Man ist geneigt, von einer »Metallenen« Kunst-Expo 1967 zu sprechen. Da war am auffälligsten die von Alexander Calder geschaffene 20,50 Meter hohe und 28 Meter breite Gruppe »Der Mensch«. Die im Auftrag des kanadischen Nickel-Konzerns geschaffene rostfreie Stahlplastik blieb auf Grund ihrer Größe »ohne Konkurrenz« und »ohne Worte«. Max Bill errichtete vor dem Schweizer Pavillon eine Windsäule aus Aluminium. Sie war 14 Meter hoch und bestand aus 14 unterschiedlich vertikal gegliederten Segmenten. Je nach Windbewegung und Stärke drehten sich die Schaufelelemente von unterschiedlicher Farbigkeit um einen zylindrischen Kern. Bernhard Luginbühl schuf, ebenfalls für die Schweiz, eine »Riesenarmbrust« aus leuchtend rot gestrichenem Eisen. Dieses weitausladende eiserne Monstrum entbehrte nicht einer gewissen »Komik«. Und »eisern« ging es in den Schweizer Innenräumen weiter. Robert Müller zeigte seinen »Eisen-Zerberus«, Walter Linck »Points opposés« aus Stahl – 2 Stahlkugeln innerhalb einer liegenden Acht, dem Unendlichzeichen –, Alberto Giacometti stellte seine schlanken, hochsensiblen figürlichen Bronzen aus. Jean Tinguelys konstruierte aus alten Maschinenteilen eine absurde Maschine, die mittels Drähten, Transmissionen und Motoren in Bewegung geriet. Das Kunstwerk war nicht »plastisch, dreidimensional«, sondern reliefartig.

Aber nicht nur die Schweiz, auch Italien erwies sich ehern auf dem Dach seines Pavillons mit einer auseinanderbröckelnden Bronzekugel von Arnaldo Pomodoro. Die Sowjetunion zeigte vor ihrer Ausstellungshalle das Staatssymbol »Hammer und Sichel« aus Metall getrieben und mit einer dreisprachigen Inschrift versehen: »Frieden, Arbeit, Freiheit, Gleichheit, Brüderlichkeit und Glück für alle Völker der Erde«. Frankreich ließ auf dem Dach seines Gebäudes 2 Plastikern freies Spiel. Niki de Saint-Phalle schuf riesige Traumgebilde aus weichem, bunt bemaltem Polyester. Diese »nanas« wurden von den konstruktivistisch, aggressiv scheinenden metallischen, maschinenähnlichen Gebilden des Jean Tinguely »angegriffen«.

Der sowjetische Pavillon und seine Ausstellung

Der sowjetische Pavillon war mit 135 Metern Länge, 67 Metern Breite und 42,40 Metern Höhe einer der größten auf der Expo und gehörte zu den Hauptattraktionen. Das rechteckige, gekrümmte Dach, das nach vorn anstieg, wurde konstruktiv von zwei V-Stützen getragen. Das Dach selbst war eine reine Stahlkonstruktion. Bei der Behandlung der Außenfassade, die an die Dachkonstruktion gehangen wurde, wählte man ein ähnliches Prinzip wie in Brüssel 1958. Der äußere Eindruck des Pavillons war der einer großen Leichtigkeit und, durch das sich nach oben krümmende Dach, Eleganz. Im Innern hatte dieses Gebäude drei Geschoßebenen, die durch geschickte Überschneidungen, Öffnungen und Galerien der Exponatevielfalt entgegenkamen. »Die Exponate – naturgetreue Modelle, Diagramme und statistische Informationen – boten ein konzentriertes, geschlossenes und übersichtliches Bild von den gigantischen wirtschaftlichen, technischen und wissenschaftlichen Leistungen der Sowjetunion ... Beeindruckende Statistiken über Gliederung und Entwicklung des Bildungswesens – insbesondere der Buchproduktion –, der medizinischen Forschung sowie

BRÜSSEL 1958 173

155 Das Brüsseler Ausstellungsgelände

Der französische Pavillon steht rechts von der Bildmitte, ihm gegenüber am linken Bildrand der sowjetische Pavillon, dahinter der amerikanische.

BRÜSSEL 1958

156 Sowjetischer Pavillon
Vordere Ansicht mit der großzügig gestalteten Treppenanlage.

Die abgehangene Aluminium-Glas-Fassade ist in ihrer Sprossenaufteilung sehr gut proportioniert.

BRÜSSEL 1958

157 Tschechoslowakischer Pavillon
Drei Pavillons mit beidseitig verglasten Verbindungsbauten bildeten das tschechoslowakische Ausstellungsgebäude.

Die fensterlosen Ausstellungspavillons standen in einem guten Kontrast zu den Glasübergängen.
Die Anordnung ließ einen Innenhof entstehen, in dem ein separates Gebäude mit einem Nationalitätenrestaurant untergebracht war.

BRÜSSEL 1958

158/159 Pavillon der Bundesrepublik Deutschland

Den sich aus mehreren Pavillons zusammensetzenden Gebäudekomplex schuf der Architekt Egon Eiermann. Die große Transparenz der Baukörper bezog die unmittelbare Umgebung in die Gesamtgestaltung mit ein. Das führte jedoch zu großen Schwierigkeiten bei der Exponatepräsentation.

Ausstellungsbauten sind mit den Zelten der Nomaden vergleichbar: Heute errichtet, werden sie oftmals nach einer Ausstellung wieder abgerissen. Mag dieser Gedanke eine gewisse Rolle bei der Formfindung von Le Corbusier gespielt haben?

Räumlich geschmiedetes Eisengitter des Kunstschmiedes und Metallgestalters Fritz Kühn. Dieses über 6 Meter spannende Eisengitter trägt sich selbst.

160 Philips-Pavillon von Le Corbusier

BRÜSSEL 1958

161 Eingang zum französischen Pavillon

162 Der französische Pavillon bei Nacht

Reine Konstruktion zu zeigen, verhaftet in einer hundertjährigen Tradition, ist den französischen Konstrukteuren immer wieder ein legitimes Mittel der Baugestaltung. Gleichsam wie ein Gerüst wird die Ausstellungshalle von der Konstruktion umgeben, die zum tragenden Element der innenliegenden Außenhaut wird.

Seine gerüstartige Außenhautkonstruktion ergibt im Zusammenhang mit der effektvollen Ausleuchtung und dem dicht vorgelagerten Wasserbecken eine ausgezeichnete »nächtliche« Architektur.

BRÜSSEL 1958

163 Pavillon der USA

Sein äußerer Durchmesser betrug 104 Meter, seine Höhe 22 Meter. Das Dach wurde durch Zugseile gebildet, die sich an einem inneren offenen Ring von 20 Meter Durchmesser und 8,5 Meter Höhe schlossen. Unter diesem inneren offenen Ring befand sich ein Wasserbecken. Die Ausstellungszonen innerhalb des Gebäudes gruppierten sich ringförmig zur Außenwand.

Blick in den amerikanischen Pavillon. Die Wasserfläche im Inneren rief durch ihre Spiegelung einen interessanten ausstellungstechnischen Effekt hervor.

164 Pavillon der USA

BRÜSSEL 1958

165 Im Ausstellungsgelände

Das in das Bild hineinragende Dreieck gehörte zum »Pavillon des architectes modernes«. Im Hintergrund sind das Leuchtzeichen des Pressepavillons und das von Leuchtpunkten umspielte Atomium zu sehen.

Die Niederländer bauten neben ihrem Pavillon ein Stück Polderlandschaft mit Kanal, Deich und Pumpwerk nach.

BRÜSSEL 1958

166 Bauten der Expo bei Nacht

BRÜSSEL 1958

167 Eingangshalle der Weltausstellung

Im Vordergrund werden die farbigen Wasserspiele sichtbar. Das alles überragende, reich illuminierte Atomium beherrschte bei Tag und bei Nacht von jedem Punkt des Geländes die Ausstellung.

Dieses 102 Meter hohe Gebilde steht noch heute inmitten eines Landschaftsparks der Stadt, dem damaligen Ausstellungsgelände, und dient als Aussichtspunkt.

BRÜSSEL 1958

168 Atomium. Das Atomium war das Wahrzeichen der »Expo '58«.

169 Atomium. Detail von der ersten »Kugeletage« aus gesehen.

Der Durchmesser einer Kugel beträgt 18 Meter, der der Verbindungsrohre 3,30 Meter.

MONTREAL 1967

170 Sowjetischer Pavillon

Der auf der Abbildung im Rohbau befindliche sowjetische Pavillon läßt sehr gut seine Konstruktion erkennen. Zwei weitgeöffnete V-Stützen tragen das aus einer reinen Stahlkonstruktion bestehende Dach, von dem deutlich sichtbar die Außenfassade abgehangen wurde.

MONTREAL 1967

171 Tschechoslowakischer Pavillon

MONTREAL 1967

172/173 Pavillon der USA/Fuller-Kuppel

Dieser Pavillon gehörte zu den am besten besuchten auf der Ausstellung.
Nicht nur die weltweit bekanntgewordene Polyvision, auch die Präsentation der Exponate war beispielhaft. Rechts im Bild ist die elektronisch gesteuerte Einschienenbahn zu erkennen.

Die geodätische Kuppel von Richard Buckminster Fuller war ein geschweißtes sphärisches Raumtragwerk aus Stahl. Unter diese Konstruktion wurden transparente Acrylkunstharzteile gehangen, die die Außenhaut bildeten. Rechts ist ein Knotenpunkt mit den angeschweißten äußeren Gurtstäben zu sehen, darunter die kuppelartigen Acrylelemente.

MONTREAL 1967

174 Pavillon der Bundesrepublik Deutschland

Das 8 000 Quadratmeter überdeckende Zelt von Frei Otto. Modellstatische Versuche und Berechnungen in großer Zahl waren dieser komplizierten Form vorausgegangen.

MONTREAL 1967

175 Pavillon der Bundesrepublik Deutschland
176 Aus dem Ausstellungsgeschehen

Einer der Pylone, an die das »Zeltdach«, die Seilnetzkonstruktion, gehangen wurde. Randseile leiten die aus der Konstruktion resultierenden Kräfte in die Fundamente ein, welche man mit dem im Boden ruhenden Felsen verankerte.

Das Modell des französischen Segelschiffs, das zu Beginn des 16. Jahrhunderts erstmalig die kanadische Küste erreichte. Es wurde anläßlich der Weltausstellung nachgebaut.

MONTREAL 1967

177 »Habitat 67«

Dieser Gebäudekomplex stellt den Versuch dar, individuelle Wohnbedürfnisse mit einer hohen Wohndichte zu verbinden und der Monotonie im zeitgenössischen Bauen durch eine plastische Architektur zu begegnen.

der Nahrungsmittelproduktion demonstrierten die Erfolge der fünfzigjährigen Entwicklung des ersten sozialistischen Staates der Welt.« (24) Im Erdgeschoß des Pavillons wurde die Nutzung der Meeresschätze dargestellt. 100 Milliarden Tonnen zur Nahrung geeigneter Eiweißstoffe lagern im Meer, rentable Nutzung und Gewinnungsmethoden bildeten einen wichtigen Beitrag zum Thema: Bevölkerungszuwachs und Versorgung. Die Bodenschätze im Meer, Brennstoff- und Energiegewinnung waren weitere Komplexe, die im starken öffentlichen Interesse standen. Im zweiten Geschoß behandelte man die mit der Erdoberfläche zusammenhängenden Themenkreise. Modelle von der atomaren Entsalzungsanlage des Meerwassers auf der Halbinsel Mangyschlak und dem Krassnojarsker Wasserkraftwerk am Jenissei veranschaulichten deutlich, mit welchen gewaltigen Aufgaben die UdSSR sich auseinandersetzt. Hierzu gehörten auch die Siedlungsprobleme nördlich des Polarkreises, denen die Sowjetunion große Aufmerksamkeit schenkt. Das dritte Geschoß, die oberste Ausstellungsebene, widmete sich der Erforschung des Weltraumes. Fast die Hälfte der Fläche war diesem Thema vorbehalten. Die Sowjetunion, die bei der Erschließung des Kosmos Vorbildliches geleistet hat und leistet, zeigte die Entwicklung der Erforschung des außerirdischen Raumes seit Ziolkowskis Zeiten auf. Den Hauptanziehungspunkt bildeten Modelle des Raumschiffes »Wostok«, der automatischen Weltraumstationen »Luna« 9 und 10 und ganz besonders das Original der Weltraumkapsel, in der Juri Gagarin als erster Mensch am 12. April 1961 die Erde umkreist hatte.

Der tschechoslowakische Pavillon

Er war das Ergebnis eines nationalen Wettbewerbes, zu dem 88 Projekte eingegangen waren. Miroslav Repa gewann und wurde mit Vladimir Pycha beauftragt, die Projektunterlagen zu erarbeiten. »Der tschechische Pavillon ist zweifellos der erfolgreichste und beliebteste der Expo gewesen. Die auf Einlaß Wartenden sind oft drei Stunden lang angestanden. Ein Beweis, welche Anziehungskraft echte Menschlichkeit und heitere Eleganz auszuüben vermögen.« So lautete ein Bericht in der schweizerischen Zeitschrift »graphis«, die sich eingehend in einem Artikel mit diesem Pavillon auseinandersetzte. Die Gestalt des Pavillons war rechteckig und schloß einen Innenhof ein. Während das Untergeschoß völlig in Glas aufgelöst war, blieb das mit weißglasierten Keramikziegeln verkleidete Obergeschoß fensterlos. Stahlrahmen, -böden und -dächer bildeten das konstruktive Gerüst, das in der Tschechoslowakei vorfabriziert wurde.

Sämtliche Verbindungen wurden geschraubt und konnten nach der Ausstellung mühelos demontiert werden. Die rahmenlosen Glaswände im Erdgeschoß unterteilten den Raum in verschiedene Abteilungen und schufen je nach Ausstellungsgut die entsprechende Atmosphäre. Materialien wie Sichtbeton, Holz, Marmor, Leichtmetall, Samt, Spannteppiche setzte man so ein, daß sie bei einer guten Ausleuchtung den maximalen Grad an Stimmung und Wirkung erzielten. Der Ausstellungspavillon war an der Eingangszone im Erdgeschoß und der Terrasse im Obergeschoß mit einem separaten Restaurantgebäude verbunden, das selbstverständlich tschechoslowakische Nationalgerichte führte.

Im Erdgeschoß waren moderne Glaswaren, Glasskulpturen, historische Kunstwerke (Plastiken und Bilder) und Trnkas weltberühmte Puppen. Der Altmeister des Puppenspiels schuf aus einer Vielzahl von Sagen- und Märchenfiguren eine Traumwelt für Kinder. 2 000 wundervolle Puppen bevölkerten eine zeitlose Fabelwelt der Phantasie.

Mit Hilfe einer Polyvision würdigte man die Industrie im oberen Stockwerk. Die Polyvision zeigte in der künstlerischen Bearbeitung von Josef Svoboda die Leistungen der Tschechoslowakei auf industriellem und technischem Gebiet. »Auf 36 teils feste, teils bewegliche Würfel und rotierende Elemente wurden Lichtbilder und Filme projiziert vor einem Hintergrund aus leicht geneigten, halb transparenten Spiegeln. Würfel heben und senken sich, drehen sich seitwärts und um sich selbst, farbige

Quadrate leuchten an der Decke auf. Als Information für die Besucher und als äußerst wirksame Werbung vermittelt diese Abteilung einen unauslöschlichen Eindruck von der Dynamik und der Phantasie der Tschechen.« (37) Eine zweite Schau, die »Diapolyécran«, zeigte die »Entstehung der Welt« auf 112 sechzig Zentimeter mal sechzig Zentimeter großen Würfeln, die sich elektronisch gesteuert vorwärts und rückwärts verschieben ließen. Im oberen Stockwerk wurden außerdem noch Stoffe, Mode und Bijouterie ausgestellt.

Dynamisierung der Architektur durch Vermischung der Raumgrenzen

So vielfältig die einzelnen Architekturen auf dieser Ausstellung gewesen sein mögen, so fällt die Tendenz nach »Raumtragwerken« ins Auge. Die sechziger Jahre stehen in der Architekturentwicklung im Zeichen »räumlicher Fachwerkkonstruktionen«. Die Leichtbaukonstruktionen begannen sich durchzusetzen. Ihre vielseitige Verwendung als Überdachung großer Spannweiten (Hallenbauten, weitauskragende Dächer, Kugelkonstruktionen u. a. m.) erweist sich als äußerst rationell. Der additive Zusammenhang ermöglicht einen hohen Grad an Wiederverwendung. Konstruktiv besteht das Raumfachwerk zumeist aus zwei Grundkörpern: dem Knoten und dem Stab. Jeder Stab hat den gleichen Anschlußpunkt. Seine Montage ist denkbar einfach: Verschrauben oder Schweißen. Nur wenige Auflagepunkte sind notwendig, um dieses räumliche Gebilde zu halten. Das bisher berühmteste Projekt eines Raumtragwerkes wurde 1970 von Kenzo Tange anläßlich der Weltausstellung in Osaka geschaffen. Wir werden an entsprechender Stelle darauf zurückkommen.

Die räumlichen Tragwerke lassen aber nicht nur Überdachungen von großen Spannweiten zu, sondern sie übernehmen auch raumabschließende Funktionen. Das heißt, gesamtes inneres Gerüst sowie Außenhaut und Überdachung werden konsequent aus den beiden Baugliedern – Knoten und Stab – ausgebildet. Diese räumliche Konstruktion bewirkt eine Dynamisierung der Architektur: Die Raumbegrenzung, die traditionelle Wand oder Scheibe wird zugunsten einer räumlichen Struktur aufgelöst. Die entmaterialisierte Vielgliedrigkeit führt zum Vermischen zwischen Innen- und Außenraum. Der Außenraum wird Bestandteil des inneren, der Innenraum kann von außen erlebt werden. Das Auflösen der Raumgrenzen, das wir erstmalig beim Eiffelturm feststellten, wurde im 20. Jahrhundert als räumliche Hülle umgesetzt. Diese räumlichen Hüllen sind »anonym«, weil sie sich für Lagerhallen, Fabriken, Ausstellungszwecke in gleicher Weise eignen, wie zur Einschließung ganzer Siedlungen und Städte in polaren Regionen. Im Grunde genommen sind dies »Über-Architekturen«, die sich aus der reinen Konstruktion ergeben und weitere räumliche Gebilde in ihrem Innern nach sich ziehen. In ihren klarsten Formen spiegeln die räumlichen Tragwerke geometrische Körper wieder: Kugel, Würfel, Pyramide u. a. Die Erlebbarkeit dieser Gebilde schwindet mit der Zunahme der Raumgröße. Der Betrachter nimmt nur noch einen Teil der Konstruktion wahr, die gesamträumliche Vorstellung wird ihm im Innern des Gebauten entzogen. Außen- und Innenraum trennt eine dünngliedrige Konstruktion. Die Räume fließen ineinander. Ein gutes Beispiel bildet hierfür die Fuller-Kuppel des amerikanischen Pavillons.

Pavillon der USA/Fuller-Kuppel

Der Amerikaner Richard Buckminster Fuller (geb. 1895) beschäftigte sich seit 1922 mit Konstruktionen, die vor äußeren Einwirkungen – Sonne, Wind, Regen, Schnee u. a. – Schutz bieten sollten. Grundbedingungen waren hierfür große Spannweiten, schneller und billiger Aufbau, geringes Gewicht der Konstruktionsteile. Das Ergebnis jener intensiven Studien und Vorarbeiten waren die geodätischen Kuppeln, die Fuller in den fünfziger Jahren versuchsweise baute. Als Baustoffe dienten ihm hierzu Holz, Aluminium, eine besondere Art von Pappe und Spannbeton. Seine größte Kuppel errichtete er zur Expo 1967. Der Durchmesser der Dreiviertelkugel betrug 76,25 Meter und hatte eine Höhe von 61 Metern. Das Volumen des Innenraumes betrug 190 000 Kubikmeter, seine Oberfläche 13 600 Quadratmeter. Das

178 Schnitt durch die Fuller-Kuppel
Die Fuller-Kuppel umgab die amerikanische Ausstellung mit ihrer »Sekundärarchitektur« gleich einer Seifenblase.
Der Durchmesser dieser Dreiviertelkugel betrug 76,25 Meter.

konstruktive Gerüst war ein geschweißtes sphärisches Raumtragwerk aus Stahl. Die inneren Gurtstäbe (Stahlrohre) hatten eine durchschnittliche Länge von 2,14 Metern und einen Durchmesser von 7,20 Zentimetern, die äußeren waren 3,05 Meter lang bei einem Durchmesser von 8,75 Zentimetern. Die Rohrwandstärken waren unterschiedlich je nach Art der Belastung, am Scheitel am schwächsten, an der Basis am stärksten. Die Gesamtlänge der Rohre betrug 4 350 Meter. Die Länge des einzelnen Stabes resultierte aus den Abmessungen der hierfür vorgesehenen Dachhautabdeckung aus Acrylplatten und durfte 3,05 Meter mal 3,66 Meter nicht überschreiten. Die Kugel wurde gebildet aus Drei- und Sechsecken. Interessant wäre in diesem Zusammenhang noch die Tatsache, daß die wahren Größen und geometrischen Abwicklungen durch einen Computer ermittelt wurden. Der Knoten bestand aus einem massiven zylindrischen Stahlkern mit rechteckigen Anschlußprofilen für die Rohre; Knoten und Rohr – mit aufgeschlitzten Enden – wurden auf der Baustelle verschweißt. Das Gesamtgewicht der Rohre betrug 120 Tonnen, das der Knoten 600 Tonnen, umgerechnet sind das 53 Kilogramm pro Quadratmeter Kuppeloberfläche.

Geschlossen wurde die Kuppel durch transparente Acrylkunstharzelemente, die man an T-Profilen, die auf den Streben aufgeschweißt waren, befestigte. 1 900 kuppelartige Panels bildeten die Außenhaut. Um einer Blendwirkung entgegenzuwirken, wurden die Panels grünlich-bronzen eingefärbt, so daß der Lichteinfall an der Kugelbasis 93 Prozent und am Scheitel nur 45 Prozent betrug. Die Abstufung bis zum Scheitel erfolgte dreifach. Eine zusätzliche Abschirmung gegen einfallendes Licht und direkte Sonnenbestrahlung auf den Aus-

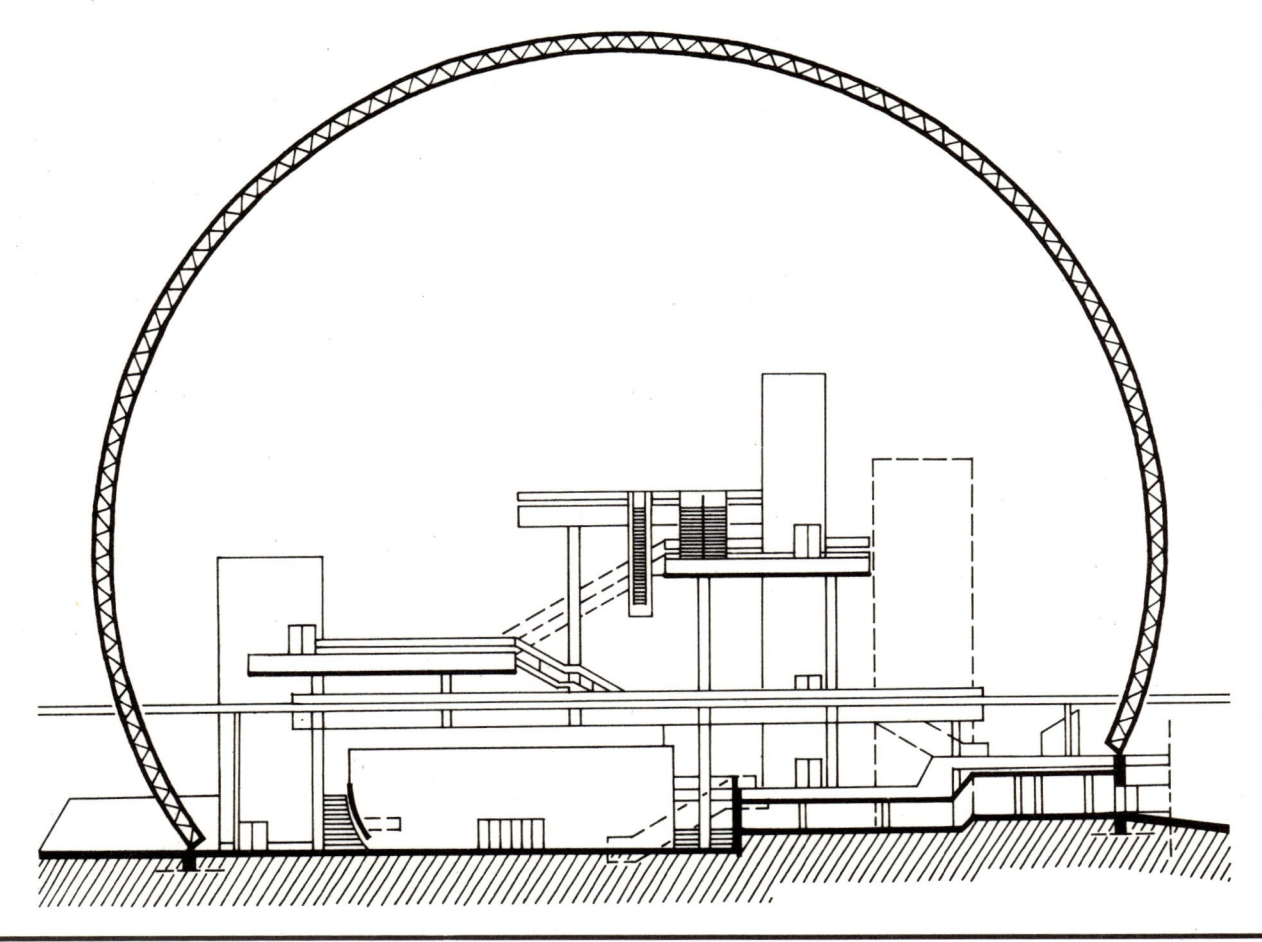

179 Pavillon der Bundesrepublik Deutschland
Das Zeltdach von Frei Otto überspannte die Ausstellungsfläche mit der daruntergesetzten »Sekundärarchitektur«.

Pavillon der BRD / Zeltdach von Frei Otto

stellungsplattformen im Innern wurde dadurch erreicht, daß man an der Innenseite der Kuppel Sonnenblenden aus aluminiumbeschichtetem Gewebe einbaute. Diese konnten je nach Sonneneinstrahlung alle 20 Minuten verändert werden. Ähnlich wie bei einer Kamera die Blendeeinstellung vorgenommen wird, zog man 6 dreieckige »Markisen« mit Hilfe eines kleinen elektronisch gesteuerten Motors zum Mittelpunkt des Sechseckes. War dies nicht mehr erforderlich, so zog sich das »Rollo«, das am Rohr befestigt war, wieder zurück. Durch dieses Sonnenschutzsystem war ein konstantes Raumklima gewährleistet.

Die Kuppel lagerte auf einer 61 Zentimeter starken, ringförmigen Stahlbetonwand auf. Der Boden, auf dem gegründet wurde, war Fels. Gegen Abheben und Umstürzen durch Windkräfte machte sich eine Verankerung des Stahlbetonfundaments mit dem Fels erforderlich. Die Zeit für die Montage der Kuppel betrug fünf Monate.

Neben den räumlichen Tragwerken war eine weitere bemerkenswerte Konstruktion auf der Ausstellung realisiert worden, die räumliche »Großhülle« einer Zeltkonstruktion. Verfolgen wir gewisse Entwicklungslinien im neuesten Bauen, so stellen wir fest, daß immer größer werdende Raumhüllen zu leichteren und schwereloseren Konstruktionen tendieren. Alte Formvorstellungen der Architektur – die Begriffe des Hauses im weitesten Sinne – beginnen sich aufzulösen. Wer denkt bei einer Fuller-Kuppel oder bei den weitgespannten Seilnetzkonstruktionen oder gar bei den pneumatischen Konstruktionen noch daran? Ihre Idee und Form sind das Ergebnis einer jahrelangen wissenschaftlich-technischen Arbeit. Nur auf Grund modernster Rechenmethoden (Computerberechnungen und -auswertungen) und unter Einsatz neuer Baustoffe (Plaste, Textilien u. a.) ist ihre Realisierung möglich geworden. Frei Otto äußerte sich in diesem Zusammenhang einmal mit den Worten: »Es (das Zeltdach von Montreal, d. V.) ist keine Entwurfsidee, sondern deutlich Resultat und Anwendung einer systematischen Arbeit.«

Ein Teil der Architekten, und hierfür bietet der Zweig der Ausstellungsarchitektur ein breites Betätigungsfeld, beschäftigte sich in der jüngsten Vergangenheit vornehmlich mit Überdachungen, Umhüllungen bzw. räumlichen Tragwerken. Wir können diese Überdachungen auch als »Primärarchitektur« bezeichnen, die eine darunterliegende zweite, die »Sekundärarchitektur«, überspannt. So wie in der Fuller-Kuppel eine Vielzahl von Baukörpern, Rampen, Terrassen u. a. eingebaut wurde, so waren unter dem Zelt von Frei Otto Galerien mit Ko-

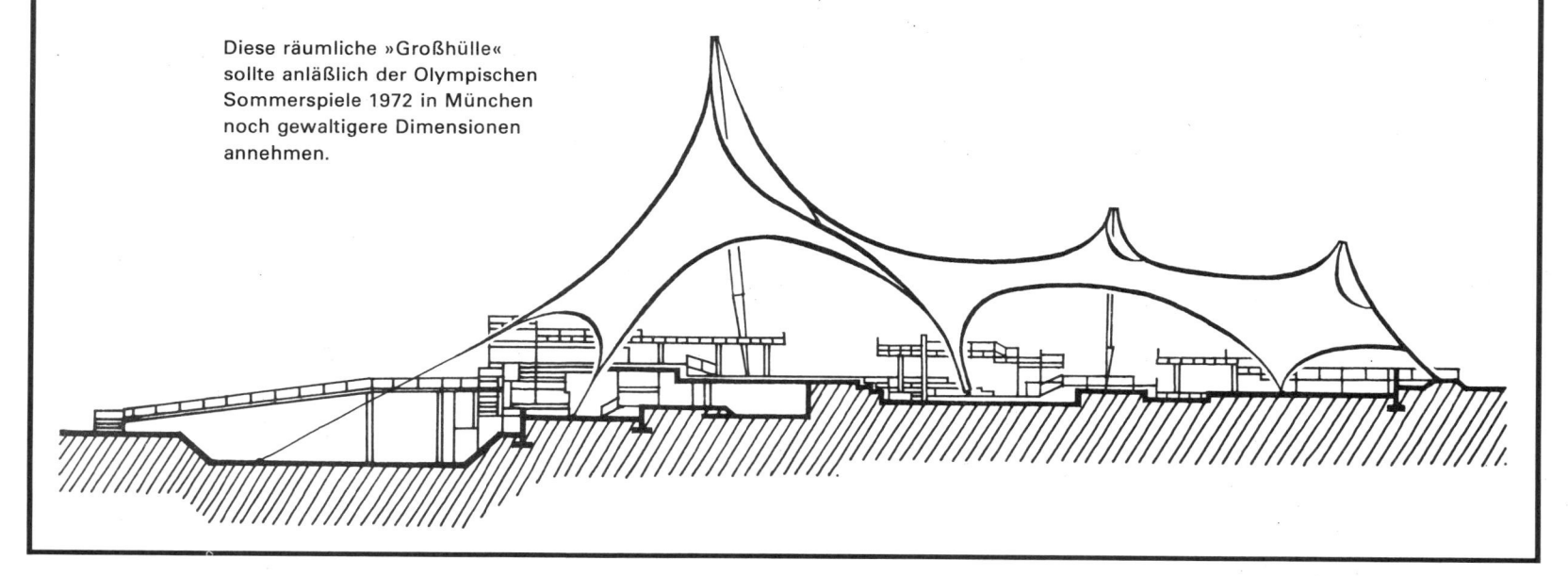

Diese räumliche »Großhülle« sollte anläßlich der Olympischen Sommerspiele 1972 in München noch gewaltigere Dimensionen annehmen.

jenräumen, ja sogar ein Baukörper in Form eines allseitig geschlossenen Auditoriums mit einer ebenfalls interessanten Schalenkonstruktion aus Latten (Lattenschalung), untergebracht. Die »Primärarchitektur« wird zur »Großklimahülle« für das darunter liegende Gebäude mit seinen entsprechenden Funktionsbereichen. Ob die »Großklimahülle« in sphärischen Dimensionen enden wird, wird die Zukunft zeigen.

Frei Otto äußerte sich folgendermaßen zu seinem Projekt: »Der Pavillon selbst ist als Modell einer Großhülle gedacht über je einem Stück Menschenerde – nach dem Thema: Terre des hommes –, um sowohl für die Ausstellung als auch für die Erholung wirksam zu werden. Dabei wurde so wenig wie möglich getan; ein dünnes Stahlseilnetz ist die Konstruktion, darunter teils eine durchscheinende, teils eine durchsichtige Haut. Der Innenraum wird bestimmt durch das Dach; er ist insbesondere durch die acht hohen und durch die drei niedrigen Punkte gegliedert, und damit ergeben sich verschiedene Raumbezirke oder verschiedene Bezirke, die aber untereinander zusammenhängen. Die Großhülle erstreckt sich nicht über eine Ebene, sondern die Ausstellungs-Landschaft ist reich gegliedert durch Mulden und durch ein- bzw. zweigeschossige Terrassen.« (32)

Der »Pavillon« der Bundesrepublik Deutschland, das Zelt, überspannte eine Grundfläche von etwa 8 000 Quadratmetern. Die Zeltkonstruktion trug der Interimslösung Rechnung. Die größte Ausdehnung in Nord-Südrichtung betrug 130 Meter, in West-Ostrichtung 100 Meter. Die Abmessung des größten Mastes lag bei 38 Metern. Das »Zeltdach« – eine zugbeanspruchte Konstruktion – bestand aus einem vorgepannten Seilnetz, das sich sattelförmig über die acht hohen und drei niedrigen Punkte legte. 30 Randseile nahmen die Kräfte aus der Seilnetzkonstruktion auf und leiteten diese in die Fundamente, die mit dem Felsboden verankert waren. Die Seile des Netzes hatten eine Stärke von 12 Millimetern, ihre Bruchlast lag bei 10 Tonnen; die Randseile mit einem Durchmesser von 54 Millimetern wurden bei etwa 200 Tonnen bruchlastig. Die Maschenweite des Netzes betrug 50 Zentimeter mal 50 Zentimeter und ermöglichte ohne Schwierigkeiten ein Begehen. Kreuzklemmen, die die Seile des Netzes miteinander verbanden, mußten für diese Konstruktion entwickelt werden. Schlaufenförmige Seile (Augenseile) an den Hoch- und Tiefpunkten leiteten die Kräfte aus dem Seilnetz in die Unterstützungspunkte. Unter diese Netzstruktur aus vorgespannten Seilen wurde eine vorgespannte durchscheinende Membran aus PVC-beschichtetem Polyestergewebe gehängt. Das »Darunterhängen« erfolgte mit Hilfe von Kleeblattellern, die zwischen dem Netz und der raumabschließenden Dachhaut alle 3 bis 5 Quadratmeter gespannt wurden. Die Tellerabspannung übernahm gleichzeitig die Funktion, die auftretenden Windkräfte und Schneebelastungen, die auf die Membran wirkten, in das Seilnetz abzuleiten. Der Abstand zwischen Netz und dem Polyestergewebe betrug 50 Zentimeter. Das Seilnetz wurde in 8,50 Meter breiten Bahnen geliefert, die man am Boden zusammenbaute. An den provisorisch miteinander abgespannten Masten konnte das Netz an den Augenstäben aufgezogen werden, dann konnten das Spannen des Netzes, der Zusammenbau der Haut, das Aufziehen, die Befestigung an den Federtellern und das Spannen der Membran erfolgen.

Zahlreiche Modellversuche waren zur Formfindung und Berechnung (Modellstatik) vorausgegangen. Frei Otto berichtete hierüber: »Nichtaxialsymmetrische Konstruktionen sind dann statisch einigermaßen zu erfassen, wenn die Ausgangsform vorliegt. Diese Ausgangsform jedoch kann nur am Modellversuch gewonnen werden. Deshalb kommt dem Modellversuch eine große Bedeutung zu. Im Modellversuch wird die Ausgangsform bestimmt, d. h., die Form, die das Netz einnimmt unter der normalen Vorspannung ... Bei dem gesamten Projekt, also bei Entwurf, Konstruktion und Statik, stand das Modell im Vordergrund ... Ich kann beim besten Willen nicht sagen, wieviel Modelle insgesamt gebaut wurden ... Neue Vorstöße auf konstruktivem Gebiet benötigen

Habitat 67

einen großen Einsatz von seiten der Ingenieure und Architekten.« (32) An diesem Beispiel wird klar, daß der schöpferische Prozeß innerhalb dieser Architektur, in der Phase der Realisierung, eine wissenschaftlich-technische Durchdringung erfordert.

Der Gebäudekomplex »Habitat 67« von dem kanadischen Architekten Moshe Safdie – auf dem Ausstellungsteil der Cité du Havre – stellt einen der vielfältigen Versuche dar, dem Wohnungsbau neue Impulse zu verleihen. Die Monotonie moderner Städte ist der ständige Ansatzpunkt, nach neuen Wegen zu suchen. In Montreal ist das Experiment unternommen worden, individuelle Wohnbedürfnisse, plastische Architekturform und eine hohe Wohndichte miteinander zu verbinden. An ein konstruktives Gerüst, das der vertikalen und horizontalen Verkehrserschließung dient, sind »Einfamilienhäuser mit großen Freiterrassen« zwölfgeschossig übereinander geschachtelt. Jedes dieser Einzelhäuser ist so angeordnet, daß genügend Sonne empfangen werden kann. 158 Wohneinheiten für 700 Menschen wurden aus vorfabrizierten Betonteilen durch einen Kran zu einer räumlichen Plastik montiert. Dieser Gebäudekomplex blieb auch nach der Ausstellung bewohnt. Ob die in das »Habitat 67« gesetzten Erwartungen erfüllt wurden? Das könnten die Bewohner am besten beantworten.

Osaka 1970
Das Ausstellungsgelände war in sich sehr kompakt angelegt. Im Norden befand sich der Erholungspark, in der Ost-West-Achse lag das eigentliche Ausstellungsgelände, im Süden der Vergnügungsgarten »Expo-Land«. Monorail, Fußgängerlaufbänder, Expo-Taxis und eine Seilbahn übernahmen die verkehrstechnische innere Erschließung des Geländes. Innerhalb der Ausstellungszone hatte man »Plätze« geschaffen, um die sich die verschiedenartigsten Länder und Firmen gruppierten.

1 Bahnhof und Haupteingang;
2 Riesentragwerk mit Sonnenturm;
3 Expo-Bildermuseum und Expo-Theater;
4 Pavillon der USA;
5 Toshiba IHI-Pavillon;
6 Sumitomo Pavillon;
7 Fuji-Pavillon;
8 Sowjetischer Pavillon;
9 Schweizer Pavillon;
10 Takara Pavillon;
11 Expo-Turm;
12 Einschienenbahn;
13 Fußgänger-Förderbrücken;
14 Seilbahn;
15 Japanischer Garten;
16 Vergnügungspark

OSAKA 1970

Japan World Exhibition –
»Fortschritt und Harmonie für die Menschheit«

Japan, das Land großer Gegensätze, hat sich erst vor etwa 100 Jahren von seinen feudalabsolutistischen Fesseln lösend zur drittgrößten Industrienation der Welt nach den USA und der Sowjetunion entwickelt. Vertreter Japans unternahmen bereits 1890 den Versuch, eine Weltausstellung im eigenen Land zu organisieren. Das Unternehmen scheiterte an dem geringen Interesse des Auslandes. Eine für das Jahr 1912 vorgesehene Ausstellung mußte wegen des Todes des Kaisers Meiji abgesagt werden. Den »dritten Anlauf« 1940 verhinderte der zweite Weltkrieg. Erst mit der Expo 1970 sollten alle Bemühungen und Vorbereitungen zum Erfolg führen. 77 Nationen beteiligten sich an der ersten Weltausstellung in Asien, die vom 15. März bis zum 13. September lief.

Osaka, mit 3,6 Millionen Einwohnern die zweitgrößte Stadt Japans, ist die Geschäftsmetropole des Landes und liegt 400 Kilometer westlich Tokios. Der Ausstellungsplatz mit etwa 330 Hektar lag 16 Kilometer nördlich von Osaka, nur 30 Kilometer von der alten Kaiserstadt

Das Ausstellungsgelände

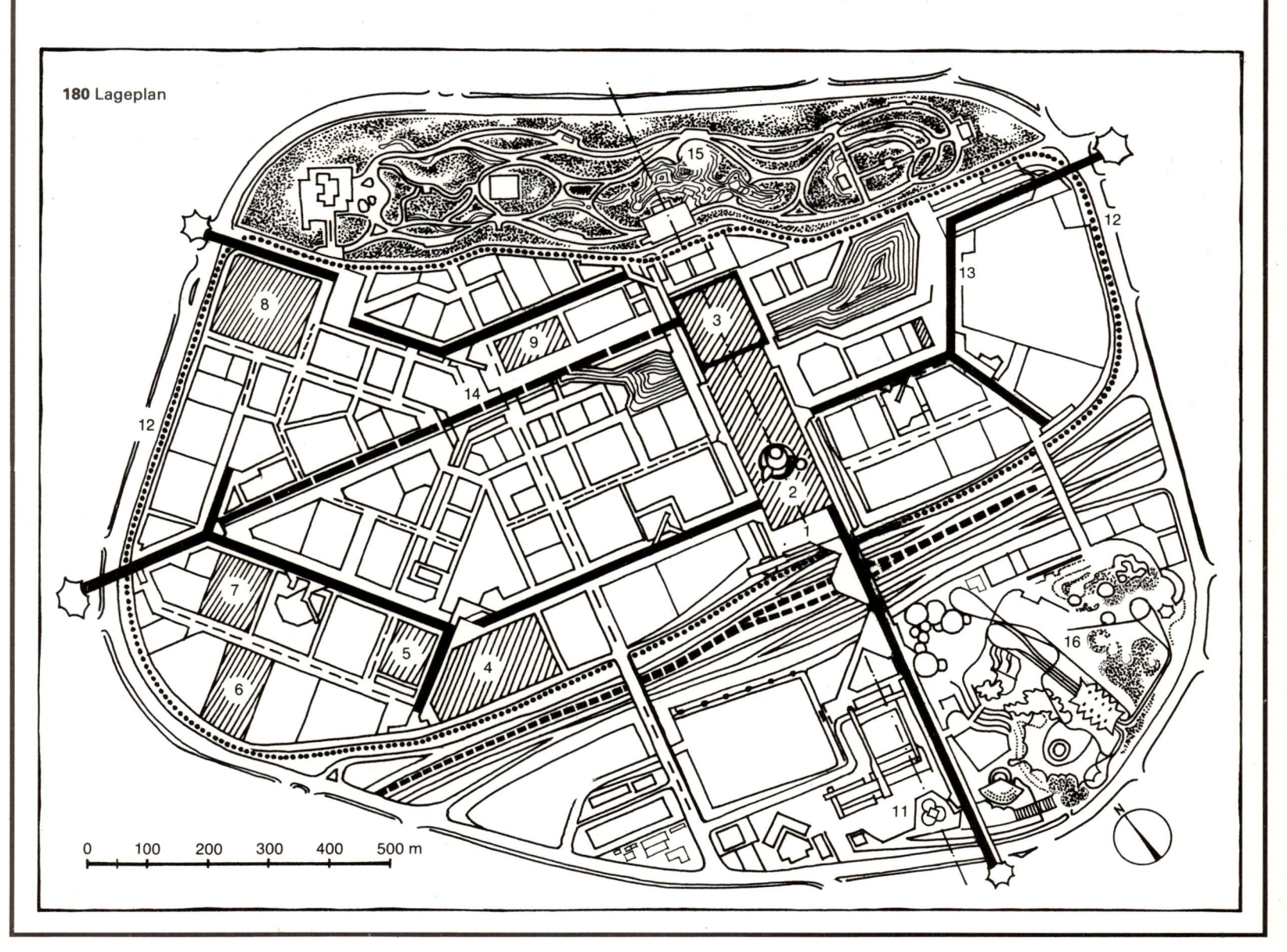

180 Lageplan

Kioto entfernt. Drei Hochstraßen und eine U-Bahn erschlossen dieses Gebiet. Grundsätzliche Gedanken über eine sinnvolle Einordnung der verschiedenen Länder und die spätere Nutzung der Anlagen wurden zwar bereits bei Planungsbeginn angestellt, kamen jedoch nicht zum Tragen. »Ursprünglich stand die Idee zur Diskussion, Kenzo Tange solle zusammen mit einem internationalen Architektenteam eine Struktur schaffen, in der die verschiedenen Länder ihre Ausstellung plazieren könnten. Dabei wäre der Gedanke von Fortschritt und Harmonie eben in dieser Ausstellungsform und durch die weltweite gemeinsame Arbeit zu verwirklichen gewesen.

Man kam aber – obwohl diese Idee von namhaften Leuten unterstützt wurde – davon ab. So ermöglichte man wieder einmal mehr den teilnehmenden Ländern eine Demonstration nationaler Stärke an der Expo.« (21) Aber nicht nur die teilnehmenden Länder waren es, die eine derartige Planungsidee in Frage stellten, ausschlaggebend dürfte wohl in erster Linie die japanische Industrie gewesen sein, die in ihrer individuellen reklametechnischen Pavillongestaltung alles daran setzte, sich von ihren Nachbarn abzuheben. Mit dem Aufgeben einer gesamtkonzeptionellen Planungsidee schwand auch das Ziel einer harmonischen Gestaltung der Ausstellung. »Als Kompromiß resultierte die nicht mehr sehr neue Idee, die Expo so aufzubauen, daß wesentliche Teile davon als Zentrum einer neuen Satellitenstadt dienen könnten (Verkehrswesen, Versorgung, Bauten, Einrichtungen). Aber auch diese Chance wurde verpaßt.« (21)

Als Ausstellungsplatz wählte man das hügelige Gelände von Senri. Der Topographie entsprechend legte man künstliche Wasserflächen in den Niederungen an, in der Ebene kleinere Pavillons und auf den Hügeln die größeren Bauten. Diese Hügel machten den einzigen Reiz des Geländes aus, das ansonsten baumlos war. Das Gelände gliederte sich folgendermaßen: Im Norden befand sich der japanische Garten, im Süden das Expoland (Vergnügungszentrum mit einer riesigen Achterbahn), zwischen diesen beiden Teilen lag das große Ausstellungszentrum der Nationen einschließlich der Reklamepavillons der Konzerne. In der Nord-Südachse verband das eigentliche Kernstück der Ausstellung – die Symbolzone – die einzelnen Bereiche miteinander. Am Rande sei bemerkt, daß der japanische Garten eine Ausdehnung von 1,3 Kilometern Länge und 200 Metern Breite hatte. Anlagen im Stil des Altertums bis hin zur Neuzeit vereinend, war er ein Zeugnis japanischer »Gartenbaugeschichte«. Karpfenteiche, Lotos- und Iristeiche sowie ein Fluß durchzogen diese ökologische Insel, die mit 2,3 Millionen Bäumen und Sträuchern bepflanzt war.

Die Bewältigung immenser Besucherströme übernahmen die Monorail, die rund um das Gelände fuhr und vollautomatisch (ohne Fahrer) gesteuert wurde, sowie die in etwa 5 Metern Höhe überdachten Fußgängerlaufbänder. Diese »trottoirs roulants« waren jeweils so angeordnet, daß sie das Verbindungsglied zwischen der Monorail und den einzelnen Ausstellungszentren im Inneren des Geländes darstellten. Die seitlich mit Plexiglas versehenen Röhren, in denen die »Fließbänder« liefen, hatten eine Gesamtlänge von 4 Kilometern, waren vollklimatisiert und konnten bis zu 10 000 Personen in der Stunde befördern. Expo-Taxis, halboffene elektrisch betriebene Fahrzeuge für 6 Personen, und eine Seilbahn mit Gondeln (für 12 Personen), die sich langsam um die eigenen Achsen drehten, um den Besuchern einen bestmöglichen Überblick zu verschaffen, standen als weitere Verkehrsmittel zur Verfügung.

Auch beim Betrachten der letzten Weltausstellung können wir feststellen, daß das Leitthema nur als eine Art freundlicher Aufforderung an die Nationen aufzufassen war, denn Japan selbst zeigte sich nicht bereit, es zu akzeptieren.

Wo fanden wir den zur Leitidee erhobenen Begriff der Harmonie auf der Ausstellung? Bizarre, modernistische Bauten beherrschten das Bild und erzeugten beim ersten Blick Staunen. Wie in Paris 1900 bestimmten die formalistischen Tendenzen das Bild der Weltausstellung –

»Fortschritt und Harmonie für die Menschheit«

181 Teil des Ausstellungsgeländes

In der Mitte des Vordergrundes steht eine kleine Pyramide, sie ist der Pavillon des Vatikans.

Im Hintergrund erkennt man das die Symbolzone und den Festivalplatz überdeckende Riesendach von Kenzo Tange mit dem darüber hinausragenden Sonnenturm.

OSAKA 1970

182 Das Ausstellungsgelände bei Nacht

OSAKA 1970

183 Japanischer Pavillon der Gasindustrie

Der Ausstellungspavillon der japanischen Gasindustrie gehörte zu den formal spektakulären architektonischen Beiträgen, die auf dieser Expo in reicher Zahl zu finden waren.

OSAKA 1970

184 Der japanische Toshiba IHI-Pavillon

1 476 Tetraeder bildeten ein räumliches Tragwerk, unter welches eine Dachhaut gehangen wurde und das ein Filmtheater mit. ca. 500 Plätzen überdachte. Der Architekt war Noriaki Kurokawa.

OSAKA 1970

185 Sowjetischer Pavillon
Der sowjetische Pavillon symbolisierte eine sich entrollende Fahne.

Im Vordergrund rechts ist eines der überdachten und vollklimatisierten Fußgängerlaufbänder zu erkennen. In fünf Metern Höhe über Terrain durchzogen sie das Ausstellungsgelände.

OSAKA 1970

186 »Science fiction«-Architektur
187 Kenzo Tanges Riesen-Raumtragwerk im Bereich der Symbolzone

Die »phantastische Architektur schwebender Untertassen« stammte von dem japanischen Architekten Sachia Otani. Die sphärischen Stabnetzwerke, mit unterschiedlichen Durchmessern von 14 bis 27 Metern, wurden zwischen räumliche Dreieckfachwerkstützen gehangen. Treppentürme und Rolltreppen führten in die Ausstellungsteile.

Links über der Treppenanlage das Symbol der Mutterschaft, in der Mitte der Sonnenturm und über der rechten Treppenanlage das Symbol der Jugend und des Fortschritts.

OSAKA 1970

188 Riesen-Raumtragwerk
Das bisher größte gebaute Raumtragwerk überdeckte eine Fläche von 292 mal 108 Metern und ruhte auf sechs 30 Meter hohen Stützpunkten.

Treppen führten in das begehbare Dach, in dem Wohncontainer hingen. Überdacht wurde die Konstruktion mit Hilfe von transparenten Luftkissen, die man an den Obergurtstäben befestigte.

189 Schweizer Pavillon

Den Schweizer Lichterbaum bildeten Aluminiumhohlprofile, die miteinander verschraubt waren. Seine Höhe betrug 21 Meter, seine größte äußere Abmessung 55 Meter. 32 000 Lampen ließen ihn des Nachts erstrahlen.

und nicht Harmonie. Beim genaueren Betrachten wurde man jedoch etwas versöhnlicher gestimmt, weil es einzelne gute und sehr gute Lösungen, architektonisch gesehen einmalige Leistungen mit zukunftsweisenden Neuerungen, zu entdecken gab. Es waren gestalterische Experimente, die die Bedeutung und die neuen Möglichkeiten des industrialisierten, technisierten Bauens betonten. Die architektonischen Schöpfungen stellten einen wichtigen Beitrag zur Lösung konstruktiver und räumlicher Probleme dar – ohne einen Anspruch auf Harmonie zu erheben. Otto Patzelt bemerkte hierzu: »Was können uns diese baulichen Attraktionen ... geben, wozu können sie uns anregen? – Sie können uns nicht die Stadt von morgen geben, denn die ist nicht mehr als eine, wenn auch noch so phantastisch und perfekt angelegte Weltausstellung. Aber es wurde etwas gezeigt, es wurde etwas gebaut, was die ungeheuren Möglichkeiten der Technik unseres Zeitalters demonstriert und was wir kritisch und verantwortungsvoll analysieren und auf seine Potenzen ... untersuchen sollten.« (26)

In Osaka war noch eine weitere Tendenz zu bemerken: Die ausstellenden Länder und auch die Firmenpavillons bedienten sich in erster Linie des Films oder irgendeiner Projektion von oben, unten, allen Seiten und des Tones bzw. einer Geräuschkulisse; konkrete Ausstellungsobjekte, Exponate waren nur in äußerst bescheidenem Umfang anzutreffen. Absolut Neues, Sensationelles zu zeigen, dazu bedarf es keiner Weltausstellung, das besorgen die modernen Kommunikationsmittel mit unübertrefflicher Aktualität – die Welt ist informiert. Der Film und der dafür benötigte Raum, also Gebautes, bekamen auf diese Art und Weise symbolhafte Bedeutung für diese Weltausstellung, sie wurden zum Träger einer kulturellen und zivilisatorischen Leistung eines Landes bzw. eines Industriezweiges.

Wenn man ein Fazit aus der Gesamtdarstellung der Weltausstellung zieht, die die Darstellung der Möglichkeiten zu »Fortschritt und Harmonie für die Menschheit« anstrebte, so bleibt wohl als ihr wichtigster Beitrag der der Architektur, ohne daß sie jedoch den Gedanken der Harmonie aufgreift. Auf allen anderen Bereichen war ein Rückfall in die Selbstdarstellung mit Showcharakter zu verzeichnen.

Der sowjetische Pavillon

Der sowjetische Pavillon glich einer sich entrollenden Fahne und gehörte zu den markantesten Punkten auf dem Weltausstellungsgelände. Seine steil nach oben ragende Spitze, die das sowjetische Staatssymbol »Hammer und Sichel« trug, erreichte eine Höhe von 109,5 Metern.

»Die UdSSR ist eine der wenigen Nationen, die neben den auf der Expo allgemein vorherrschenden optisch-akustischen Demonstrationsmitteln den Besuchern auch konkretes Ausstellungsmaterial präsentiert, für das die asiatischen Besucher besonders starkes Interesse zeigen. Es sind verschiedene Laserapparaturen, Holographen und Spektrometer aufgebaut, ferner sieht man Atlanten zur russischen Antarktis-Kartierung. Besonders eindrucksvoll ist auch der in natürlicher Größe errichtete Sibirische Wald, in dem kühle Lüfte wehen und Vogelgezwitscher ertönt.« (33) In einem mit 450 Sitzplätzen ausgestatteten Filmtheater dokumentierten Filme beeindruckend die Lebensweise der Sowjetbürger. Ein Restaurant, das unterschiedlichste Nationalgerichte der UdSSR führte, lud die Besucher zur Stärkung und zum Verweilen ein. Im technisch-wissenschaftlichen Bereich stand die Weltraumfahrt im Vordergrund. Hier wurden die aneinandergekoppelten »Sojus«-Kapseln 4 und 5 ausgestellt, mit denen am 14. Januar 1969 erstmalig ein Kopplungsmanöver im Weltraum ausgeführt wurde. Auch zeigte man das Modell der Sonde, die nach 350 Millionen Flugkilometern am 18. Oktober 1967 weich auf der Venus gelandet war, sowie Fahrzeuge, die als Rettungsraumschiffe eingesetzt werden konnten. Diese Sektion der sowjetischen Ausstellung hatte einen ungeheuren Zuspruch.

Die Architekten des sowjetischen Pavillons waren Possachin, Swirski und Kondratjew. Nikolai Guljanizki, Mitarbeiter des Moskauer Instituts für Architekturtheorie, vermerkt zu seiner

Einordnung in das Gelände: »Die gesamte Form des Pavillons ist sehr glücklich an das Ausstellungsgelände angepaßt. Sie rundet – mit ihrem höchsten Teil dem Zentralabschnitt der Ausstellung zugewandt – gleichsam die Hauptstrecke ab. Das Dynamische des sowjetischen Pavillons wird durch die räumliche Struktur des Bauwerkes selbst erzielt.« (12)

Der Pavillon war ganz aus Stahl errichtet. Seine Grundrißform glich einem Halbmond. Die Abmessungen betrugen in der Länge 130 Meter und an der breitesten Stelle 70 Meter. Das Stahlskelett wurde mit vorgefertigten Stahlpaneles nach außen hin verkleidet. Dach, Seiten- und Rückwände waren weiß gehalten, die Innenseite – die ausgerollte Fahne symbolisierend – rot. Innen wurden drei Ausstellungsebenen, Erdgeschoß sowie 1. und 2. Obergeschoß eingebaut, ebenfalls als reine Stahlskelettkonstruktion.

Pneumatische Hallenkonstruktionen

Auf die Bestrebung, immer größere Flächen mit leichteren Konstruktionen zu überdachen, wurde schon bei der Weltausstellung in Montreal sehr ausdrücklich hingewiesen. Zu den räumlichen Tragwerken und den zugbeanspruchten Konstruktionen (Seilnetzkonstruktionen) kamen noch die pneumatischen Konstruktionen hinzu, deren Grundprinzip auf einer Textil- oder Kunststoffhülle beruht, die mit einem Minimum an Überdruck »aufgeblasen« wird. Diese Konstruktionen können »offene« oder auch »geschlossene Systeme« sein: Offene »einwandige« sind die, die allseitig abgedichtet werden. Der gesamte Raum wird »aufgepumpt« und ständig unter leichtem Überdruck gehalten. Die »geschlossenen Systeme« sind solche, die eine »zweiwandige« Raumhülle erhalten und nach dem Prinzip einer Luftmatratze aufgeblasen werden. Die aufblasbare Hülle bildet den Raum.

Ein sehr gutes Beispiel für ein »geschlossenes System« war der Pavillon der japanischen Fuji Group. Dieser Pavillon wurde von dem Architekten Yutaka Murata entwickelt bzw. entworfen. Das Thema des Pavillons lautete »Botschaft an das 21. Jahrhundert«. Die Fuji-Gruppe überbrachte ihre »Botschaft« mittels einer schräg im Raum hängenden Leinwand, auf der Filme gezeigt wurden, und durch gleichzeitig an den Innenseiten des Raumes, der aus Schläuchen gebildet wurde, ablaufende Multivisionen. Die Besucher wurden über Rampen in den Pavillon geführt, erlebten von einer erhöhten Plattform das Spektakel und wurden über eine äußere Treppenanlage herabgeführt auf »Weltausstellungsgeländeniveau«.

Yutaka Murata hatte über einem Grundriß von 50 Metern im Durchmesser 16 Luftschläuche mit einem Radius von 2 Metern und 10 Metern Länge aneinandergereiht. »Der mittelste Bogen bildet einen genauen Halbkreis, die rechts und links angrenzenden Bögen werden elliptisch verformt. Die Schlauchbögen werden von 40 Zentimeter breiten Bändern in 4 Meter Abstand in Bogenrichtung zusammengehalten. Die Schläuche bestehen aus zweilagigem PVA-Segeltuch (PVA-Seileloth), dessen Außenoberfläche mit Neoprengummi beschichtet ist, und die innere mit einem dichtenden Ölzeug (Tarpanlin) belegt wurde.« (26) Der Luftdruck innerhalb der Schläuche betrug zwischen 1,08 und 1,25 Atmosphärendruck, je nach Windbelastung. Besonders erwähnenswert ist die äußerst extreme Windbelastbarkeit dieses Pavillons, der einer Windgeschwindigkeit von 215 Stundenkilometern – das entspricht Taifunstärke – standhalten sollte. Spannseile, die zwischen zwei Schläuchen vorgesehen wurden, hielten die pneumatische Überdachung gegen Windsog (Abheben). Dieser Pavillon stellte auf der Weltausstellung eine der »reinsten« Konstruktionen dar, nur Schläuche bildeten den Raum.

Die andere bedeutungsvolle pneumatische Konstruktion war der Pavillon der Vereinigten Staaten von Amerika. Die Architekten waren Davis und Brody. Idee und Ausführung waren von einer verblüffenden Einfachheit. »Die Projektanten nennen ihr Rezept: – Baggere eine große Grube aus – schütte die Seiten mit dem ausgehobenen Erdreich auf und – bedecke das Ganze mit einer lichtdurchlässigen Haut von vinylbeschichteter Glasseide (vinyl coated fi-

190/191 Pavillon der USA. Der Pavillon der USA bedeckte eine Grundfläche von 142×83,50 Meter. Auf der Dammkrone eines aufgeschütteten Erdhügels wurde ein Ringanker aus Beton gegossen, an dem die Dachhaut und Stahlseile befestigt wurden.

berglass).« (26) Die bis zu dieser Zeit größte Traglufthalle überdeckte fast die Fläche zweier Fußballfelder: 142,00 × 83,50 Meter. Das Gesamtgewicht der Dachhaut (einschließlich Stahlseile) betrug nur 60 Tonnen, das entspricht 5,9 Kilogramm pro Quadratmeter. Der Überdruck, der notwendig war, um die Hülle pneumatisch zu stabilisieren, belief sich auf 0,002 Atmosphären, das sind 20 Kilogramm pro Quadratmeter. Die Dachhaut erhielt ihre Form durch das Anbinden an 92 diagonal gespannten Stahlseilen. Von großer Höhe wirkte das Dach wie eine »Steppdecke«.

Die Randzone der Dachhaut und die Stahlseile wurden in einem umlaufenden Betonring verankert, der auf einem künstlich aufgeschütteten Erdwall auflag. Innen war die schräge Ebene mit spiegelnder Folie ausgelegt. Diese »simple und geniale« Hülle, die absolut erdbebensicher ist und größten Stürmen standhalten soll, stellte eine der einfachsten und leichtesten Konstruktionen dar, die jemals entwickelt wurden – ihr Tragsystem ist die Luft. »Der Pavillon ist ein Markstein in der Geschichte der Konstruktion, er eröffnet eine ganze Welt neuer Strukturen. Es gab schon vorher luftgetragene Konstruktionen, und es gibt verschiedene andere in Osaka. Aber keine einwandige Konstruktion dieser Art hat je die Dimension eines Straßenblocks angenommen.« (2)

Ein Überdruck von nur 0,002 Atmosphären ließ die Dachhaut, die mit den Stahlseilen verbunden war, pneumatisch stabil werden.

Grundriß:
1 Haupteingang;
2 überdachte Ausstellungsfläche;
3 Ausstellungsfläche;
4 aufgeschütteter Erdhügel

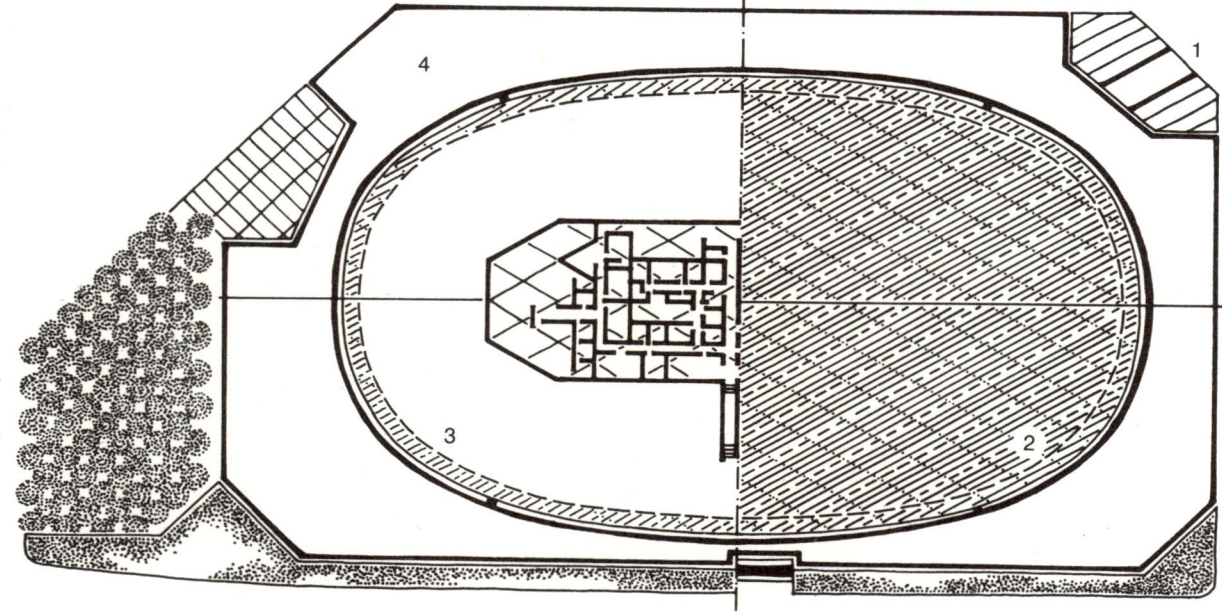

Schnitt:
1 Ausstellungsebene;
2 Ausstellungsebene;
3 Technikräume und Büros

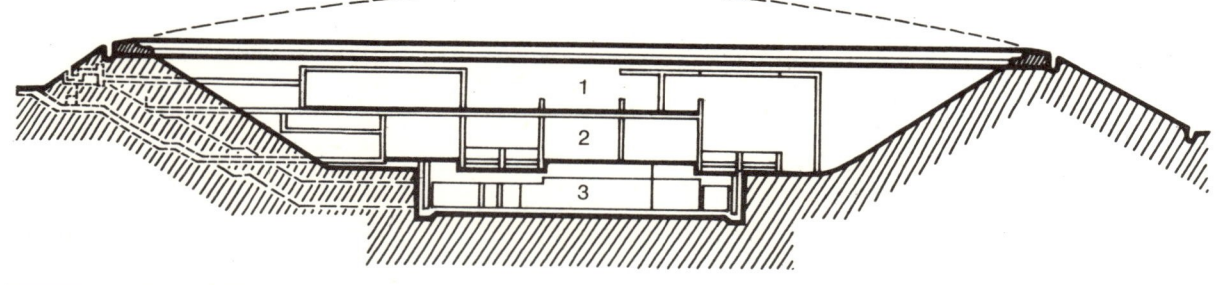

Raumtragwerke und »science fiction«-Architektur

Die Raumtragwerke bildeten auf der japanischen Weltausstellung einen sehr wichtigen Beitrag. Sie stellten sich unter einem anderen Aspekt als in Montreal dar. In Montreal waren es Konstruktionsteile eines Gebäudes im umfassendsten Sinne (Wand und Decke, gleichtragende Elemente) oder »Großklimahüllen«, Überdachungen mit großen Spannweiten. Auf dieser Ausstellung waren sie Strukturelemente für eine zukünftige Stadtplanung. Japans Probleme der zu dichten Besiedlung und die daraus resultierende notwendige Raumgewinnung im Meer, auf dem Lande und in der Luft scheint für das 21. Jahrhundert von grundlegender Bedeutung zu sein. Ihr Anliegen, neue Wege und Möglichkeiten der räumlichen Erweiterung menschlichen Lebensraumes zu suchen, ist – so wenig zukunftswirksam auch das konkrete Objekt sein mag – von größter Wichtigkeit. Die Idee der Superstruktur, die von dem Amerikaner Yona Friedman konzeptionell entwickelt wurde und die Errichtung einer neuen Stadt in einem riesigen räumlichen Gitter über einer Altstadt vorsah, wurde von den Japanern in vielfältiger Weise aufgegriffen. Die Verfechter jener Superstadtstrukturen nennt man Metabolisten, ihre japanischen Vertreter sind Kenzo Tange, Noriaki Kurokawa, Sachia Otani, Kiyonori Kikutake u. a.

Noriaki Kurokawa beteiligte sich mit zwei Beiträgen an der Weltausstellung: den Toshiba IHI-Pavillon und den Takara Pavillon. Es waren Gebäude der Industrie. Der erstere diente als Hülle für ein Filmtheater. Das aus 1 476 Tetraedern zusammengesetzte Raumtragwerk hatte eine Spannweite von 52,80 Metern. Die Form bzw. die Konstruktion dieses raumumgreifenden Gebildes wurde mit Hilfe der Computertechnik entwickelt. Auf 6 Stahlbetonstützen ruhte das Raumfachwerk. Unter dieses wurde das Dach des Filmtheaters gehangen. Die Zuschauerplattform mit 500 Sitzplätzen wurde als Hebebühne ausgebildet. Man betrat die Plattform zu ebener Erde, sie hob sich und schloß den Raum hermetisch von unten ab. Ein nebenstehender Turm von 55 Metern Höhe, aus den gleichen Tetraedern, bildete einen wirksamen Kontrast.

Ganz anders vom Erscheinungsbild her war der Takara Pavillon, 9 gebündelte Rohre wurden zur räumlichen Konstruktion. Das U-förmig gebogene Rohr griff vertikal und horizontal in den Raum. Seine offene Struktur erlaubte eine nahezu grenzenlose Addierbarkeit. In dieses Konstruktionsgebilde wurden räumliche Einheiten eingehangen – Raumzellen. Diese Raumzellen bildeten bewohnbare Elemente, Büroräume, Technikräume u. a.

Entscheidend für dieses Raumtragwerk waren der fehlende Diagonalstab, der das Einhängen von Raumzellen ermöglichte. Die tragende Konstruktion wurde von einer Rohrsorte mit gleicher Rohrkrümmung gebildet, Flansche verbanden diese miteinander. Die Eckpunkte, in denen acht Vertikal- und vier Horizontalrohre aufeinandertrafen, wurden steif ausgebildet (Aussteifungsbleche). Die Kantenlänge solch eines inneren »Würfels« aus rostfreien Stahlrohren betrug etwa 3 Meter.

Die offizielle Bezeichnung des Pavillons lautete: »Bekannte Märchen dieser Welt«. Äußerlich glich er der Märchenwelt der »fliegenden Untertassen« utopischer Romane. Der Pavillon wollte sich als metabolistischer Beitrag verstanden wissen. Neun Raumhüllen als sphärische Stabnetzwerke wurden zwischen räumliche Fachwerkstützen gehangen. Die in den freien Lüften »schwebenden« Gebilde waren über Treppentürme und Rolltreppen erreichbar. Der geringe praktische Nutzeffekt – schwierige Addierbarkeit, der unter den Hüllen verbleibende Raum ist nicht anderweitig zu nutzen, komplizierte Konstruktion u. a. – ließ diese Gebäudegruppe zu »science fiction«-Architektur werden. Oder werden künftige Bohrinseln sich dieser Formvorstellung nähern?

Ganz ähnliche Tendenzen kann man beim Expo-Turm feststellen. Mit einer Höhe von 120 Metern stellte er ein Wahrzeichen der Ausstellung dar. Der Architekt dieses »Wohnturmes« war Kiyonori Kikutake. Die Grundrißform wurde von einem Dreieck gebildet. Die Turmkonstruktion – ein räumliches Fachwerk – bildeten gußeiserne Knotenpunkte und Stahlrohre.

Der Sumitomo-Pavillon von Sachia Otani

192 Riesen-Raumtragwerk
Draufsicht bzw. perspektivischer Schnitt durch den Knotenpunkt des Riesen-Raumtragwerks
von Kenzo Tange

Die äußeren Dreieckspunkte waren drei senkrechte Stahlrohre, die untereinander im horizontalen Dreiecksverband zusammengehalten wurden. Oberhalb der Mitte des Turmes, etwa bei 60 Metern, hing man 9 polyedrische Raumzellen mit durchschnittlich 360 Kubikmetern Rauminhalt ein und an.

All diese Pavillons waren Arbeiten experimentierfreudiger Japaner, die traditionelle Haus- und Raumvorstellungen ad acta legten und von herkömmlichen Denkschemen befreiten. Ob der einmal begonnene Ansatz richtig war, wird die Zukunft zu beweisen haben unter Berücksichtigung der ökonomischen Zwänge.

Kenzo Tanges Riesen-Raumtragwerk

Bevor auf den thematisch-inhaltlichen Teil eingegangen werden soll, sei die Ausnahme gestattet, einige technische und konstruktive Gedanken voranzustellen.

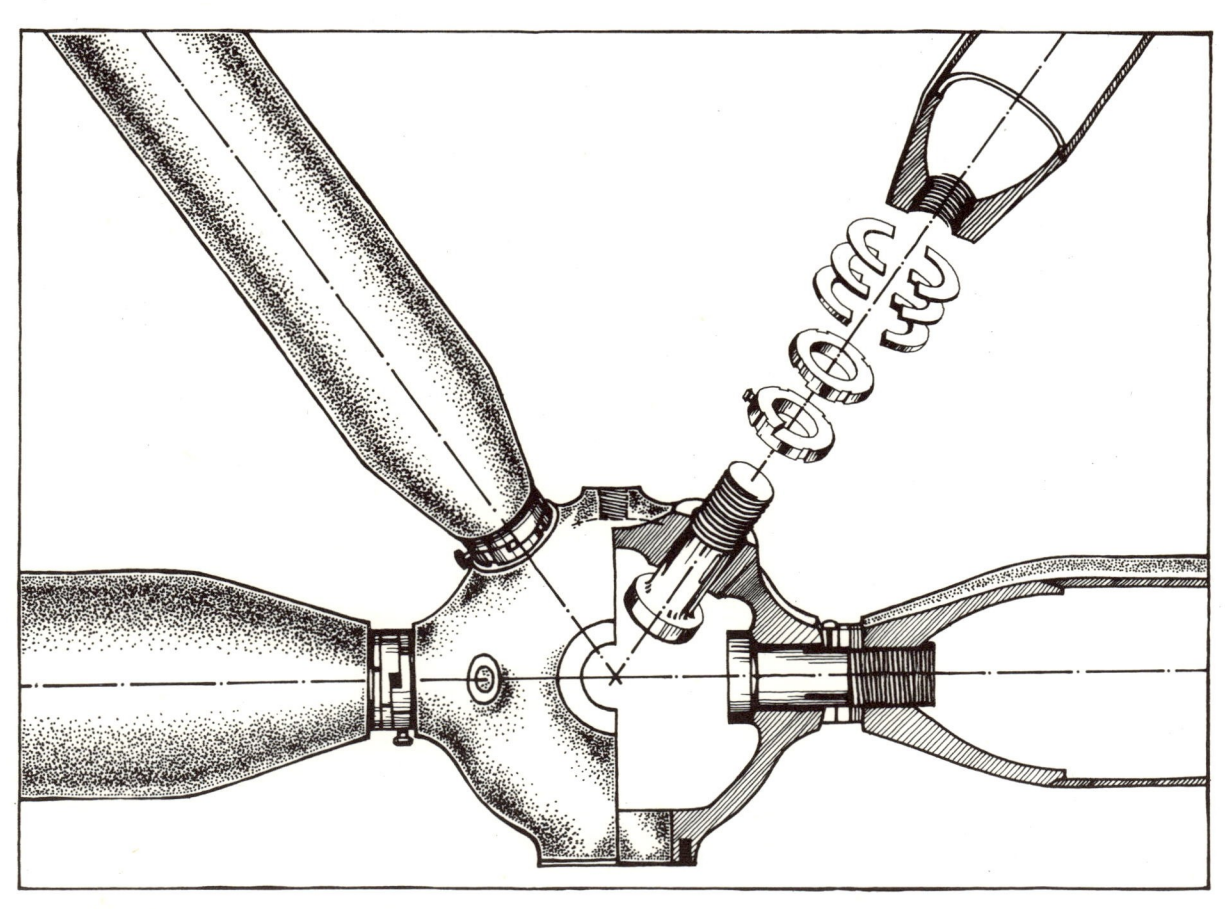

Das von Kenzo Tange entworfene Raumtragwerk stellte ebenfalls einen Beitrag metabolistischer Architektur dar. Ihm werden eine Reihe funktioneller Zuordnungen zur Seite gestellt: begeh- und bewohnbare Makrostruktur mit Ausstellungsbereichen und Wohncontainern – das eigentliche Raumtragwerk – und darunterliegende Freifläche für eine Vielfachnutzung oder möglicherweise stehenzubleibender Altstadtbebauung. Das Raumtragwerk von 108 Metern × 292 Metern, auf 6 Stützpunkten ruhend (Fachwerkstützen), stellte die kleinste Einheit für diese metabolistische Struktur dar. Die Stablänge betrug 10,80 Meter mit einem Durchmesser von 35 Zentimetern. Die Knotenpunkte hatten einen Durchmesser von 80 Zentimetern. Die gesamte Konstruktion wurde am Boden montiert und dann im Hubverfahren in 30 Meter Höhe gebracht. Die Konstruktionshöhe – Abstand zwischen den Ober- und Untergurten – betrug etwa 9 Meter. Die offene Raumstruktur wurde nach oben hin durch transparente Luftkissen abgeschlossen. Die gesamte Konstruktion bestand aus 2 272 Stäben und 639 Knoten mit einem Gesamtgewicht von etwa 4 000 Tonnen. Das Riesendach, das den »Symbolbereich« und den »Festplatz« überdachte, beherrschte im Grunde genommen die gesamte Expo 70. Der »Festival Place« bot 27 000 Menschen Platz. Hier wurden die Tage der Nation abgehalten, Ballettaufführungen, Opern und Konzerte gegeben, Artisten, Schlagersänger und Bands bewiesen ihr Können. Modernste Technik setzte man ein, Hebe- und Drehbühnen wurden von elektronischen Datenverarbeitungsanlagen kontrolliert, Computer steuerten das Spiel von Licht und Klang aus, um die Atmosphäre einer jeden Veranstaltung zu steigern. Unmittelbar an dem Festplatz war ein künstlich angelegter See mit einer schwimmenden Bühne, auf der außergewöhnliche Darstellungen geboten wurden, die von den Rängen des Festplatzes verfolgt werden konnten.

Den anderen großen Teilbereich unter Tanges Dach bildete der Symbolbereich, der gewissermaßen den Auftakt der Weltausstellung bildete. Japan, das Land der Zeichen und Gesten, schuf drei große Symbole und vereinte sie unter einem gemeinsamen Dach: den Turm der Mutterschaft, den Turm der Jugend und den Turm der Sonne. Die beiden ersteren standen als Symbol für die Entfaltung und unerschöpfliche Energie des Menschen, der Sonnenturm symbolisierte die Würde und den Fortschritt der Menschheit. Dieser Turm von 70 Metern Höhe besaß drei Gesichter: Das eine wies auf den Haupteingang, das andere, als Wachgöttin, auf die Ausstellung und das dritte, ganz oben an der Spitze mit einem Durchmesser von 11 Metern, vergoldet, galt der Ewigkeit und dem Kosmos. Die beiden weitausladenden Arme von 25 Metern Länge hießen die Besucher willkommen, als Geste japanischer Höflichkeit. »Die eigentlichen Ausstellungen innerhalb des Symbolbereiches, die sich mit der Vergangenheit, der Gegenwart und der Zukunft der Menschen befassen, beginnen im Untergeschoß des Sonnenturmes, setzen sich im Turm selbst fort und enden in der Dachkonstruktion. Ein laufendes Band bringt den Besucher bei völliger Dunkelheit zu riesigen Höhlen, an deren Wänden große Zeichnungen und Wandmalereien primitiver Menschen abgebildet sind. Mit Hilfe optischer und akustischer Spezialsysteme wird der Besucher mit den Naturgewalten und den Tieren, denen diese prähistorischen Menschen gegenüberstanden, konfrontiert. Die letzten, unter der Erde liegenden Ausstellungshallen zeigen die geistigen Fähigkeiten der Menschen, seine Waffen, seine Geräte, die er in der Frühzeit der Geschichte benutzte. Hier tauchen die ersten Symbole für Gottheiten, Idole, Statuen und Masken auf. Man betritt nun den Turm der Sonne, in dem der Baum des Lebens gewachsen ist. An den Wurzeln des Baumes sieht sich der Besucher plötzlich der mit Lichteffekten erzielten Uratmosphäre unseres Planeten gegenüberstellt. Hier tauchen die ersten organischen Moleküle auf, die sich aus der Ursuppe herauskristallisieren, um sich schließlich in einer Doppel-Helix (DNS-Molekül) zu manifestieren. Mit dem Betreten der ersten der vier Rolltreppen, die bis zur Krone des Baumes führen, ist das organische Leben bis zur einfachen Zelle fortgeschritten. Man umwandert den Baum in der Art einer aufsteigenden Spirale und passiert an die 300 Modelle, die die Fortentwicklung über die Reptilien, Vögel und Affen zum Homo sapiens zeigen. Licht- und Toneffekte vermitteln eine entsprechende Atmosphäre zu jedem Entwicklungsstadium der Menschheit. Am Ende der Betrachtungsspirale erreicht der Besucher in der Krone des Baumes den ›Raum der Sonne‹. Man befindet sich nun im Dachgeschoß in 30 Metern Höhe und steht der Welt des Fortschritts gegenüber, einem Thema, das sich mit dem Universum befaßt, mit Darstellungen des Milchstraßensystems und des Weltraums ganz allgemein.« (33)

Mit der Weltausstellung in Osaka schließen wir unsere Betrachtung. Vorläufig war sie die letzte allumfassende Veranstaltung mit generalisiertem Thema. Zeichnen sich mit den Ausstellungen Knoxville (USA) und Tsukuba

(Japan) neue Tendenzen ab – geht ein Trend zu thematisch eng begrenzten Ausstellungen kleineren Ausmaßes? Das Thema für Knoxville lautet: «Internationale Energie-Ausstellung» und für Tsukuba: »Wohngebiete und ihre Umgebung – Wissenschaft und Technik für den Menschen in seinem Heim«. Die Ausstellung 1985 in Tsukuba wird die Energie-Ausstellung von Knoxville, die sich vom Umfang und der Beteiligung her wirklich bescheiden ausnimmt, zwar von der Anlage und den Kosten her weit übertreffen, aber im Vergleich zu den Ausstellungen in Brüssel, Montreal und Osaka wird auch sie relativ wenig aufwendig erscheinen.

Diese Neubelebung des Weltausstellungsgedankens wird erst später wertbar sein, wir fragen uns heute allerdings, ob damit wirklich eine neue Phase im (oft schon totgesagten) Weltausstellungsgeschehen beginnt, mit neuem Anspruch und mit neuen Zielen, oder ob, jetzt nur schwer überschaubar, evtl. kommerzielle Gründe zur gegenwärtig zu verzeichnenden Entwicklung führten.

Auf dem Gebiet der Architektur, speziell der Ausstellungsarchitektur, liegt das Phänomen als ein in sich abgeschlossener Prozeß vor uns. Mehrfach inhaltlich überlebt, wandelten sich Bauten und Exponate in dem gleichen Maße wie die inhaltlichen Zielstellungen der Ausstellungen.

Interessant hierbei ist die Tatsache, daß die Ausstellungsarchitektur, wenngleich als Randgebiet innerhalb der Baukunst zu betrachten, in dem Zeitraum zwischen 1851 und 1970 sich der allgemeinen architekturgeschichtlichen Entwicklung einfügt. Sie wurde aus einem konkreten Anlaß heraus geboren: auszustellen. Und dieses spezielle Anliegen führte sowohl zu bisher ungewöhnlichen Konstruktionsprinzipien und Raumkonzeptionen in der zweiten Hälfte des 19. Jahrhunderts, als auch oftmals zu einem grotesk wirkenden Historizismus und Illusionismus. In jedem Fall wurde die Baukunst um ein Wesentliches bereichert, der Eisenbau des vergangenen Jahrhunderts zu einer der Quellen, die die Moderne maßgeblich beeinflußte. Darüber hinaus nahm die Ausstellungsarchitektur die vielfältigen Strömungen und Richtungen innerhalb der Architekturentwicklung in sich auf und kann teilweise als deren Kristallisationspunkt gelten.

Unser zeitgeschichtlicher Abriß der Weltausstellungsarchitektur umgreift somit einen Entwicklungszeitraum, wo sich die ersten Ansätze einer sich aus den klassischen Architekturvorstellungen lösenden Auffassung zu manifestieren anfingen, diese Architekturvorstellungen unterschiedliche Stadien durchlebten und mit dem Beginn der siebziger Jahre unseres Jahrhunderts auszuklingen begannen. Daß hierbei, auf Grund der fast erdrückenden Fülle des Stoffs, im wesentlichen auf eine überschauende Beschreibung der Weltausstellungen und ihrer Architektur zurückgegriffen wurde (eine architekturtheoretische Wertung würde den Rahmen dieser Veröffentlichung sprengen), erschien interessant genug für eine Veröffentlichung. Möge sie dazu beitragen, eine Lücke innerhalb der Kulturgeschichts- und Architekturinformation zu schließen.

ZEITTAFEL

Jahr	Ort	Titel	Fläche ha	Besucherzahl in Mill.	Bedeutende Bauten	Technische Neuheiten
1851	London	Great Exhibition of the Works of Industry of all Nations	10,4	6	Kristallpalast	Maschinenbau allgemein
1855	Paris	Exposition Universelle des Produits de l'Industrie	13,6	5,1	Industriepalast	Aluminium als Werkstoff und Baumaterial
1862	London	International Exhibition of 1862	10	6,2		Druckereimaschinen, Kautschukverwendung, Bessemerverfahren
1867	Paris	Exposition Universelle	50	11	Ausstellungspalast	Anilinfarben, Gasmotoren
1873	Wien	Weltausstellung Wien, 1873	250	7,2	Rotunde des Industriepalastes	
1876	Philadelphia	Centennial Exposition	175	10,1		Schreibmaschinen, Nähmaschinen
1878	Paris	Exposition Universelle	70	16	Trocadero, Industriepalast	Fahrstuhl, Telefon, Motorwagen, Eismaschinen, elektrische Großbeleuchtung
1879/80	Sydney	International Exhibition Sydney	6	1,1		
1880/81	Melbourne	International Exhibition	19,2	1,3		
1885	Antwerpen	Exposition Universelle d'Auvers	22			
1888	Barcelona	Exposición Universal de Barcelona				
1888	Brüssel	Grand Concours International des Sciences et de l'Industrie	88			

ZEITTAFEL

Jahr	Ort	Titel	Fläche ha	Besucher-zahl in Mill.	Bedeutende Bauten	Technische Neuheiten
1888/89	Melbourne	Centennial International Exhibition	8,8	2		
1889	Paris	Exposition Universelle	90	32,2	Eiffelturm Maschinenhalle	Phonograph
1893	Chicago	World's Columbian Exposition	278	27,3		allgemeine Anwendung der Elektrizität, elektrische Hochbahn, rollende Fußwege
1894	Antwerpen	Exposition Internationale d'Anvers	59,2	3		
1897	Brüssel	Exposition Internationale		6		
1900	Paris	Exposition Universelle	107	50,8	Großer und Kleiner Kunstpalast	Rolltreppe
1904	St. Louis	Louisiana Purchase Exposition	508	19,6		
1905	Lüttich	Exposition Universelle	69,2	6,1		
1906	Mailand	Esposizione Internazionale	100	5,5		
1910	Brüssel	Exposition Universelle et Internationale	88	13		
1911	Turin	Esposizione Internazionale d'Industria e de Laboro	98,8	4		
1913	Gent	Exposition Universelle et Industrielle	123,6	11		

ZEITTAFEL

Jahr	Ort	Titel	Fläche ha	Besucherzahl in Mill.	Bedeutende Bauten	Technische Neuheiten
1915	San Franzisko	Panama-Pacific Exposition	254	18		
1926	Philadelphia	Sesqui-Centennial Exposition	110	6,4		
1929	Barcelona	Exposición Internacional de Barcelona	120		Barcelona-Pavillon	
1933/34	Chicago	A Century of Progress – International Exposition	169,6	48,7	Hochseilbahn	Fernsehen
1935	Brüssel	Exposition Universelle et Internationale de Bruxelles	125	20		
1937	Paris	Exposition Internationale des Arts et Techniques dans la Vie Moderne	100	34	Umbau des Trocadero, Museum der modernen Künste, Finnischer Pavillon	
1938	New York	New York World's Fair	486,4	44,9	Finnischer Pavillon	
1958	Brüssel	Exposition Universelle et Internationale de Bruxelles	200	41,4	Atomium	Sputnik
1962	Seattle	21st Century Exposition	29,6	9,6		
1967	Montreal	Universal and International Exhibition	365	50,3	Pavillon der USA, Pavillon der BRD, „Habitat 67"	
1970	Osaka	Japan World Exposition	330	64,2	räumliche Tragwerke, pneumatische Konstruktionen	

LITERATUR- UND QUELLENVERZEICHNIS

(1) Baeschlin, Alfredo:
Barcelona und seine Weltausstellung.
In: Deutsche Bauzeitung, Nr. 57/1929

(2) Blake, Peter:
Expo Tagebuch. In: Bauwelt, Nr. 20/1970

(3) Bucher, Lothar:
Kulturhistorische Skizzen aus der Industrieausstellung aller Völker. Frankfurt/M. 1851

(4) Cook, E. T., und Wedderburn, A.:
The Works of John Ruskin. London 1903, Bd. III

(5) Curjel, Hans:
Expo 1958. In: Graphis, H. 78/1958

(6) Engels, Friedrich:
Die Lage der arbeitenden Klasse in England.
Nach eigener Anschauung und authentischen Quellen. Leipzig 1845.
Marx/Engels: Gesammelte Werke. Bd. 2.
Berlin 1980

(7) Fleig, Ed. Karl:
Alvar Aalto. Zürich 1970

(8) Gatz, Konrad, und Hart, Franz:
Stahlkonstruktionen im Hochbau.
München 1966

(9) Giedion, Siegfried:
Bauen in Frankreich. Leipzig 1929

(10) ders.:
Raum, Zeit und Architektur.
Ravensburg 1965

(11) Grantz, Max:
Aphorismen zur Architektur. Hamburg 1969

(12) Guljanizki, Nikolai:
Zum architektonischen Gepräge der
Expo 70. In Bauwelt, Nr. 20/1970

(13) Högg, Emil:
Die Architektur auf der Brüsseler
Weltausstellung 1910.
In: Architektonische Rundschau, H. 1/1911

(14) Huber, Benedikt:
Architektur im Spiegel der Brüsseler
Weltausstellung. In: Werk, H. 10/1058

(15) Hubert, Eduard (Hrsg.):
Illustriertes Prachtalbum der Weltausstellung 1889. Paris 1890, 3. Aufl.

(16) Joedicke, Jürgen:
Geschichte der modernen Architektur.
Stuttgart 1958

(17) Johnson, Philip C.:
Mies van der Rohe. Stuttgart 1957

(18) Kleine Enzyklopädie Weltgeschichte
Bd. 1, Leipzig 1979

(19) Kraemer, Hans:
Das XIX. Jahrhundert

(20) Lexikon der Kunst.
Leipzig 1968-78

(21) Liner, Paul:
Osaka 70, Die letzte Weltausstellung.
In: Werk, H. 11/1970

(22) Marx, Karl:
Marx/Engels: Gesammelte Werke. Bd. 4.
Berlin 1980

(23) Meier-Graefe, A. J.:
Die Weltausstellung in Paris 1900. Paris,
Leipzig 1900

(24) Müller, R.:
Expo-67, Impressionen.
In: wissenschaft und fortschritt. Nr. 2/3, 1968

(25) Muthesius, Hermann:
Die Ausstellungsbauten der Pariser
Weltausstellung. In:
Centralblatt der Bauverwaltung, Nr. 59/1900

(26) Patzelt, Otto:
Expo '70, Nachlese.
In: deutsche architektur, H. 12/1970

(27) Pevsner, Nikolaus:
Architektur und Design – Von der Romantik
zur Sachlichkeit. München 1971

(28) ders.:
Europäische Architektur. München 1963

(29) Philosophisches Wörterbuch.
Leipzig 1965

(30) Posener, Julius:
Anfänge des Funktionalismus – Von Arts and Crafts zum Deutschen Werkbund.
Berlin (West), Frankfurt/M., Wien 1964

(31) Reuleaux, F.:
Das Buch der Erfindungen, Gewerke und Industrien. Bd. VIII. Leipzig, Berlin 1892

(32) Roland, Conrad:
Interview mit Frei Otto. In: Baumeister, Nr. 11/1966

(33) Rotta, Hans:
Weltausstellung 1970 in Osaka, Japan.
In: Naturwissenschaftliche Rundschau, H. 6/1970

(34) Schädlich, Christian:
Das Eisen in der Architektur des 19. Jahrhunderts. Habilitationsschrift an der Hochschule für Architektur und Bauwesen Weimar. Weimar 1967

(35) Schild, Erich:
Zwischen Glaspalast und Palais des Illusions.
Berlin (West), Frankfurt/M., Wien 1967

(36) Sembach, Klaus-Jürgen:
Ludwig Mies van der Rohe –
Architekt zwischen Idee und Wirklichkeit.
München 1971

(37) Todd, Dorothy:
Der tschechoslowakische Pavillon an der Expo 67. In: Graphis, Nr. 132/1967

(38) Vierendeel:
La Construction architecturale en fer et acier.
Brüssel 1902

(39) Visit the international exposition! Chicago 1933

(40) Voss, Hans:
Epochen der Architektur. Frankfurt/M. 1970

(41) Weltausstellung zu London 1851.
In: Allgemeine Bauzeitung, Wien 1850

(42) Woas, Franz:
Von der Weltausstellung in Paris. In:
Deutsche Bauzeitung 1889

Weitere wichtige Werke und Zeitschriften in Auswahl

Aalto, Alvar:
Synopsis. Basel, Stuttgart 1970

Afanasjew, Kyrill N.:
Ideen – Projekte – Bauten. Dresden 1973

Banham, Reyner:
Die Revolution der Architektur – Theorie und Gestaltung im Ersten Maschinenzeitalter.
Hamburg 1964

Benevolo, Leonardo:
Geschichte der Architektur des 19. Jahrhunderts.
München 1964

Beutler, Christian:
Weltausstellungen im 19. Jahrhundert.
München 1973

Blaser, Werner:
Mies van der Rohe. Zürich 1972

Boeck, Wilhelm:
Picasso-Werke. Stuttgart 1955

Boyd, Robin:
New Directions in Japanese Architecture.
London 1968

Burckhardt, Lucins:
Der Werkbund. Stuttgart 1978

Clasen, Wolfgang:
Ausstellungen und Messestände.
Stuttgart 1968

Conrads, Ulrich:
Programme und Manifeste zur Architektur des 20. Jahrhunderts. Gütersloh, Berlin (West), München 1972

Conrads, Ulrich, und Sperlich:
Phantastische Architektur. Stuttgart 1960

Döring, Wilhelm:
Handbuch der Messen und Ausstellungen.
Darmstadt 1956

Fux, Herbert:
Japan auf der Weltausstellung.
Wien 1873

Joedicke, Jürgen:
Moderne Architektur. Stuttgart 1969

LITERATUR- UND QUELLENVERZEICHNIS

Knaurs Lexikon der modernen Architektur. München 1963

Kroker, Evelyn:
Die Weltausstellungen im 19. Jahrhundert. Göttingen 1975

Laurin, Arne:
Bilder von der Weltausstellung in Barcelona 1929. Prag 1929

Mac Hale, John:
R. Buckminster Fuller. Ravensburg 1964

Malkowsky, Georg:
Die Pariser Weltausstellung in Wort und Bild 1900. Berlin 1900

Maurer, Emil:
Geschichte und Morphologie der Messen und Ausstellungen. Stuttgart 1973

ders.:
Geschichte der europäischen Messen und Fachausstellungen. München 1970

Mosse, R.:
Offizieller Führer, Barcelona. Barcelona 1929

ders.:
Internationale Ausstellung Barcelona 1929 – Katalog Barcelona. Barcelona 1929

Official Report
of the World Expositions Osaka 1970. Bd. 1–3. Osaka 1970

Pevsner, Nikolaus:
Wegbereiter moderner Formgebung – Von Morris bis Gropius. Hamburg 1957

Platz, Gustav Adolf:
Die Baukunst der neuesten Zeit. Berlin 1927

Plum, Werner:
Weltausstellungen im 19. Jahrhundert – Schauspiele des sozio-kulturellen Wandels. Bonn, Bad Godesberg 1975

Schild, Erich:
Problem von Konstruktion und Form der Architektur des 19. Jahrhunderts. Diss. Aachen 1964

Schütte, Egon:
Die Idee der Weltausstellung und ihre bauliche Gestaltung. Diss. Hannover 1947

Aluminium 1968

Architektur und Wohnform 1970

Bauen und Wohnen 1967

Baumeister, Der, 1958, 1966, 1967, 1970

Bauwelt 1970

Bauzeitung, Allgemeine, Wien 1850, 1851

Bauzeitung, Schweizer, 1958

Ingenieur, Der, 1958

Innen-Dekoration 1967

Stahlbau, Der, 1968

The Illustrated London News 1851

Zeitschrift für Bauwesen 1851, 1855

BILDNACHWEIS

ADN, Berlin 157, 170, 173, 175, 176, 186–188
Archiv für Kunst und Geschichte, Berlin (West) 22, 23, 69, 88, 118, 121–123
Artemis Verlag, Zürich 132
Artia Verlag, Prag 171
Bavaria Bildagentur, München 120, 124, 143–145, 174, 181–185, 189
Bildarchiv Foto Marburg 25
Deutsche Fotothek Dresden 13, 48, 68, 86, 89, 94, 133–135, 147
Deutsche Staatsbibliothek Berlin 30, 44, 47, 101–103, 112, 114
Foto-Clauß, Leipzig 72, 79, 84, 85, 87, 90–93, 95, 97, 98
Hänse, Ingrid, Leipzig 1, 2, 28, 37–39, 45, 49, 50, 53, 54, 58–61, 66, 67, 73–76, 83, 96, 104–110, 115–117, 125, 127, 136–141, 149, 172
Hansmann, Claus, München 18, 159, 164, 166
Institut für Denkmalpflege Dresden/Steuerlein 14
Kaiser, Martina, Berlin 168, 169
Kehler, Peter, Weimar 162, 163, 165
Keystone, Hamburg 119
Kühn, Fritz † 159–161
Nationale Forschungs- und Gedenkstätten in Weimar 3–10, 15, 20, 21, 24, 51, 52, 55–57, 65, 70, 71
Potsdam-Sanssouci/Aquarellsammlung 16, 19
Schäfer, Solingen-Merscheid 155–157
Schulze, Werner, Berlin 177
Staatliche Kunstsammlungen Dresden, Porzellansammlung/Karpinski 17
Universitätsbibliothek Leipzig 36

Reproduktionen wurden folgenden Büchern entnommen:

Fleig, Karl: Alvar Aalto. Bd. I. Zürich 1970
Der deutsche Führer durch die Weltausstellung 1934
Handbuch der Architektur. 4. Teil, 6. Halbband, 4. Heft. Stuttgart 1906
Illustriertes Prachtalbum der Weltausstellung 1889. Paris 1890
Internationale Ausstellung Barcelona 1929. Deutsche Abteilung
Kraemer, Hans: Das XIX. Jahrhundert
Reuleaux, F.: Buch der Erfindungen, Gewerke und Industrien.
    Bd. VIII: Der Weltverkehr und seine Mittel. Leipzig/Berlin 1892
Visit the international exposition! Chicago 1933
Die Pariser Weltausstellung in Wort und Bild. Berlin 1900

PERSONENREGISTER

Die halbfetten Ziffern verweisen auf Abbildungen.

Aalto, Aino 156
Aalto, Hugo Henrik Alvar 10, 11, 153, 154, 155, 156; **142, 146, 147, 148, 152**
Achenbach, Andreas 71
Adler, Dankmar 112
Albert, Herzog zu Sachsen, Prinz – Gemahl der Königin Victoria von Großbritannien und Irland 13, 18, 38, 133
Alembert, Jean Le Rond d' 16
Alphand 100
Alt, Rudolf von 71
Arp, Hans 139

Bakema, Jacob B. 168
Baltard, Victor 14, 24
Bantzer, Carl Ludwig 117
Barrault, Alexis 35; **27**
Baum, Paul 117
Behrens, Peter 11, 134, 137, 138; **132**
Belling, Rudolf 139
Bennett, William 150
Berlage, Hendrik Petrus 100, 134
Bill, Max 172
Binet, René 132; **117**
Blake, William 39
Böcklin, Arnold 34, 51, 137
Boks, Johannes H. 168
Bonaparte, Louis Napoleon, Prinz – Präsident von Frankreich, später Kaiser Napoleon III. 33
Bonington, Richard Parkes 39
Bordiau 87
Bourdais, Jules Désiré 69, 75
Breton, Jules Adolphe 51
Bridel, G. 35
Brion, Gustave 51
Brody 210
Broek, Johannes Hendrik van den 153, 168
Bucher, Lothar 22
Buchholz, Carl 51
Burnham 150
Burnham, Daniel Hudson 111
Burton, C. 14, 95
Burton, G. **16**

Cadafalch, Puigy 140
Calame, Alexandre 34, 51
Calder, Alexander 155, 172
Caldwell, Edmund 56
Callet, Felix-Emanuel 14, 24
Carnot, Marie François Sadi 88; **91**
Carstens, B. 24
Clarke 95
Cole, Henry 13, 16
Colonna, Eugène 119
Columbus, Christoph 144
Constable, John 39
Contamin, Henri-Louis 76, 92, 100; **93**
Cooke, Edward William 34, 51
Cope, Charles 51
Corbett, Harvey Wiley 150
Corinth, Lovis 137
Cornelius, Peter 34
Corot, Jean Baptiste Camille 51, 71, 117
Courbet, Jean Désiré Gustave 71, 117
Cousteau, Jacques 171
Cramer 24
Cret, Philippe 150
Crome, John 39
Cubitt 21

Daubigny, Charles-François 51
Daumier, Honoré 117
David, Jacques-Louis 117
Davioud, Gabriel 69, 75
Davis, William 210
Decamps, Alexandre Gabriel 34
Defregger, Franz von 117
Degas, Edgar 117
Delacroix, Eugène 34, 117
Denayrouze 71
Destouches 33
Diderot, Denis 16
Dion, Henry de 73, 76, 91
Doesburg, Theo van 139
Doré, Gustave 71
Dorfles 113
Dumarfais 16
Dutert, Ch. L. Ferdinand 76, 92, 100; **93**
Duval, Charles 45, 73

Edison, Thomas Alva 89
Eggericx 153
Eiermann, Egon **158**
Eiffel, André Gustave 45, 73, 75, 95, 96, 98, 130; **70, 72, 96**
Eisler, Hanns 139
El Lissitzki s. Lissitzki, El
Endell, August 138
Engels, Friedrich 5

Fantin-Latour, Henri 117
Feininger, Lyonel 139
Feuerbach, Anselm 51, 137
Feure, Georges de 119
Fowke 38
Fox & Henderson 17, 18
Franco y Bahamonde, Francisco 152
Francois 155
French 110
Fréres, Daum 119
Friedman, Yona 212
Fuller, Richard Buckminster 194; **172**

Gagarin, Juri Alexejewitsch 193
Gaillard 119
Gainsborough, Thomas 39
Gallé, Emile 119
Garen, Georges **122**

Garnier, Charles 89, 98, 132, 135
Garnier, Tony 100, 134
Gatz, Konrad 92
Gaul, August 137
Gautier 132
Gavarni, Paul (eigentlich Sulpice Hippolyte Chevalier) 117
Geyton **6**
Giacometti, Alberto 172
Giedion, Siegfried 35, 36, 46, 75, 76, 95, 114, 153
Gildemeister, Karl 24
Ginsburg, Moisej Jakowlewitsch 151
Girard 90; **89**
Girault, Charles 132
Goshorn, Alfred T. 54
Gounod, Charles Francois 98
Griepenkerl, Christian 51
Grimm, Melchior Freiherr von 16
Gropius, Walter 134, 138, 139; **146**
Gulbransson, Olaf 137
Guljanizki, Nikolai 209

Händel, Georg Friedrich 49
Hankar, Paul 115
Hardy, Léopold Amédeé 45, 69, 73; **72**
Hauschild **36**
Haussmann, George Eugène 100
Hautecour 133
Hénard, Eugène 131
Hennebique, François 132
Hildebrand, Adolf von 137
Hildebrandt, Theodor 34
Hitler, Adolf 152
Hobé, Georges 115
Hodler, Ferdinand 118
Hoffmann, Josef 11, 118, 119, 134, 138; **114**
Hogarth, William 39

Holabird 150
Hoover, Herbert Clark 149
Horeau, Hector 14

Ingres, Jean Auguste Dominique 34, 117

Jablotschkow 71
Janet, Charles 120
Jeanneret, Charles Edouard, siehe Le Corbusier
Josef II., römisch-deutscher Kaiser 49

Kalckreuth, Leopold von, Graf 34, 51, 118, 137, 138
Kandinsky, Wassily 139
Karajan, Herbert von 8
Kaulbach, Wilhelm von 34, 71, 137
Kelly, Edward J. 151
Kerpfen, Adam **56**
Kikutake, Kiyonori 12, 212
Klerk, Michael de 100
Klimt, Gustav 118
Klinger, Max 118, 137, 138
Klott 24
Koch, Robert 149
Koch, Rudolf 138
Koechlin, M. 95
Kolbe, Georg 137, 143; **135**
Kollwitz, Käthe 118, 138
Kondratjew 209
Kramer, Hans 114
Krantz, J. B. 45, 69, 73
Kühl, Gotthardt 117, 137
Kühn, Fritz **159**
Kurokawa, Noriaki 12, 212; **184**

Leclerc, Charles Alfred **106**
Le Corbusier 139, 149, 153, 168; **146, 160**
Lefuel, Hector 37
Leibl, Franz 51, 117, 137
Leistikow, Walter 117, 137

Lenbach, Franz 43, 51, 71, 117, 137
Le Play, Frédéric 45, 46, 73; **31**
Liebermann, Max 117, 137
Liehburg, Max Eduard 152
Linck, Walter 172
Lissitzki, El (eigentlich Lasar Markowitsch L.) 150
Loubet, Emile 116
Ludwig XIV., König von Frankreich 119
Ludwig XV., König von Frankreich 119
Ludwig XVI., König von Frankreich 119, 131, 132
Luginbühl, Bernhard 172

MacCormick **3**
MacMahon 60
Makart, Hans 51, 71; **65**
Marinetti, Benedetta 134
Matejko, Jan 51, 71, 118
Maupassant, Guy de 98
Maximilian II., Emanuel Kurfürst von Bayern 49
Medici, Patriziergeschlecht von Florenz 114
Meiji Tennō (eigentlich Mutsuhito) Kaiser von Japan 199
Meissonier, Juste Aurèle 98
Menzel, Adolph 51, 117, 137
Messel, Alfred 138
Mies van der Rohe, Ludwig 10, 11, 53, 139, 140, 142, 143, 153, 168; **132, 133, 146**
Millet, Jean François 117
Miró, Joan 155
Moll, Oskar 118
Monet, Claude Oscar 117
Muchina, Wera Ignatjewna 153; **150**
Müller, Robert 172
Munkácsy, Mihály 51, 71
Murata, Yutaka 210
Muthesius, Hermann 100, 113, 133, 134, 137, 138

PERSONENREGISTER

Napoleon III., Kaiser von Frankreich 35, 37, 41
Nougier, E. 95
Nüll, Eduard van der 51
Olbrich, Joseph Maria 11, 118, 119, 138
Olmstead, E. L. & Co. 111
Orlik, Emil 118, 137, 138
Otani, Sachia 12, 212; **186**
Otis Company 129
Otto, Frei 196, 197; **154, 174, 179**
Oud, Jacobus Johannes Pieter 139

Pankok, Bernhard 119
Pasteur, Louis 149
Patzelt, Otto 209
Paul, Bruno 119, 137; **132**
Paulin, Edmond Jean-Baptist 131
Paxton, Joseph 14, 16, 17, 18, 19, 21, 24; **12, 25**
Pechstein, Max 139
Perret, Auguste 100, 134
Pevsner, Nicolaus 13, 139
Philipp, Arthur 87
Picard, Alfred 116
Picasso, Pablo 155, 168
Pissarro, Camille 117
Poelzig, Hans 100, 134, 139
Pomodoro, Arnoldo 172
Possachin 209
Preller, Friedrich d. J. 51
Pugin, Augustus Welby Northmore 22
Puttit, H. 54
Pycha, Vladimir 193

Raffaëlli, Jean François 117
Ramberg, Arthur von 51
Rauch, Christian Daniel 34
Raulin, Gustave Laurent 130
Reeves & Co. 95
Renoir, Auguste 117
Repa, Miroslav 193

Repin, Ilja Jefimowitsch 51, 118
Reuleaux, F. 85
Reynolds, Sir Josuha 39
Richter, Ludwig 34, 51, 71
Riemerschmid, Richard 119, 134, 137, 138
Rietveld, Gerrit Thomas 139, 168
Roberts, James **19**
Robida, Albert 132
Rodin, Auguste 117
Rodtschenko, Alexander Michailowitsch 151
Roll, Alfred Philippe 117
Root, John Wellborn 111
Rousseau, Théodore 16
Ruskin, John 21
Russell, John Scott 52, 53

Safdie, Moshe 198
Saint-Exupéry, Antoine de 169
Saint-Phalle, Niki de 172
Sant' Elia, Antonio 134
Schack, Adolf Friedrich von, Graf 43
Schädlich, Christian 92
Scheffler, Karl 137, 138
Schild, Erich 14, 130, 131, 133
Schleich, Eduard 51
Schmidt 52
Schulze, Konrad-Werner 23
Schwarzmann, H. J. 54
Schwarz-Sendborn, Wilhelm von 49
Schwedler, J. W. 92
Sembach, Klaus-Jürgen 142
Semper, Gottfried **13, 14, 19**
Serrurier-Bovy, Gustave 115
Siccardsburg, Siccard von 51
Sisley, Alfred 117
Slevogt, Max 117, 137
Smith 51
Stoclet, Adolphe 138
Stokes & Parish 56

Stremel, Max Arthur 117
Stuck, Franz von 117, 137
Sullivan, Louis Henri 112, 113, 134; **103**
Svoboda, Josef 193
Swirski 209

Tange, Kenzo 12, 194, 200, 212, 213; **214; 187, 192**
Taut, Bruno 100, 129
Taut, Max 100
Tayler 34, 51
Tessenow, Heinrich 134
Thackeray, William M. 22
Thiel **120**
Thoma, Hans 51, 118, 137
Thompson 34
Thonet, Michael 15; **71**
Tiffany, Louis Comfort 56
Tinguelys, Jean 172
Trevethick, R. 95
Trnka, Jiří 193
Trübner, Wilhelm 118, 137
Turner, Richard 14
Turner, William 39, 51

Ucello, Paolo 155
Uhde, Fritz von 117, 137
Unger 137
Urban, Joseph 149, 150

Velde, Henry Clemens van de 11, 115, 138, 153
Verwilghen 153
Victoria, Königin von Großbritannien und Irland 18
Viel, J. M. 35
Vierendeel 113
Viollet-le-Duc, Eugène Emanuel 69
Völker, Karl 139
Vogeler, Heinrich 137
Voit, August 24
Voltaire (eigentlich: François Marie Arouet) 16
Voss, Hans 98

Wagner, Richard 54
Webster, Thomas 34
Welsh, John 54
Wesnin, Alexander Alexandrowitsch 151
Wesnin, Viktor Alexandrowitsch 151
Wilson 54
Wilson, J. M. 39
Wright, Frank Lloyd 134, 149
York 35

Zola, Émile 98
Ziolkowski, Konstantin Eduardowitsch 193